汽车发动机控制系统及检修

北京中汽恒泰教育科技有限公司　组编

弋国鹏　魏建平　郑世界　编著

机械工业出版社

《汽车发动机控制系统及检修》按照故障诊断流程对汽油发动机常见的三类故障进行详细的讲解，包括起动机不运转的故障分析，起动机运转、发动机无法起动的故障分析以及发动机运行异常的故障分析。

《汽车发动机控制系统及检修》规范了汽车诊断思维，细化了技术细节，指导学生在具体的诊断过程中进一步掌握汽车发动机的结构和控制逻辑，指导学生学会使用各种诊断设备，培养学生将广泛的基础知识和实际车型相结合，更有效地掌握排除汽车故障的技能。

《汽车发动机控制系统及检修》可作为高职院校汽车检测与维修专业教材，也可以作为各类技能大赛的指导性教材。

图书在版编目（CIP）数据

汽车发动机控制系统及检修/弋国鹏，魏建平，郑世界编著．—北京：机械工业出版社，2017.8

ISBN 978-7-111-57894-9

Ⅰ.①汽… Ⅱ.①弋… ②魏… ③郑… Ⅲ.①汽车－发动机－控制系统－车辆检修－高等职业教育－教材 Ⅳ.①U472.43

中国版本图书馆 CIP 数据核字（2017）第 213610 号

机械工业出版社（北京市百万庄大街 22 号 邮政编码 100037）

策划编辑：李 军 责任编辑：李 军 孙 鹏

责任校对：杜雨霏 封面设计：马精明

责任印制：李 飞

北京机工印刷厂印刷

2017 年 10 月第 1 版第 1 次印刷

184mm × 260mm · 10 印张 · 239 千字

0 001—1900 册

标准书号：ISBN 978-7-111-57894-9

定价：49.90 元

凡购本书，如有缺页、倒页、脱页，由本社发行部调换

电话服务	网络服务
服务咨询热线：010－88361066	机 工 官 网：www.cmpbook.com
读者购书热线：010－68326294	机 工 官 博：weibo.com/cmp1952
010－88379203	金 书 网：www.golden-book.com
封面无防伪标均为盗版	教育服务网：www.cmpedu.com

前　　言

为提升历年相关技能竞赛的技术规范和日常教学活动紧密结合的程度，培养学生在汽车故障诊断过程中的诊断思维和规范性操作，培养学生将理论知识和实际维修案例相结合，编写故障诊断和检测的技术文件的能力，帮助学生准备各类技能竞赛，在经过大量的试验和实践总结后，我们编写了这本实践性很强的指导性教材，供高职院校及其他院校汽车检测与维修专业学生使用。

本教材符合国家对技术技能型紧缺人才培养培训工作的要求，注重以就业为导向，以能力为本位，面向市场，面向社会，体现了职业教育的特色，满足了高素质人才培养的需求。

本教材的编写以“创新职业教育理念、改革教育教学模式、提升学生职业素质、适应经济社会发展”为指导思想，采用职教专家、行业一线企业和出版社相结合的编写模式。在组织编写过程中，认真总结了历年各种竞赛的相关技术文件，通过大量的验证性试验总结原车的结构特点和控制流程，并基于此制定了规范的诊断流程，同时还注意吸收了发达国家先进的职教理念和方法，形成了以下特色：

1）打破了传统的教材体例，以具体故障诊断过程为单元确定知识目标和能力目标，使培养过程实现“知行合一”。

2）以工作过程为导向，细化作业过程，规范思维和作业过程，对必要的理论知识都进行了详细的解释，真正将各种技能竞赛的要求和日常的教学活动有机结合起来。

3）在内容的选择上，注重汽车后市场职业岗位对人才的知识、能力要求，力求与相应的职业资格标准衔接，并较多地反映了新知识、新技术、新工艺、新方法、新材料的内容。

本书由北京中汽恒泰教育科技有限公司组织编写，贺贵栋、朱磊、刘超、曾珊珊、王珙路、黄香思、柳琪、宋宗琦参与了资料收集、数据采集、文稿整理及其他相关工作，在此对他们表示衷心的感谢。

由于经验有限，对车辆的控制技术在认知上还有一定的缺陷，所有诊断流程、测试数据等均可能有疏漏之处，请使用本书的师生提出宝贵意见，以便在今后进行补充和改进。

编者

目　录

任务1 起动机不运转的故障分析

任务描述

迈腾 B8 车辆，起动发动机时，起动机不转，发动机无法起动。请在规定的时间内对车辆进行维修，并填写诊断报告。

任务分析

要想完成故障的诊断与排除，需要具备的知识和技能：

1. 相关知识

1）发动机起动系统结构与原理。

2）发动机起动系统检测与诊断。

3）迈腾 B8 驻车防盗控制结构与原理。

4）迈腾 B8 发动机控制原理电路图。

5）迈腾 B8 数据通信系统原理电路图。

2. 相关技能

1）万用表、示波器、故障诊断仪等常见设备的使用。

2）维修资料的查阅、电路原理图的识读和分析。

3）常见故障的诊断与排除。

4）5S 管理和操作。

故障分析

1. 初步分析

基于迈腾 B8 起动机的控制原理，当出现起动发动机时起动机不转的故障时，具体故障原因应从起动机控制、起动机电源和起动机本身进行诊断。

注意：

1）用正确的方法检测蓄电池电压，确保蓄电池电压达到 11.5V。

2）在打开点火开关和起动发动机过程中，须观察或感受与起动相关的信息。

3）本文只考虑电控系统故障，不考虑机械系统，此条适用于下述所有诊断过程。

（1）仪表显示是否正常点亮，发动机控制单元 EPC 灯是否点亮

如图 1-1 所示为点火开关打开时迈腾 B8 组合仪表正常显示状态图。如图 1-2 所示为迈腾 B8 组合仪表电源及通信电路原理。

图 1-1　点火开关打开时迈腾 B8 组合仪表正常显示状态图

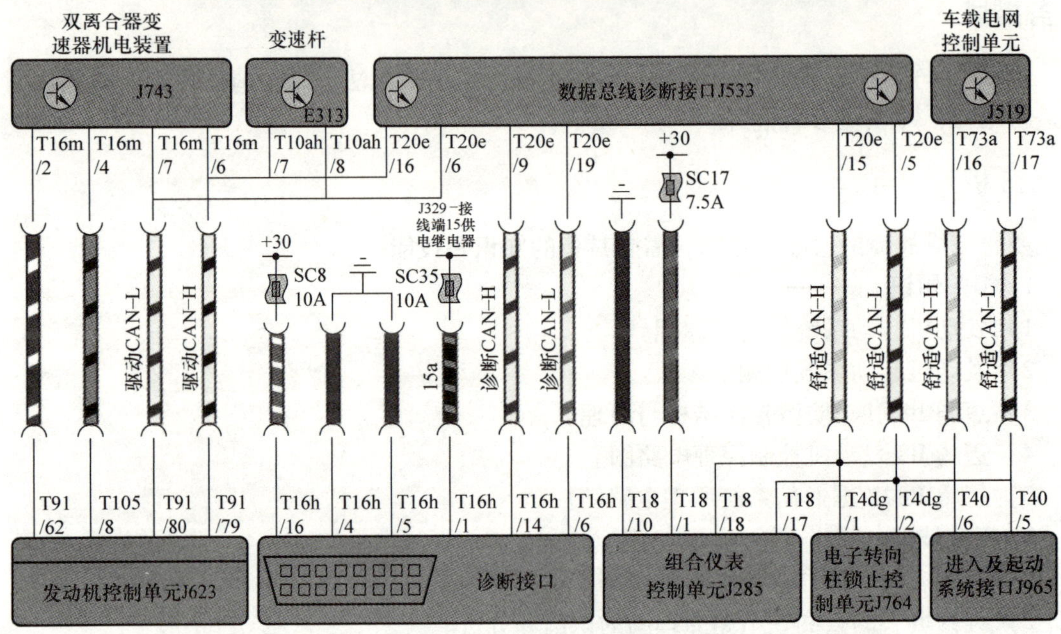

图 1-2　迈腾 B8 组合仪表电源及通信电路原理图

1）如果仪表指示灯不能正常点亮，结合系统工作原理（图 1-3）可能原因有：

① 点火信号没有送达仪表控制单元。

② 仪表供电或本身异常。

③ 车载电网控制单元供电以及本身异常。

④ 至仪表数据通信异常。

2）如果仪表上 EPC 灯一直熄灭（别的仪表指示灯正常），说明仪表本身可能存在异常。

3）如果仪表上 EPC 灯一直点亮，说明系统可能异常：

① 发动机 EPC 系统。

② 至仪表数据通信异常。

（2）起动发动机过程中，踩下制动踏板，观察仪表上是否有“踩下制动踏板”的提示。如图 1-3 所示为迈腾 B8 制动信号电路原理图。

（3）检查变速器变速杆是否位于 P 位或 N 位，并观察仪表上档位显示和实际变速杆位置是否一致。如图 1-4 所示为迈腾 B8 变速杆信号电路原理图。

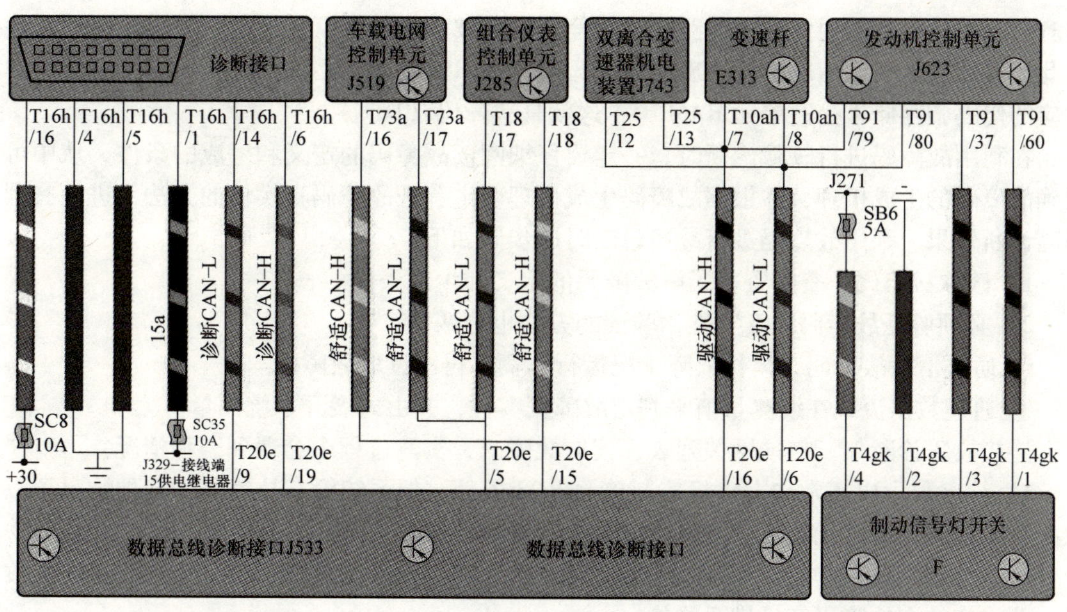

图 1-3 迈腾 B8 制动信号电路原理图

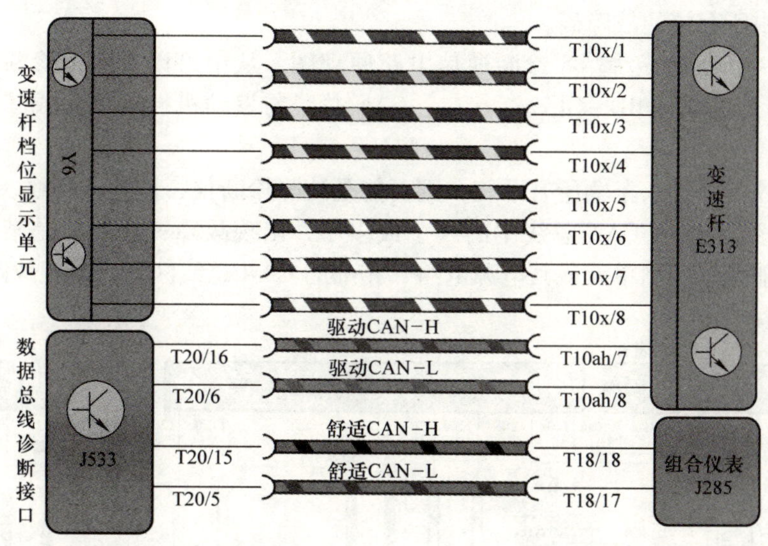

图 1-4 迈腾 B8 变速杆信号电路原理图

如果某一项出现异常，应结合其结构和工作原理检查相关信号、部件电源、熔丝、线路以及部件本身。

2. 故障码（DTC）分析

现在汽车一般都具有自诊断功能，即使通过故障现象可以明确故障范围，但最好也是首先读取故障码，因为这特别有利于快速发现故障。如果有故障码，应清楚故障码的定义和生成的条件，并基于此展开诊断和故障检修；如果没有故障码，则基于系统的结构和工作原理进行系统诊断。

系统控制单元根据需要实时监测特定的元器件、数据通信以及线路的电压信号，如果受监测的元器件、数据通信以及线路的电压信号出现波动或异常，在设定时间内控制单元将确认此元器件、数据通信以及线路出现故障，随即在 ROM 中调取一个和电压以及信号异常相对应的代码，存储于控制单元 RAM 中，这就是故障码（DTC）。

在利用故障码进行故障诊断时，一定要仔细阅读故障码的定义和生成的条件，从中可以明确故障码的生成机理，并根据故障码生成机理确定验证故障码真实性的方法，进而有利于提高诊断效果。利用故障码进行故障诊断时的步骤如下。

1）读取故障码，查阅资料了解故障码的定义和生成条件。

2）必须验证故障码的真实性，验证的方法也分两步：

① 通过清除故障码、模仿故障工况运行车辆，再次读取故障码。

② 通过数据流或在线测量值来判定故障真实性，并由此展开系统测量。

连接故障诊断仪，扫描网关列表，读取故障码，实测过程中会遇到三种情况：

1）诊断仪可以正常和发动机控制单元 J623 通信，但系统没有故障码，这种情况下只能根据故障现象，按照无故障码的诊断方法进行诊断。

2）诊断仪可以正常和发动机控制单元 J623 通信，并可以读取到系统中所存储的故障码，此时应结合故障码信息进行维修。

3）在打开点火开关后操作诊断仪，诊断仪不能正常和发动机控制单元 J623 通信，从而无法读取系统中所存储的故障码。

4）如图 1-5 所示为迈腾 B8 诊断通信电路原理图，从中可以看出，诊断仪通过连接线（或无线或蓝牙通信）、OBD－Ⅱ诊断接口、CAN 总线与发动机控制单元或其他控制单元进行通信。

如果诊断仪无法进入车辆所有系统，则可能是故障诊断仪、诊断连接线、无线或蓝牙通信、OBD－Ⅱ诊断接口、CAN 总线中的一个或多个，出现故障；如果只是某个控制单元无法到达，则可能是该控制单元或其电源电路、相邻的 CAN 总线区间，出现故障。

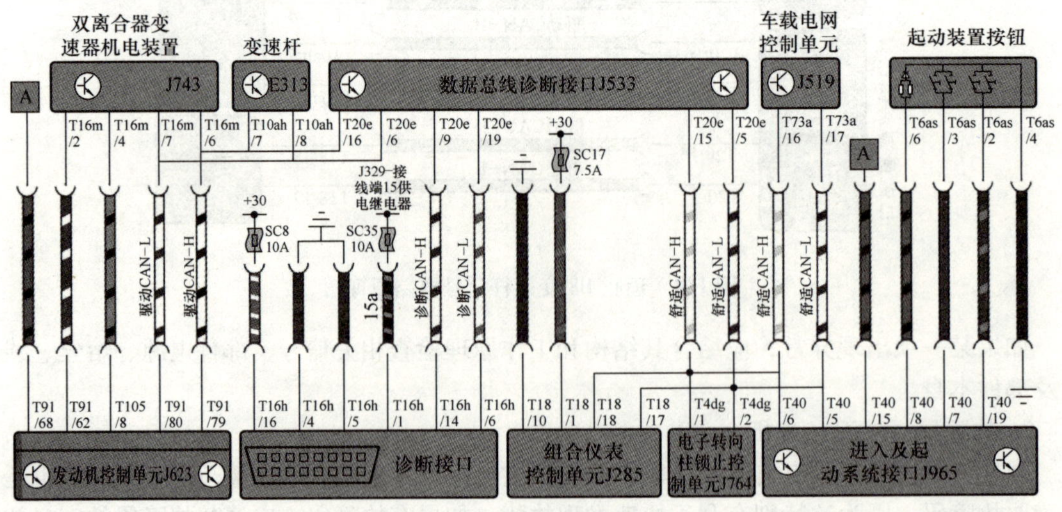

图 1-5　迈腾 B8 诊断通信电路原理图

如果只是发动机控制单元无法进入，而能进入其他系统，那么造成发动机无法进入的可能原因如下。

1）发动机控制单元电源电路故障。结合发动机电源供给电路，可以看出发动机控制单元电源主要由三条线路供给：

① 记忆电源。记忆电源由熔丝 SB17（7.5A）提供，如果出现故障，将导致发动机控制单元内部 RAM 存储的信息（如故障码、节气门的匹配参数、发动机和变速器的匹配参数等）消失，造成发动机运行出现异常。具体测量过程按本案例中“实施维修”提供的发动机控制单元记忆电源检测步骤进行。

② 点火开关电源。通过车载电网控制单元 J519 端子 T73a/14 提供点火开关电源，如果出现故障，将导致发动机控制单元无法获知控制单元启动运行时间，而一直进入休眠状态，这将导致通信中断，无法启动内部设定的传感器信号分析、执行器功能控制等操作。具体测量过程按本案例中“实施维修”提供的发动机控制单元点火开关电源检测步骤进行。

③ 主电源。主电源通过蓄电池正极到主继电器 J271 触点，再至 SB3 15A 熔丝来提供。出现异常将造成发动机控制单元电源功率丧失，无法执行内部设定的传感器信号分析、执行器功能控制等操作。具体测量过程按本案例中“实施维修”提供的发动机控制单元主电源检测步骤进行。

2）CAN 总线系统局部故障。CAN 总线系统局部故障，会导致部分模块无法正常通信，此时利用故障诊断仪读取 CAN 总线系统故障，故障诊断仪会显示“发动机无法进入”的故障。

3）发动机控制单元自身故障。在确定元件或电路都正常的情况下，只能通过更换发动机模块进行实验。

3. 无故障码分析

如果没有故障码显示，那就需要技术人员结合故障现象，分析系统电路图，列举故障可能，并按照正确的流程，利用合适的测试设备，进行正确的测量，从而发现故障所在。

基于迈腾 B8 起动机的控制原理，当出现起动发动机时起动机不转的故障时，具体故障原因应从起动机控制、起动机电源和起动机本身进行诊断。

由于迈腾 B8 起动机受控于两个起动继电器，而起动继电器又受控于发动机控制单元，因此要想起动机能正常工作，除了起动机本身及其电源电路正常外，还要保证起动机的控制电路工作正常，即发动机控制单元能正常控制两个继电器的工作，从而向起动机发出正常的控制信号。而要想让发动机控制单元能正常地向继电器发出控制信号，除了具备模块工作所需要的电源以外，还需要发动机控制单元能接收到起动信号指令，否则起动机无法工作。因此，对于起动机控制系统无法正常工作的故障，一般重点考虑两大影响因素：一个是系统电源的问题；另一个是起动继电器工作的问题。

结合迈腾 B8 起动控制电路原理图（图 1-6）可以看出，在发动机控制单元搭铁正常的情况下，J519 通过 T91/50 给发动机控制单元提供 15#点火开关信号，从而激活发动机控制单元，后者通过给主继电器 J271 控制线圈提供搭铁信号，进而控制继电器的输出，通过 T91/5、T91/6 给发动机控制单元提供工作电压。因此，在怀疑由于电源电路故障而导致发动机控制单元不工作的时候，应首先检查 T91/5、T91/6 对搭铁电压是否正常，如果正常则说明供电线路没有问题，否则应按照发动机控制单元主电源检测、发动机控制单元点火开关电源的测试方法进行测试（参见图 1-8）。

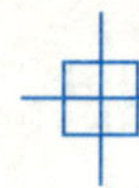

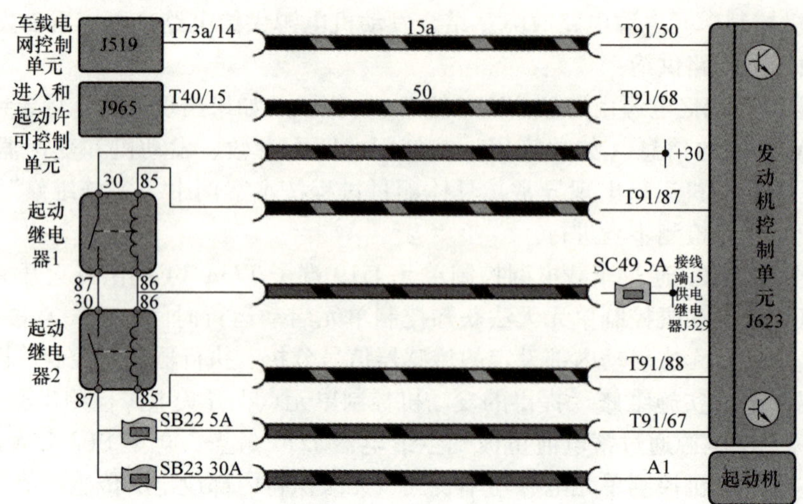

图 1-6　迈腾 B8 起动控制电路原理图

注意：某些故障会产生故障码，如果有故障码提示，则按照故障码提示进行维修，如果没有，则按照故障树诊断方法进行诊断。

结合图 1-6 可以看出，在发动机控制单元接收到起动信号时，会同时给起动继电器 1、起动继电器 2 的控制线圈提供搭铁信号，使两个继电器同时闭合，这样起动机就会接收到控制信号，从而使起动机通过，同时发动机控制单元可以通过 T91/67 得到有关起动机控制的反馈信号。

如果碰到起动机不转的故障，读取故障码后没有发现故障信息或者手头没有故障诊断仪，则建议先从起动机的控制信号着手进行测量，以区分故障是在起动机控制系统，还是在起动机及其供电系统，具体方法见表 1-1。

表 1-1　诊断测试

测试标准：在按下起动开关时，测试信号应从 0 切换到蓄电池电压（+B）			
可能性	实测结果	可能原因	操作
1	0→+B	控制信号正常，起动机及其供电系统可能存在故障	检查起动机供电、搭铁，正常后考虑更换起动机
2	始终为零	控制信号异常	检查 SB23 及其相关线路
3	空电压→+B	起动机及其搭铁线路故障	检查起动机搭铁线路，正常后考虑更换起动机
4	0→0 - +B 间	测试点以前线路虚接	检查 SB23 及其相关线路

注意：某些故障会产生故障码，如果有故障码提示，则按照故障码提示进行维修，如果没有，则按照故障树诊断方法进行诊断。

诊断流程

面对发动机起动系统所发生的各种故障，诊断及处理失误将给企业和个人造成相当大的损失。正确的诊断及处理，不可能来自于盲目的主观臆断，而应该建立在获取与故障有关的信息的基础上，依据迈腾 B8 起动系统的工作原理以及控制结构，运用科学的分析方法，按照合理的步骤进行综合分析，去伪存真、舍次取主，排除故障受害者，找出故障肇事者，这才是提高故障诊断准确性的关键所在。为了便于分析，不至于被众多杂乱无章的信息扰乱思路，需要结合电路原理图，遵从表1-2流程进行诊断维修。

表1-2 诊断流程

序号	操作	结果		备注
1	检查蓄电池电压是否符合要求，注意蓄电池电压检查的正确方法	正常转2	不正常时给蓄电池充电或更换蓄电池	确保蓄电池正负极接头连接牢靠，不脏污
2	打开点火开关，仪表应正常点亮，EPC灯点亮	正常转3	仪表显示不正常时结合电路图、维修手册排除仪表、EPC灯异常故障，转5	先排除仪表显示异常故障，再排除EPC灯异常故障
3	踩制动踏板，制动灯应点亮，起动时，仪表没有提示踩制动踏板	正常转4	不正常时结合电路图、维修手册检测制动灯开关、信号及线路故障，转5	该车有两个传感器可监测制动踏板动作，两个信号均异常时故障才会出现
4	确认变速杆处于P位或N位，仪表上档位显示和变速杆位置应一致，并且显示正常	正常转5	不正常时结合电路图、维修手册检查变速器档位、仪表显示异常故障，转5	可以利用故障诊断仪读取变速杆位置信息，从而确定故障所在
5	连接故障诊断仪，读取故障码	有故障码转6	若故障诊断仪无法建立通信，则转7； 若无故障码，转15	
6	根据故障码实施诊断、维修		排除相关故障后转26	
7	检测OBD－Ⅱ诊断接口电源及CAN总线	正常更换诊断设备转5	执行“OBD－Ⅱ诊断接口”诊断，转8	使用连线或无线模块时，如果故障诊断仪不亮或者无线模块不能通信时进行该诊断
8	检查发动机控制单元主电源	正常转12	测试结果异常时转9	检测前检查插接件、紧固件，连接可靠、无锈蚀
9	检查熔丝SB3及相关电路	正常则检修相关电路转13	测试结果异常时转10	
10	检查主继电器J271及相关电路		如果J271的85#电压异常，转11； 如果J271的86#电压异常，转12	
11	检查熔丝SB17及相关电路		测试结果异常时更换熔丝或检修线路，转5	
12	检查发动机控制单元的点火开关电源		测试结果异常时检修相关电路，转5	
13	结合维修手册和电路图检查测量CAN总线系统	正常转14	异常则检修CAN总线电路，转5	
14	更换发动机控制单元	正常转5	异常则转5，重新进行检测	

（续）

<table>
<tr><th>序号</th><th>操作</th><th colspan="2">结果</th><th>备注</th></tr>
<tr><td>15</td><td>起动机 A1 端子信号测量</td><td>正常转 24</td><td>异常转 16</td><td>需要按下起动开关时观察端子电压变化</td></tr>
<tr><td>16</td><td>检查熔丝 SB23 及相关电路</td><td rowspan="7">正常则检修相关电路</td><td>异常转 17</td><td>需要按下起动开关时观察端子电压变化</td></tr>
<tr><td>17</td><td>检查起动继电器 2 及相关电路</td><td>如果 1#端子电压异常，转 18；
如果 3#端子电压异常，转 19；
如果 2#端子电压异常，转 20</td><td>需要按下起动开关时观察端子电压变化</td></tr>
<tr><td>18</td><td>检查熔丝 SC49 及相关电路</td><td>异常则转 22</td><td>观察受 J329 供电的元器件工作是否正常</td></tr>
<tr><td>19</td><td>检查起动继电器 1 及相关电路</td><td>如果 2#端子电压异常，转 21</td><td>在需要按下起动开关时，观察端子电压变化</td></tr>
<tr><td>20</td><td>检查 J623 的 T91/88 信号电压</td><td rowspan="2">如果一个端子电压异常则更换 J623，如果两个端子电压均异常则转 23</td><td>在需要按下起动开关时，观察端子电压变化</td></tr>
<tr><td>21</td><td>检查 J623 的 T91/87 信号电压</td><td>在需要按下起动开关时，观察端子电压变化</td></tr>
<tr><td>22</td><td>检查供电继电器 J329 及相关电路</td><td colspan="2">异常则进行相关维修，注意故障现象，如果受 J329 供电的元器件均不工作，则说明系统供电异常，应首先检查 J329 供电</td></tr>
<tr><td>23</td><td>与起动相关的关键信号是否正常输入给 J623</td><td>正常转 24</td><td rowspan="2">异常则进行相应维修</td><td>包括 D9、制动踏板、空档起动开关信号</td></tr>
<tr><td>24</td><td>检查起动机供电和搭铁</td><td>正常转 25</td><td>注意测量位置、测量方法</td></tr>
<tr><td>25</td><td>更换起动机</td><td>正常转 26</td><td>更换后故障未彻底排除，转 5</td><td></td></tr>
<tr><td>26</td><td>维修完成</td><td></td><td></td><td></td></tr>
</table>

实施维修

（1）根据故障码提示进行维修

利用解码器读取故障码，按照本资源库中提供的针对每个故障码制定的诊断流程进行故障诊断。

（2）电路检测

根据系统的结构原理，对起动继电器 1、起动继电器 2、起动允许控制单元、发动机控制单元、起动机等电路进行检测。检测方法参照本资源库的相关内容。

（3）部件检测

根据系统的结构原理，对起动继电器 1、起动继电器 2、起动允许控制单元、发动机控制单元、起动机等元器件进行检测。检测方法参照本资源库的相关内容。

总结拓展

技术报告：参照高职大赛工作页完成诊断报告，教师应根据需要设置好故障点，也可根据本课件中提供的实际案例制定标准答案。

拓展实训：教师可以在车辆上给学生设置类似的其他故障，让学生独立完成，以考核学生的掌握水平。

1.1 迈腾 B8 起动机控制原理

迈腾 B8 起动机运行首要条件是需先经过内部防盗系统确认当前钥匙是否为已授权，如果验证钥匙为已授权，则将接通 15 电源以及解除防盗，同时发动机控制单元 J623 将点火和燃油限制解除（图 1-7）。

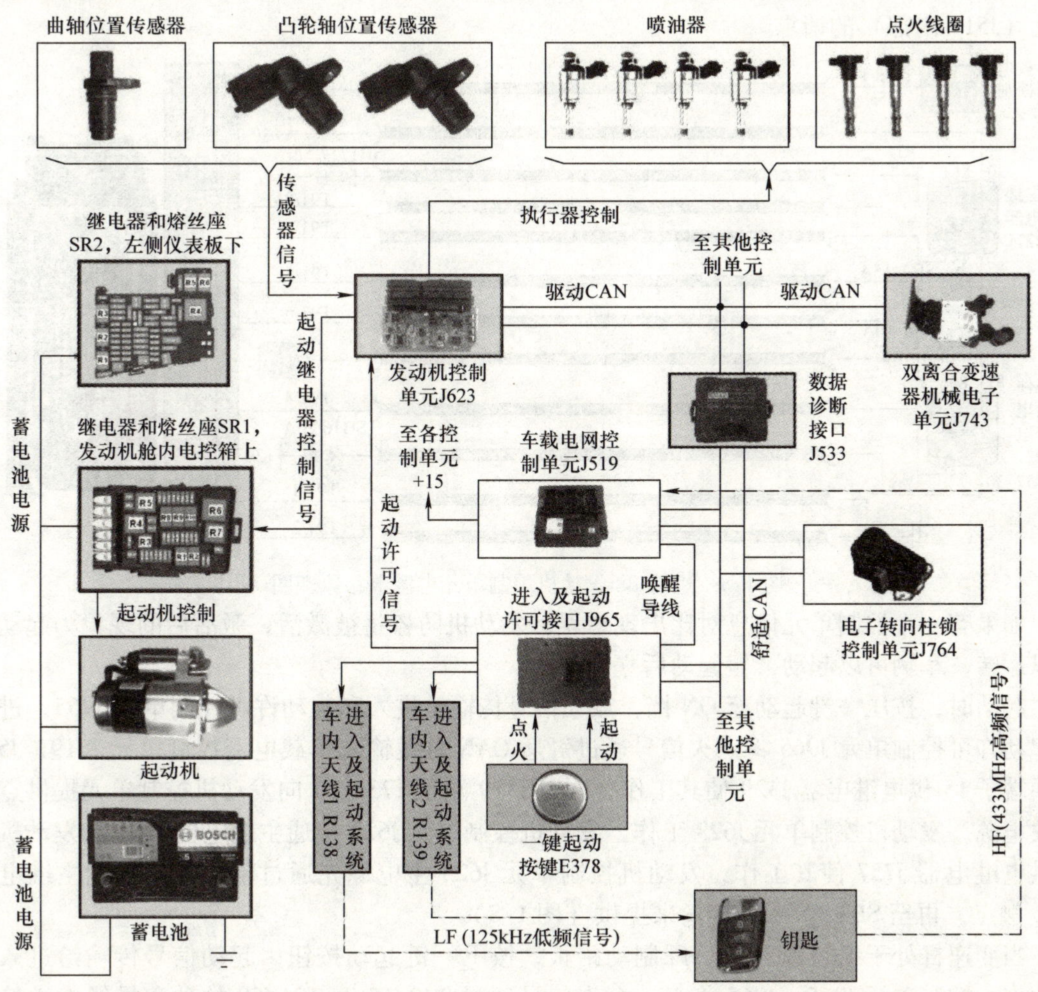

图 1-7 迈腾 B8 起动机控制原理图

1.15 电源控制

按下一键起动按钮 E378，进入及起动许可控制单元 J965 开始处理信号并唤醒舒适 CAN 总线系统，同时查询防盗锁止系统控制单元（J519 内部）是否允许接通 15 电源。为确定车内是否有授权钥匙，进入及起动许可控制单元 J965 通过车内天线发送一个查询码（125kHz 低频信号）给已匹配的钥匙，授权钥匙识别到该信号后进行编码并向 J519 返回一个应答器数据（433MHz 高频信号），J519 将该数据转发给防盗锁止系统控制单元（J519 内部），防盗锁止系统控制单元（J519 内部）通过比对确认是否为已授权钥匙。如果为授权钥匙，则防盗锁止系统控制单元（J519 内部）通过舒适 CAN 总线向电子转向柱锁控制单元 J764 发送一个解锁命令，以打开电子转向柱（转向盘可以转动）。同时 J965 通过 CAN 总线向 J519 发送消息，J519 接通 15 电源。其他的 CAN 总线将通过数据总线诊断接口 J533 进行唤醒。

2. 起动控制

在唤醒所有数据总线后，就可进行跨总线的防盗锁止系统通信。在成功完成发动机控制单元的数据比较后，防盗锁止系统控制单元（J519 内部）将颁发起动许可指令，如果安装有双离合变速器机械电子单元 J743，那么 J743 还会发送查询并提出释放防盗锁止系统控制单元（J519 内部）的请求。

图 1-8 迈腾 B8 发动机控制单元电源电路原理图

如果有一个控制单元信息对比出现错误，发动机防盗将被激活，激活后的现象为起动机可以运转，车辆可以起动，但起动后立即熄火。

起动时，按压一键起动至 ON 档，点火信号传输给进入和起动许可控制单元 J965，进入和起动许可控制单元 J965 将点火信号通过舒适 CAN 总线输入车载电网控制单元 J519，J519 接通端子 15 供电继电器 J329 使其工作，同时 J519 端子 T73a/14 向发动机控制单元提供点火开关电源，发动机控制单元 J623 工作，发动机控制单元 J623 接通主继电器 J271 和发动机部件供电继电器 J757 使其工作，发动机控制单元 J623 主电源先通过蓄电池正极到主继电器 J271 触点，再至 SB3（15A）熔丝来提供（图 1-8）。

当变速杆处于 P 位或 N 位，踩制动踏板，按下一键起动按钮，起动信号传输给进入和起动许可控制单元 J965，J965 将起动允许信号通过 T40/15 至 T91/68 的独立导线发送给发动机控制单元 J623，J623 接通起动继电器 1（J906）和起动继电器 2（J907）线圈搭铁回路，线圈工作、触点闭合（图 1-9）。

电源 +30 通过起动继电器 1（J906）触点进入起动继电器 2（J907）触点，再通过 SB23 30A 的熔丝将电源供给起动机电磁线圈端子，起动机电磁线圈工作，带单向离合器的小齿轮被推出，起动机电磁继电器触点闭合，蓄电池电压进入起动机转子和定子，起动机运转，带动飞轮旋转进而起动发动机。

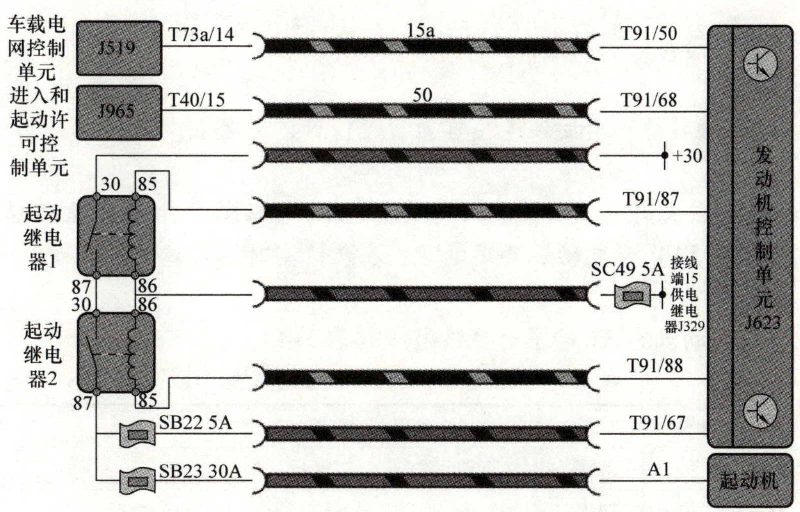

图1-9　迈腾B8起动控制原理图

1.2　起动机电磁开关控制信号的检查

从迈腾B8起动机控制原理图（图1-10）可以看出，系统通过J907和熔丝SB23（30A）给起动机供电，起动机自身搭铁。

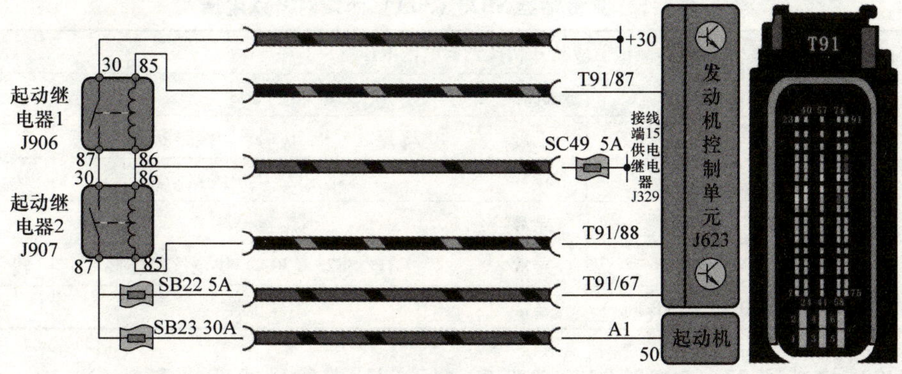

图1-10　起动机供电原理图

起动机控制电源检测如下所述。

针对起动机控制电源的常见故障见表1-3。

表1-3　起动机控制电源的常见故障

序号	故障性质
1	起动机50端子的控制电源线路断路
2	起动机50端子的控制电源线路虚接
3	起动机50端子供电电源线路对搭铁短路
4	SB23（30A）熔丝断路
5	SB23（30A）熔丝电路故障

结合以上信息，需要对项目进行检测和诊断。

注意：

1）检测前确保插接件、紧固件连接可靠、无锈蚀、无破损。此说明适用任何线路、部件测试。

2）此电源是在点火开关置于 ST 档时为蓄电池电压，同时该电源还通过熔丝 SB23（30A）、熔丝 SB22（5A）和起动机共用电源，在此检测时不考虑其他系统以及元器件工作状态，只考虑起动机不工作故障。

第一步：测量起动机的 A1 端子对搭铁电压（表 1-4）。

表 1-4　测量起动机的 A1 端子对搭铁电压

测试标准：点火开关打到 ST 档时，测试值应从 0 切换到蓄电池电压（+B）			
可能性	实测结果	状态	操作
1	0→+B	正常	转“起动机的检查”
2	始终为 0	异常	转“第二步”的第 1、2、3 种可能
3	0→0.1V～+B 间某值	异常	转“第二步”的第 1、4、5 种可能

第二步：测量熔丝 SB23（30A）两端对搭铁电压（表 1-5）。

注意：因为熔丝 SB23（30A）供电线路是通过熔丝盒内部线路供电，有时很难确定哪端属于供电端，哪端属于用电器端，因此可以同时对熔丝的两个端子进行测量。

表 1-5　测量熔丝 SB23（30A）两端对搭铁电压

测试标准：点火开关打到 ST 档时，测试值应从 0 切换到蓄电池电压（+B）				
可能性	实测结果	状态	可能原因	操作
1	0→+B，0→+B	正常	SB23 至起动机 50 端子间线路断路或虚接	转“第三步”
2	0，0	异常	熔丝 SB23 供电线路断路	转“第五步”
3	0，0→+B	异常	熔丝损坏	转“第四步”
4	均 0→0.1V～+B 间	异常	熔丝 SB23（30A）供电线路虚接	转“第六步”
5	0→+B，0→0.1V～+B 间	异常	熔丝虚接	更换熔丝

第三步：检查 SB23（30A）与起动机 50 端子间线路的导通性（表 1-6）。

表 1-6　SB23（30A）与起动机 50 端子间线路的导通性测试

测试标准：点火开关关闭，该导线端对端电阻应小于 2Ω				
可能性	实测结果	状态	可能原因	操作
1	小于 2Ω	正常	线束插接器故障	检修插接器
2	无穷大	异常	SB23 与起动机 50 端子间线路断路	检修线路
3	大于 5Ω	异常	SB23 与起动机 50 端子间线路虚接	

第四步：熔丝的更换。

注意：因为熔丝熔断，一般为用电线路短路或负载过大引起，所以必须要对用电线路以及用电设备进行对搭铁短路检查，防止更换熔丝后烧毁线路、熔丝以及用电设备。

为避免盲目更换熔丝，应检查用电器对搭铁是否短路或虚接。

1）检查控制线路是否对搭铁短路（表1-7）。

表1-7 测量起动机的50端子对搭铁电阻

测试标准：点火开关关闭，为了测试更加准确，应先拔掉起动机插接器、熔丝SB23（30A）、熔丝SB22（5A），测试电阻应为无穷大 注意：需先确认用电器、元件之间连接线路无断路或电阻过大故障				
可能性	实测结果	状态	可能原因	操作
1	无穷大	正常	起动机或元器件短路	转“第四步的2”
2	小于2Ω	异常	线路短路	检修线路

2）检查起动机或元器件是否对搭铁短路（表1-8）。

表1-8 起动机或元器件是否对搭铁短路

测试标准：点火开关关闭，测试电阻应为无穷大				
测试部位	实测结果	状态	可能原因	操作
连接起动机，测量起动机的50端子对搭铁电阻	无穷大	正常	—	更换熔丝
	小于2Ω	异常	起动机内部对搭铁短路	更换起动机
	大于5Ω	异常	起动机内部对搭铁虚接	

第五步：测量J907/87#对搭铁电压（表1-9）。

表1-9 起动继电器J907的87#对搭铁电压

测试标准：点火开关由ON档推至ST档，测量值应从蓄电池电压0切换到（+B）				
可能性	实测结果	状态	可能原因	操作
1	0→+B	正常	J907/87#与SB23之间线路断路或虚接	转“第六步”
2	始终为0	异常	J907及其相关电路故障	检查J907及其相关电路
3	0→0.1V~+B间	异常	J907及其相关电路故障	检查J907及其相关电路

第六步：测量SB23熔丝与J907的87#之间线路的导通性（表1-10）。

表1-10 熔丝SB23与J907的87#之间线路导通性测试

测试标准：断开继电器J907和熔丝SB22（5A），测量值为小于2Ω				
可能性	实测结果	状态	可能原因	操作
1	无穷大	异常	线路断路	检修线路
2	小于2Ω	正常	插头虚接	检查J907及其相关电路
3	大于5Ω	异常	线路虚接	检修线路

1.3 起动机电磁开关反馈信号的检查

从迈腾B8起动机供电原理图（图1-11）可以看出，起动机电磁开关反馈信号由+30通过继电器J906、J907到熔丝SB22（5A）至J623的T91/67管脚。若为蓄电池电压，说明发动机控制单元接收到起动机电磁开关的工作信号；若严重低于蓄电池电压，则发动机控制单元会根据输入的信号判定系统出现故障，从而产生故障码。

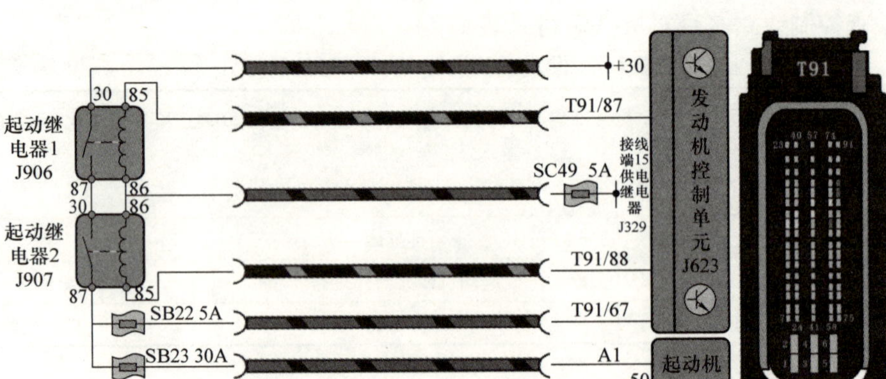

图 1-11　起动机供电原理图

针对起动机电磁开关反馈信号异常，可能的故障点见表 1-11。

表 1-11　起动机电磁开关反馈信号异常的常见故障点

序号	故障性质
1	起动机电磁开关反馈信号线路断路
2	起动机电磁开关反馈信号线路虚接
3	熔丝 SB22（5A）断路
4	熔丝 SC22（5A）供电线路断路
5	熔丝 SC22（5A）供电线路虚接（需要根据实际车辆验证）

结合以上信息，需要对项目进行检测和诊断。

注意：

1）检测前确保插接件、紧固件连接可靠、无锈蚀、无破损。此说明适用于任何线路、部件测试。

2）此电源是在点火开关位于 ST 档位置时为蓄电池电压。同时该电源还通过熔丝 SB23（30A）和起动机电磁开关共用，在此检测时不考虑其他系统以及元器件工作状态，只考虑起动机电磁开关反馈信号异常。

第一步：测量发动机控制单元 J623 的 T91/67 端子对搭铁电压（见表 1-12）。

表 1-12　发动机控制单元 J623 的 T91/67 端子对搭铁电压测试

测试标准：点火开关推到 ST 档位置时，测试值应从 0 切换到蓄电池电压（+B）			
可能性	实测结果	状态	操作
1	0→+B	正常	检查插接器
2	始终为 0	异常	转“第二步”的第 1、2、3 种可能
3	0→0.1V ~ +B 间	异常	转“第二步”的第 4、5 种可能

第二步：测量熔丝 SB22（5A）两端对搭铁电压（见表 1-13）。

注意：因为熔丝 SB22（5A）供电线路是通过熔丝盒内部线路供电，有时很难确定哪端属于供电端，哪端属于用电器端，因此可以同时对熔丝的两个端子进行测量。

表 1-13　测量熔丝 SB22（5A）两端对搭铁电压

测试标准：点火开关推到 ST 档位置时，测试值应从 0 切换到蓄电池电压（+B）				
可能性	实测结果	状态	可能原因	操作
1	0→+B，0→+B	正常	SB22 至 T91/67 端子间线路断路	转“第三步”
2	0，0	异常	熔丝 SB22 供电线路断路	转“第五步”
3	0，0→+B	异常	熔丝损坏	转“第四步”
4	均为 0→0.1V～+B 间	异常	熔丝 SB22 供电线路虚接	转“第六步”
5	0→+B，0→0.1V～+B 间	异常	熔丝虚接	更换熔丝

第三步：检查熔丝 SB22（5A）与 T91/67 端子间线路的导通性（见表 1-14）。

表 1-14　熔丝 SB22（5A）与 T91/67 端子间线路的导通性测试

测试标准：点火开关关闭，该导线端对端电阻应小于 2Ω				
可能性	实测结果	状态	可能原因	操作
1	小于 2Ω	正常	线束插接器故障	检修插接器
2	无穷大	异常	熔丝 SB22（5A）与 T91/67 端子间线路断路	检修线路
3	大于 5Ω	异常	熔丝 SB22（5A）与 T91/67 端子间线路虚接	

第四步：熔丝更换

1）拆卸熔丝 SB22（5A），目测熔丝没有变形、熔断，并测量熔丝两端插脚电阻是否小于 2Ω，如果测试结果不符合要求，须更换。

注意：因为熔丝熔断，一般为用电线路短路或负载过大引起，所以必须要对用电线路以及用电设备进行对搭铁短路检查，防止更换熔丝后烧毁线路、熔丝以及用电设备。

2）测量发动机控制单元 J623 的 T91/67 端子对搭铁电阻（见表 1-15）。

注意：熔丝 SB22（5A）的用电器端和发动机控制单元 J623 的 T91/67 端子实质上是同一电位，所以该步可以选择对发动机控制单元 J623 的 T91/67 端子对搭铁电阻进行测量，也可以对熔丝 SB22（5A）的用电器端进行测量。

表 1-15　测量发动机控制单元 J623 的 T91/67 端子对搭铁电阻

测试标准：关闭点火开关，拔掉发动机控制单元 J623 的 T91 接插件、熔丝 SB22（5A）以及熔丝 SB23，测试电阻应为无穷大 注意：需先确认模块、元件之间连接线路无断路或电阻过大故障				
可能性	实测结果	状态	可能原因	操作
1	无穷大	正常	控制单元或元器件短路	转“3”
2	小于 2Ω	异常	线路短路	检修线路

3）检查控制单元或元器件是否对搭铁短路（见表 1-16）。

表 1-16　控制单元或元器件是否对搭铁短路测试

测试标准：点火开关关闭，测试电阻应为无穷大					
可能性	测试部位	实测结果	状态	可能原因	操作
1	连接 J623 的 T91 插接件，测量 J623 的 T91/67 端子对搭铁电阻	无穷大	正常		转本表 2
		小于 2Ω	异常	J623 内部对搭铁短路	更换 J623

（续）

测试标准：点火开关关闭，测试电阻应为无穷大					
可能性	测试部位	实测结果	状态	可能原因	操作
2	连接熔丝 SB23，测量 J623 的 T91/67 端子对搭铁电阻	无穷大	正常	—	更换熔丝
		小于 2Ω	异常	熔丝 SB23 内部对搭铁短路	

第五步：测量 J907/87#对搭铁电压（见表 1-17）。

表 1-17　起动继电器 J907 的 87#对搭铁电压测试

测试标准：点火开关推到 ST 档位置时，测试值应从 0 切换到蓄电池电压（+B）				
可能性	实测结果	状态	可能原因	操作
1	0→+B	正常	J907/87#至熔丝间线路断路或虚接	转“第六步”
2	始终为 0	异常	J907 及其相关电路故障	转“起动继电器 J907 的检查”
3	0→0.1V～+B	异常	上游线路虚接	

第六步：使用万用表测量熔丝 SB22（5A）与 J907 的 87#之间线路导通性（见表 1-18）。

表 1-18　熔丝 SB22（5A）与 J907 的 87#之间线路导通性测试

测试标准：断开继电器 J907 和熔丝 SB22（5A），测量值为小于 2Ω				
可能性	实测结果	状态	可能原因	操作
1	无穷大	异常	线路断路	检修线路
2	小于 2Ω	正常	J907 及其相关电路故障	转“起动继电器 J907 的检查”
3	大于 5Ω	异常	线路虚接	检修线路

1.4　继电器 J906 的检查

1. 初步检测

继电器 J906 的测试可以先通过听觉或触觉功能进行简单的判断，方法如下：

打开发动机舱盖，找到前部发动机舱内电控箱上的 R1 继电器（见图 1-12 所示位置），使用手指尖轻轻抓住继电器外壳，一个人在车内起动发动机，另一个人在车外应能感觉到或听到此继电器是否动作。此方法需要仔细认真，并多次试验。

继电器 J906 在电控箱上的位置为 R1，J906 安装位置及针脚定义及分布见图 1-12。

如果继电器 J906 没有动作，说明继电器控制、线圈电源或本身出现故障，如果继电器有动作，并不代表继电器工作正常，还是要用汽车专用万用表进行测量。

2. 万用表检测

从迈腾 B8 起动机控制电路原理图（图 1-13）上可以看出。起动继电器 J906 的 30 端子主电源是由蓄电池直接供给，J907 和 J906 线圈供电电源由熔丝 SC49（5A）提供，发动机控制单元 J623 的 T91/87 端子控制 J906 线圈 85 端子线路搭铁构成回路。

点火开关置于 ST 档时，J623 控制 J906 工作，触点闭合，蓄电池电源由 J906 的 87 端子输出至起动继电器 J907 的 30 端子。

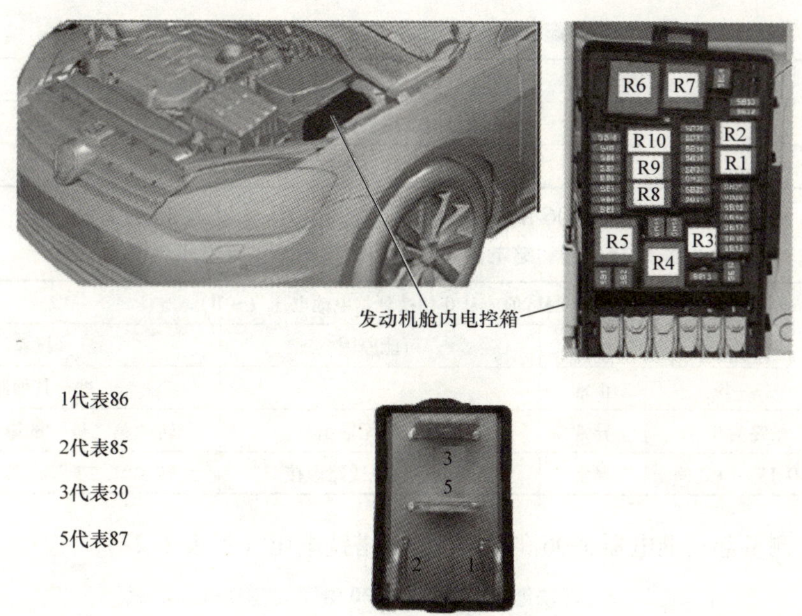

图 1-12　继电器 J906 安装位置及针脚分布和定义

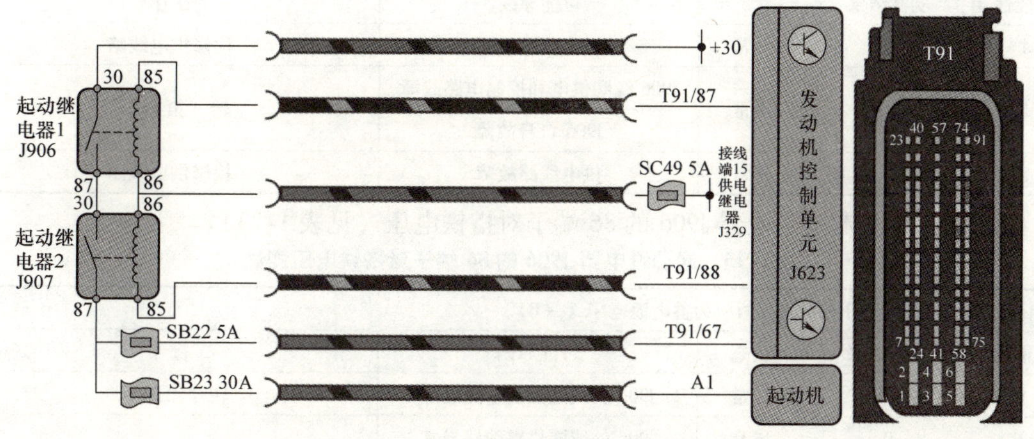

图 1-13　起动继电器控制原理图

注意：检测前确保插接件、紧固件连接可靠、无锈蚀、无破损，此说明适用于任何线路、部件测试。

针对起动继电器 J906 常见故障，一般分为控制故障（表 1-19）和输出故障（表1-20）。

表 1-19　起动继电器 J906 的控制电路常见故障

序号	故障性质
1	J906 自身故障（电磁线圈）
2	J906 的线圈供电线路断路
3	J906 的线圈供电线路虚接
4	J906 的线圈供电线路对搭铁短路（SC49 损坏）
5	J906 的线圈控制电路断路
6	J906 的线圈控制线路虚接

表 1-20　起动继电器 J906 的主供电线路常见故障

序号	故障性质
1	J906 主供电线路断路（触点无法闭合）
2	J906 主供电线路虚接（触点虚接）

第一步：测量起动继电器 J906 的 87 端子对搭铁电压（见表 1-21）。

表 1-21　起动继电器 J906 的 87 端子对搭铁电压测试

测试标准：点火开关推到 ST 档位置时，测试值应从 0 切换到蓄电池电压（+B）				
可能性	实测结果	状态	可能原因	操作
1	0→+B	正常	—	进行其他测量
2	始终为 0	异常	继电器无输出	转“第二步”的第 1、2 种可能
3	0→0.1V ~ +B 间	异常	继电器供电线路虚接	转“第二步”的第 2、3 种可能

第二步：测量起动继电器 J906 的 30 端子对搭铁电压（见表 1-22）。

表 1-22　起动继电器 J906 的 30 端子对搭铁电压测试

测试标准：任何情况下，测试值均应为蓄电池电压（+B）				
可能性	实测结果	状态	可能原因	操作
1	0	异常	供电线路故障	检修供电线路
2	+B	正常	J906 线圈供电和控制电路故障	转“第三步”
			J906 自身故障	
3	0.1V ~ +B 间	异常	供电线路故障	检修供电线路

第三步：测量起动继电器 J906 的 86 端子对搭铁电压（见表 1-23）。

表 1-23　起动继电器 J906 的 86 端子对搭铁电压测试

测试标准：打开点火开关，测试值应为蓄电池电压（+B）				
可能性	实测结果	状态	可能原因	操作
1	+B	正常	J906 及线圈控制电路故障	转“第四步”
2	0	异常	J906 的线圈供电线路异常	转“起动继电器线圈供电检测”
3	0.1V ~ +B 间	异常	J906 的线圈供电线路虚接	

第四步：测量起动继电器 J906 的 85 端子对搭铁电压（见表 1-24）。

表 1-24　测量起动继电器 J906 的 85 端子对搭铁电压测试

测试条件：点火开关由 ON 档推至 ST 档，测量值应从蓄电池电压（+B）切换到 0				
可能性	实测结果	状态	可能原因	操作
1	+B 至 0	正常	J906 自身故障（输出）	转“继电器部件测试”
2	始终为 +B	异常	线圈控制电路断路	转“第五步”
			J623 没有响应	
3	始终为 0	异常	继电器线圈断路	转“继电器部件测试”
	注：线路对搭铁短路后可能会造成起动机始终运转，和起动机不运转现象不符，所以此处不考虑			
4	+B 至 0 ~ +B 间	异常	85 端子与 T91/87 端子间线路虚接	转“第五步”
			J623 故障	

注意：

1）第二步、第三步可以整合在一起，顺序也可以颠倒。

2）第二步、第三步、第四步可以整合在一起，但必须是测完电源以后再测量控制信号。

第五步：测量继电器 J906 的 85 端子与 J623 的 T91/87 端子间线路导通性（见表1-25）。

表 1-25　J906 的 85 端子与 J623 的 T91/87 端子间线路导通性测试

测试标准：点火开关关闭，该导线端对端电阻应小于2Ω				
可能性	实测结果	状态	可能原因	操作
1	小于2Ω	正常	J623 故障	检查 J623 及其线路
2	无穷大	异常	电路断路	检修线路
3	大于5Ω	异常	线路虚接	

1.5　继电器 J907 的检查

1. 初步检测

继电器 J907 的测试可以先通过听觉或触觉功能进行简单的判断，方法如下：

打开发动机舱盖，找到前部发动机舱内电控箱上的 R2 继电器（见图 1-14 所示位置），

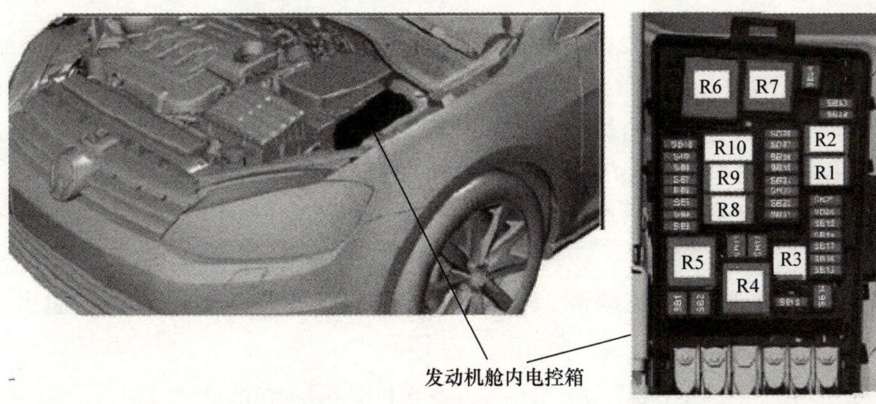

图 1-14　继电器 J907 安装位置

使用手指尖轻轻抓住继电器外壳，一个人在车内起动发动机，另一个人在车外应能感觉到或听到此继电器是否动作。此方法需要仔细认真，并多次试验。

继电器 J907 在电控箱上的位置为 R2，如图 1-14 所示。继电器的针脚分布及定义见图 1-15。

如果继电器 J907 没有动作，说明继电器控制、线圈电源或本身出现故障，如果继电器有动作，并不代表继电器工作正常，还是要用汽车专用万用表进行测量。

1 代表85

2 代表86

3 代表87

5 代表30

图 1-15　继电器的针脚分布及定义

2. 万用表检测

从迈腾 B8 起动继电器控制原理图（见图1-16）可以看出，起动继电器 J907 的 30 主电源是由起动继电器 J906 的 87 端子供给，J907 和 J906 线圈供电电源由熔丝 SC49（5A）提供，发动机控制单元 J623 的 T91/88 端子控制 J907 线圈 85 端子线路搭铁构成回路。

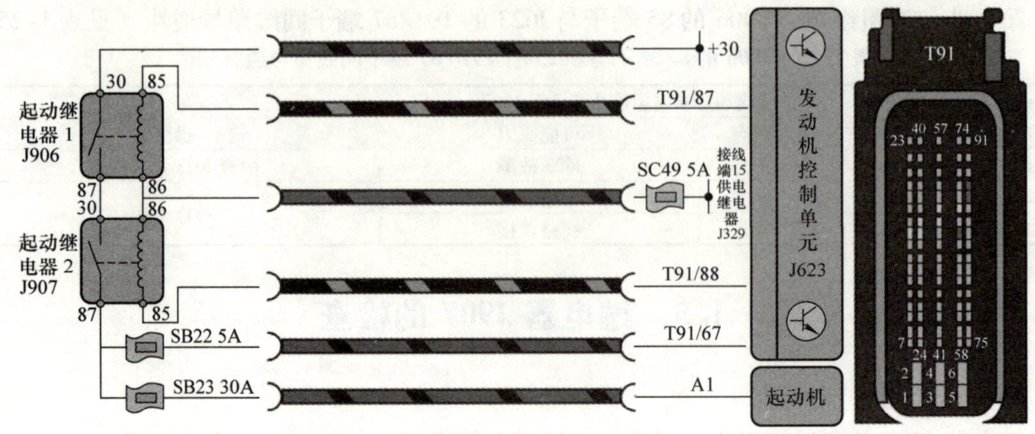

图 1-16　起动继电器控制原理图

点火开关置于 ST 档时，J623 控制 J907 工作，触点闭合，主电源由 J907 的 87 端子输出，输出电源一路由熔丝 SB22（5A）至 J623 的 T91/67 端子，为发动机控制单元提供起动机是否运行的状态指示；一路由熔丝 SB23（30A）至起动机电磁开关控制端，通过起动机内部构成接地回路，使电磁开关闭合工作，起动机带动发动机运行。

注意：检测前确保插接件、紧固件连接可靠、无锈蚀、无破损，此说明适用于任何线路、部件测试。

针对起动继电器 J907 常见故障，一般分为控制故障（见表 1-26）和输出故障（见表 1-27）。

表 1-26　起动继电器 J907 的控制电路常见故障

序号	故障性质
1	J907 自身故障（电磁线圈）
2	J907 的线圈供电线路断路
3	J907 的线圈供电线路虚接
4	J907 的线圈供电线路短路
5	J907 的线圈控制电路断路
6	J907 的线圈控制线路虚接

表 1-27　起动继电器 J907 的主供电线路常见故障

序号	故障性质
1	J907 主供电线路断路
2	J907 主供电线路虚接

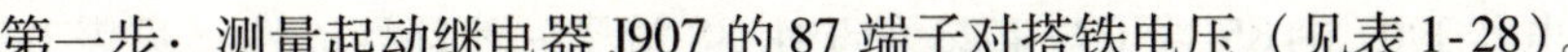

第一步：测量起动继电器J907的87端子对搭铁电压（见表1-28）。

表1-28 起动继电器J907的87端子对搭铁电压测试

测试标准：点火开关推到ST档位置时，测试值应从0切换到蓄电池电压（+B）				
可能性	实测结果	状态	可能原因	操作
1	0→+B	正常	—	进行其他测量
2	始终为0	异常	继电器无输出	转“第二步”的第1、2种可能
3	0→0.1V~+B间	异常	继电器供电线路虚接	转“第二步”的第2、3种可能

第二步：测量起动继电器J907的30端子对搭铁电压（见表1-29）。

表1-29 起动继电器J907的30端子对搭铁电压测试

测试标准：任何情况下，测试值均应为蓄电池电压（+B）				
可能性	实测结果	状态	可能原因	操作
1	0	异常	供电线路故障	检修供电线路
2	+B	正常	J907线圈供电和控制电路故障	转“第三步”
			J907自身故障	
3	0.1V~+B间	异常	供电线路故障	检修供电线路

第三步：测量起动继电器J907的86端子对搭铁电压（见表1-30）。

表1-30 起动继电器J907的86端子对搭铁电压测试

测试标准：打开点火开关，测试值应为蓄电池电压（+B）				
可能性	实测结果	状态	可能原因	操作
1	+B	正常	J907及线圈控制电路故障	转“第四步”
2	0	异常	J907的线圈供电线路异常	转“起动继电器线圈供电检测”
3	0.1V~+B间	异常	J907的线圈供电线路虚接	

第四步：测量起动继电器J907的85端子对搭铁电压（见表1-31）。

表1-31 起动继电器J906的85端子对搭铁电压测试

测试条件：点火开关由ON档推至ST档，测量值应从蓄电池电压（+B）切换到0V				
可能性	实测结果	状态	可能原因	操作
1	+B至0	正常	J907自身故障（输出）	转“继电器部件测试”
2	始终为+B	异常	线圈控制电路断路	转“第五步”
			J623没有响应	
3	始终为0	异常	继电器线圈断路	转“继电器部件测试”
	注：线路对搭铁短路后可能会造成起动机始终运转，和起动机不运转现象不符，所以此处不考虑			
4	+B至0~+B间	异常	85端子与T91/88端子间线路虚接	转“第五步”
			J623故障	

注意：

1）第二步、第三步可以整合在一起，顺序也可以颠倒。

2）第二步、第三步、第四步可以整合在一起，但必须是测完电源以后再测量控制信号。

第五步：测量继电器J907的85端子与J623的T91/88端子间线路导通性（见表1-32）。

表1-32　J907的85端子与J623的T91/88端子间线路导通性测试

测试标准：点火开关关闭，该导线端对端电阻应小于2Ω				
可能性	实测结果	状态	可能原因	操作
1	小于2Ω	正常	J623故障	检查J623及其线路
2	无穷大	异常	电路断路	检修线路
3	大于5Ω	异常	线路虚接	

1.6　继电器J906的线圈电源检查

从迈腾B8起动继电器电路控制原理图（图1-17）可以看出，起动继电器J906和J907线圈供电电源都是经过熔丝SC49（5A）供给，且熔丝另一端连接至接线端15供电继电器J329，由J329供给15电源。

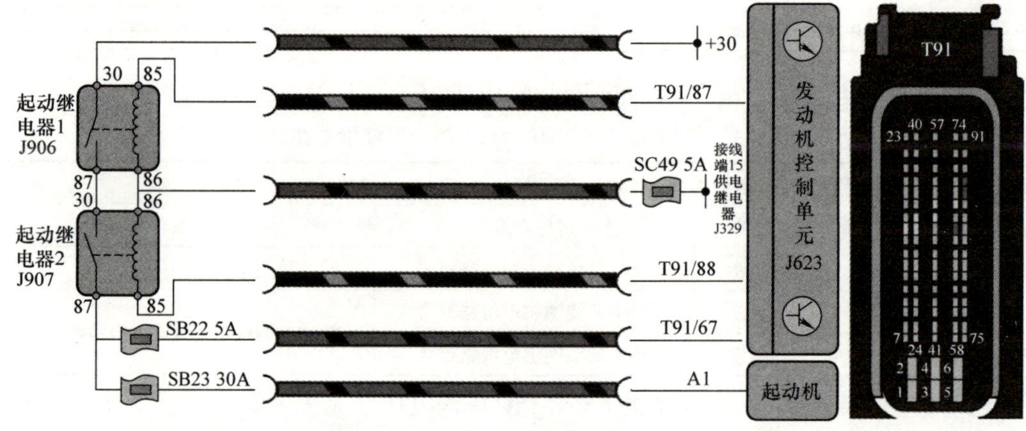

图1-17　起动继电器控制原理图

如果此线路出现故障，将导致起动继电器J906和J907都无法工作。

注意：此处只检查起动继电器J906线圈的86端子供电，如要检查J907线圈86端子的供电，检查方法同J906线圈的86端子供电检查一样。

针对起动继电器J906线圈的供电异常常见故障见表1-33。

表1-33　起动继电器J906的电源异常常见故障

序号	故障性质
1	J906/86端子供电电源线路断路
2	J906/86端子供电电源线路虚接
3	J906/86端子供电电源线路对搭铁短路
4	熔丝SC49（5A）断路
5	熔丝SC49（5A）虚接
6	熔丝SC49（5A）供电
7	J906自身故障

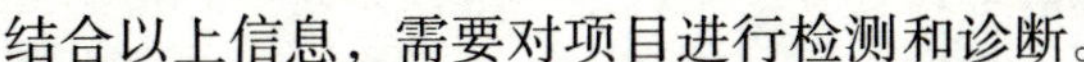

结合以上信息，需要对项目进行检测和诊断。

注意：

1）检测前确保插接件、紧固件连接可靠、无锈蚀、无破损。此说明适用于任何线路、部件测试。

2）此电源是在点火开关打开时为蓄电池电压。同时该电源还通过熔丝 SC49（5A）和起动继电器 J907 共用电源，在此检测时不考虑其他系统以及元器件工作状态，只考虑起动继电器 J906 故障。

第一步：测量起动继电器 J906 线圈的供电 86 端子对搭铁电压，见表 1-34。

表 1-34　起动继电器 J906 的 86 端子对搭铁电压测试

测试标准：点火开关打开，测试值应为蓄电池电压（+B）			
可能性	实测结果	状态	操作
1	+B	正常	检查 J906 以及 J906 插接件
2	0	异常	转“第二步”的第 1、2、3 种可能
3	0.1V～+B 间	异常	转“第二步”的第 4、5 种可能

第二步：测量熔丝 SC49（5A）两端对搭铁电压，见表 1-35。

注意：因为熔丝 SC49（5A）供电线路是通过熔丝盒内部线路供电，有时很难确定哪端属于供电端，哪端属于用电器端，因此可以同时对熔丝的两个端子进行测量。

表 1-35　测量熔丝 SC49（5A）两端对搭铁电压

测试标准：点火开关打开，测试值应为蓄电池电压（+B）				
可能性	实测结果	状态	可能原因	操作
1	+B，+B	正常	熔丝 SC49 至 J906/86 间线路断路	转“第三步”
2	0，0	异常	熔丝 SC49 供电线路断路	检修供电线路
3	0，+B	异常	熔丝损坏	转“第四步”
4	均为 0.1V～+B 间	异常	熔丝 SC49 供电线路虚接	检修供电线路
5	+B，0.1V～+B 间	异常	熔丝虚接	更换熔丝

第三步：检查熔丝 SC49（5A）与 J906/86 端子间线路的导通性，见表 1-36。

表 1-36　熔丝 SC49（5A）与 J906 /86 端子间线路的导通性测试

测试标准：点火开关关闭，该导线端对端电阻应小于 2Ω				
可能性	实测结果	状态	可能原因	操作
1	小于 2Ω	正常	线束插接器故障	检修插接器
2	无穷大	异常	熔丝 SC49（5A）与 86 端子间电路断路	检修线路
3	大于 5Ω	异常	熔丝 SC49（5A）与 86 端子间线路虚接	

第四步：熔丝更换。

1）拆卸熔丝 SC49（5A），目测熔丝没有变形、熔断，并测量熔丝两端插脚电阻是否小于 2Ω，如果测试结果不符合要求，须更换。

注意：因为熔丝熔断，一般为用电线路短路或负载过大引起，所以必须要对用电线路以及设备进行对搭铁短路检查，防止更换熔丝后烧毁线路、熔丝以及用电设备。

2）测量起动继电器J906的86端子对搭铁电阻，见表1-37。

注意：如图1-18所示，熔丝SC49（5A）的用电器端和起动继电器J906的86端子实质上是同一电位，所以该步可以选择对起动继电器J906的86端子对搭铁电阻进行测量，也可以对熔丝SC49（5A）的用电器端进行测量。同时该电源还通过熔丝SC49（5A）和起动继电器J907线圈共用电源，所以在此检测时需注意J907的状态。

表1-37 起动继电器J906的86端子对搭铁电阻测试

测试标准：点火开关关闭，为了测试更加准确，应先拔掉起动继电器J906、J907以及熔丝SC49（5A）。测试对搭铁电阻应为无穷大

注意：需先确认模块、元件之间连接线路无断路或电阻过大故障

可能性	实测结果	状态	可能原因	操作
1	无穷大	正常	继电器J906、J907内部短路	转“3）”
2	小于2Ω	异常	线路短路	检修线路

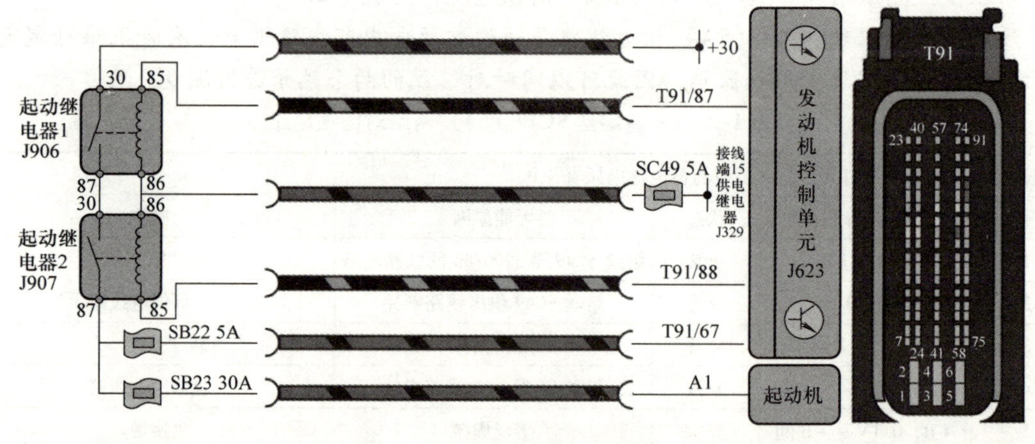

图1-18 起动继电器控制原理图

3）检查继电器J906、J907内部是否对搭铁短路，见表1-38。

表1-38 继电器J906、J907内部对搭铁短路测试

测试标准：点火开关关闭，测试电阻应为无穷大

可能性	测试部位	实测结果	状态	可能原因	操作
1	连接J906，测量J906的86端子对搭铁电阻	无穷大	正常	其他故障	转本表的第2种可能
		小于2Ω	异常	J906内部对搭铁短路	更换J906
2	连接J907，测量J907的86端子对搭铁电阻	无穷大	正常	熔丝损坏	更换熔丝
		小于2Ω	异常	J907内部对搭铁短路	更换J907

1.7 进入及起动系统接口控制单元电源检查

从迈腾 B8 进入及起动许可控制单元 J965 电源电路原理图（图 1-19）可以看出，进入及起动系统接口 J965 主电源是由蓄电池经过熔丝 SC19（7.5A）直接供给，同时由进入及起动许可控制单元 J965 的 T40/17 端子搭铁构成回路。点火开关在任何档位时，进入及起动许可控制单元 J965 都应是有常供电。

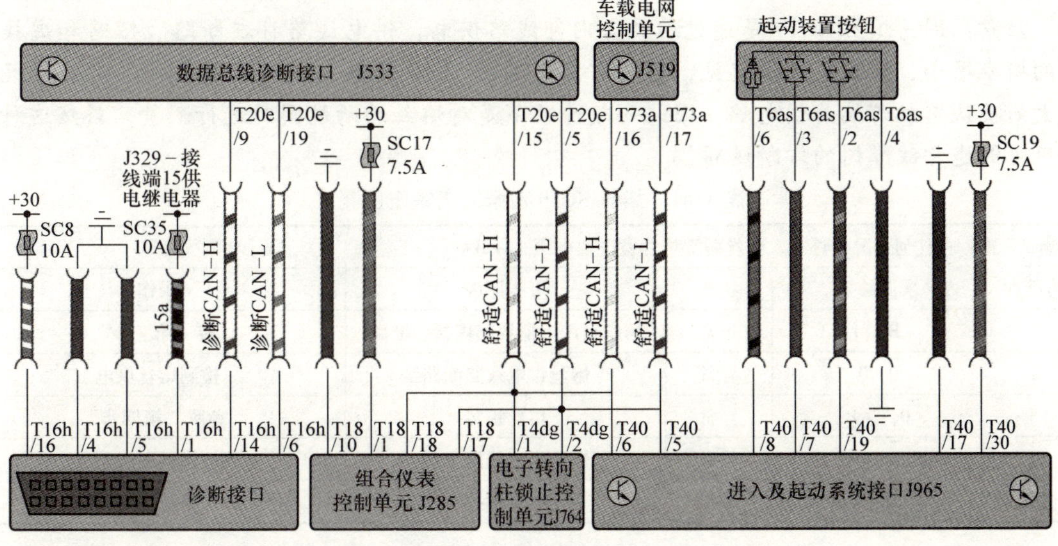

图 1-19 进入及起动许可控制单元 J965 电源电路原理图

针对进入及起动许可控制单元 J965 的供电异常常见故障见表 1-39。

表 1-39 J965 的电源异常常见故障

序号	故障性质
1	J965 的 T40/30 端子对应的供电电源线路断路
2	J965 的 T40/30 端子对应的供电电源线路虚接
3	J965 的 T40/17 端子对应的供电电源线路断路
4	J965 的 T40/17 端子对应的供电电源线路虚接
5	熔丝 SC19 断路或虚接
6	熔丝 SC19 供电故障

结合以上信息，需要对项目进行检测和诊断。

注意：

检测前确保插接件、紧固件连接可靠、无锈蚀、无破损。此说明适用任何线路、部件测试。

第一步：测量进入及起动许可控制单元 J965 的 T40/30 端子对搭铁电压，见表 1-40。

表 1-40　J965 的 T40/30 端子对搭铁电压测试

测试标准：任何情况下，测试结果应为蓄电池电压（+B）			
可能性	实测结果	状态	操作
1	+B	正常	转“第五步”测试搭铁
2	0	异常	转“第二步”的第 1、2、3 种可能
3	0.1V ~ +B 间	异常	转“第二步”的第 4、5 种可能

第二步：测量熔丝 SC19（7.5A）两端对搭铁电压，见表 1-41。

注意：因为熔丝 SC19 是通过熔丝盒内部线路供电，供电线路存在断路、短路和虚接故障的概率很小，但为了保险起见，还是需要对熔丝 SC19 的供电进行检查，加上有些情况下不太好确认熔丝哪端为供电端，因此一般情况下是对熔丝的两端同时进行测量，虽然这种方法有可能违背故障树的诊断逻辑。

表 1-41　熔丝 SC19 两端对搭铁电压测试

测试标准：在任何工况条件下，熔丝两端均为蓄电池电压（+B）				
可能性	实测结果	状态	可能原因	操作
1	+B，+B	正常	熔丝至用电器线路虚接、断路	转“第三步”
2	0，0	异常	熔丝供电线路断路	检测熔丝供电
3	0，+B	异常	熔丝损坏	参照“第四步”
4	均为 0 ~ +B 间	异常	熔丝供电线路虚接	检修供电线路
5	+B，0 ~ +B 间	异常	熔丝虚接	更换熔丝

第三步：检查熔丝 SC19 与进入及起动许可控制单元 J965 之间电路的导通性（见表 1-42）。

表 1-42　熔丝 SC19 与进入及起动许可控制单元 J965 之间电路导通性测试

测试标准：点火开关关闭，拔下熔丝 SC19 及 J965 的 T40 插接件，导线端对熔丝 SC19 输出端之间的电阻都应小于 2Ω				
可能性	实测结果	状态	可能原因	操作
1	小于 2Ω	正常	熔丝插接器故障	检修插接器
2	无穷大	异常	熔丝 SC19 与 J965 之间电路断路	检修线路
3	大于 5Ω	异常	熔丝 SC19 与 J965 之间线路虚接	

第四步：熔丝更换。

1）拆卸熔丝 SC19，目测熔丝没有变形、熔断，并测量熔丝两端插脚电阻是否小于 2Ω，如果测试结果不符合要求，须更换。

注意：因为熔丝熔断，一般为用电线路短路或负载过大引起，所以必须对用电线路以及设备要进行对搭铁短路检查，防止更换熔丝后烧毁线路、熔丝以及用电设备。

2）对 J965 的 T40/30 端子（线束端）对搭铁电阻进行测量，见表 1-43。

注意：熔丝 SC19 的输出端与 J965 的 T40/30 端子实质上是同一电位，所以该步可以选择对 J965 的 T40/30 端子对搭铁电阻进行测量。

表1-43　熔丝SC19的输出端对搭铁电阻的测试

测试标准：点火开关关闭，拔下熔丝SC19与J965的T40插接器，测试电阻应为无穷大				
可能性	实测结果	状态	可能原因	操作
1	无穷大	正常	—	转“3)”
2	小于2Ω	异常	熔丝SC19与J965之间电路对搭铁短路	检修线路

3）检查进入及起动许可控制单元J965是否对搭铁短路，见表1-44。

表1-44　进入及起动许可控制单元J965的T40/30端子对搭铁电阻的测量

测试标准：点火开关关闭，连接进入及进入及起动许可控制单元的T40插接器，测试电阻应为无穷大				
可能性	实测结果	状态	可能原因	操作
1	无穷大	正常	熔丝损坏	更换相应规格的熔丝
2	小于2Ω	异常	J965的内部对搭铁短路	更换J965
3	大于5Ω	异常	J965的内部对搭铁虚接	更换J965

第五步：进入及起动许可控制单元J965的负极检查。

T40/17端子为进入及起动许可控制单元J965主搭铁，如果搭铁线路不正常，可能导致进入及起动许可控制单元J965主电源功率不足，导致进入及起动许可控制单元J965工作不稳定或不工作。

对进入及起动许可控制单元J965进行检查时，使用万用表测量J965的T40/17端子对搭铁电压，见表1-45。

表1-45　J965的T40/17端子对搭铁电压测试

测试标准：在任何工况条件下，J965的T40/17端子对搭铁电压应小于0.1V				
可能性	实测结果	状态	可能原因	操作
1	0	正常	J965存在故障	更换J965
2	0.1V～+B	异常	搭铁线路虚接或断路	检修线路、搭铁点

任务2 起动机运转、发动机无法起动的故障分析

任务描述

迈腾 B8 起动机运转、发动机无法起动常见的故障现象有两种：

1）起动发动机时，起动机运转正常，但无任何着车征兆。

2）起动发动机时，起动机运转正常，但起动后熄火（有逐渐熄火也有突然熄火，有熄火后可再次起动，也有熄火后不再起动）。

还有一种起动故障叫起动困难，就是需要较长时间才能起动，或者是有时可以起动，有时无法起动，这种故障模拟起来比较困难，因此在教学过程中建议少采用。

任务分析

要想完成故障的诊断与排除，需要具备的知识和技能：

1. 相关知识

1）汽油发动机电控系统的认知和检测。

2）燃油喷射系统的认知和检测。

3）点火控制系统的认知和检测。

4）进气控制系统的认知和检测。

5）燃油泵控制系统的认知和检测。

6）进气歧管（增压）压力传感器的认知和检测。

7）曲轴位置传感器的认知和检测。

8）凸轮轴位置传感器的认知和检测。

9）燃油压力传感器的认知和检测。

10）喷油器的认知和检测。

11）点火线圈的认知和检测。

12）迈腾 B8 发动机控制原理电路图的阅读。

13）迈腾 B8 数据通信系统原理电路图的阅读。

14）迈腾 B8 发动机起动控制原理。

2. 相关技能

1）万用表、示波器、故障诊断仪、尾气分析仪等常见设备的使用。

2）维修资料的查阅、电路原理图的识读和分析。

3）常见故障的诊断与排除。

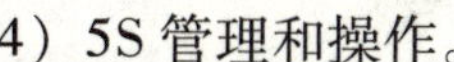

4）5S 管理和操作。

故障分析

1. 初步分析

如果起动机运转但发动机无法起动，通常说明故障部位可能会在驻车防盗、数据通信和发动机控制（传感器、执行器）系统里，也可以围绕起动时对混合气的要求，即进排气、喷油（量和正时）、点火（能量和正时）三方面着手进行分析。

注意：

1）用正确的方法检测蓄电池电压，确保蓄电池电压达到 11.5V。

2）在打开点火开关和起动发动机过程中，须观察或感受与发动机起动相关的信息。

3）本文只考虑电控系统故障，不考虑机械系统。

（1）仪表显示是否正常点亮，发动机控制单元 EPC 灯是否点亮

如图 2-1 所示为点火开关打开时迈腾 B8 组合仪表正常显示状态图，如图 2-2 所示为迈腾 B8 组合仪表电源及通信电路原理图。

图 2-1　点火开关打开时迈腾 B8 组合仪表正常显示状态图

1）如果仪表指示灯不能正常点亮，结合系统工作原理可能原因有：

① 点火信号没有送达仪表控制单元。

② 仪表供电或本身异常。

③ 车载电网控制单元供电以及本身异常。

④ 至仪表数据通信异常。

2）如果仪表上 EPC 灯点亮后熄灭，说明加速踏板位置传感器、节气门控制单元、发动机控制单元、数据总线诊断接口、组合仪表控制单元及其通信正常，如图 2-3 所示。

3）如果仪表上 EPC 灯一直熄灭（别的仪表指示灯正常），说明仪表本身可能存在异常。

4）如果仪表上 EPC 灯一直点亮，说明系统可能异常：

① 发动机 EPC 系统故障。

② 至仪表数据通信异常。

（2）燃油指示位置是否正常，是否报出燃油液位低的警告

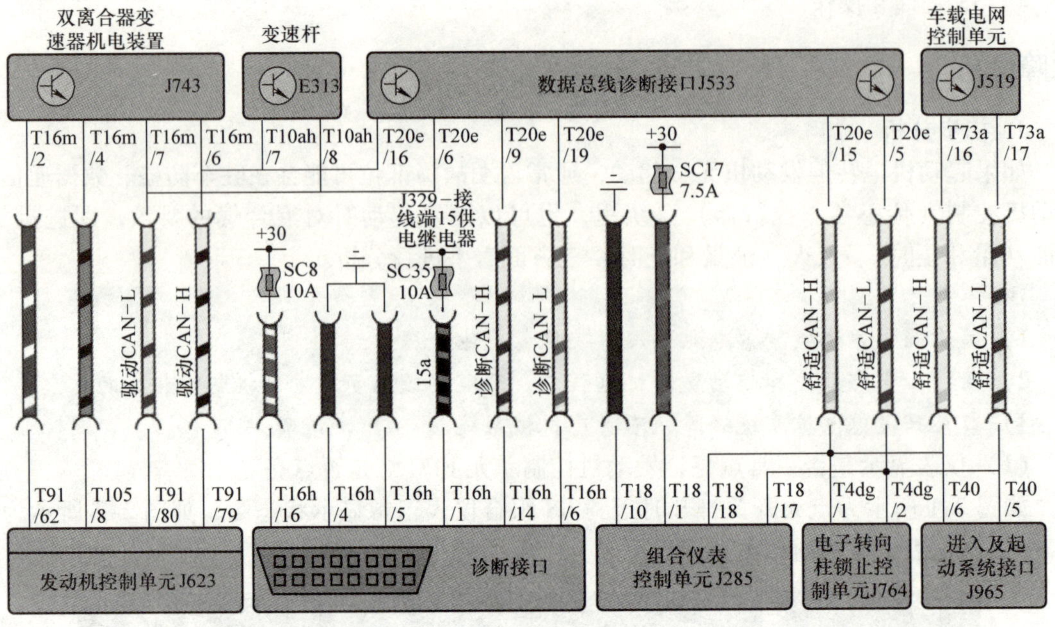

图 2-2 迈腾 B8 组合仪表电源及通信电路原理图

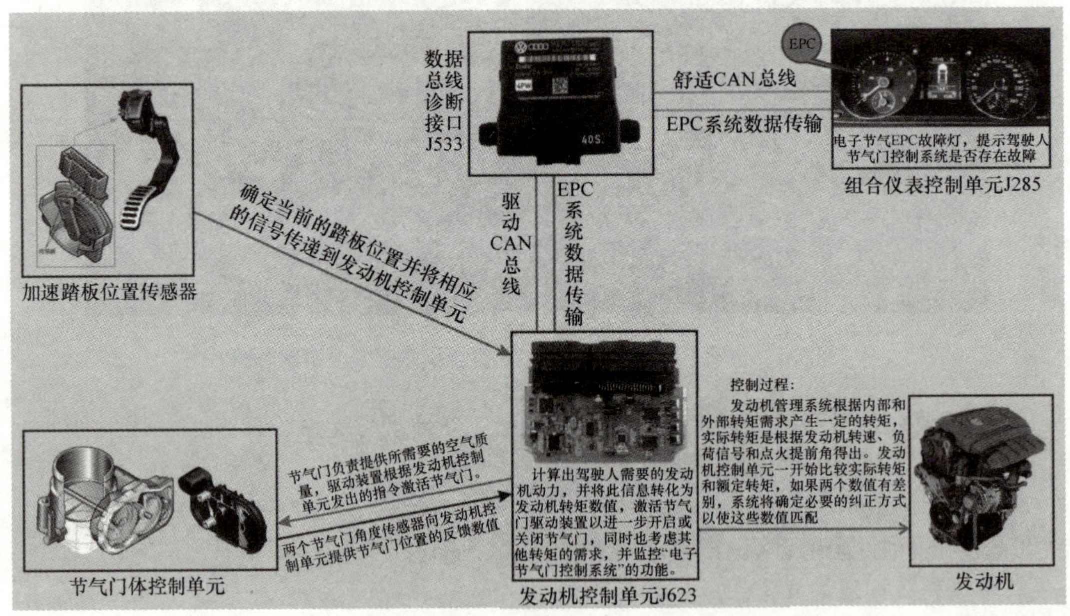

图 2-3 EPC 指示灯控制原理图解

如果燃油液位报警，再结合现象描述，故障有可能为：

1）油箱内没有燃油或燃油液面过低，导致燃油泵无法建立油压。

2）燃油泵控制单元电源、本身故障。

3）至燃油泵控制单元控制信号线路故障（图 2-4）。

（3）开启车门或点火开关至 ON 档时，是否能听见燃油泵运转的声音

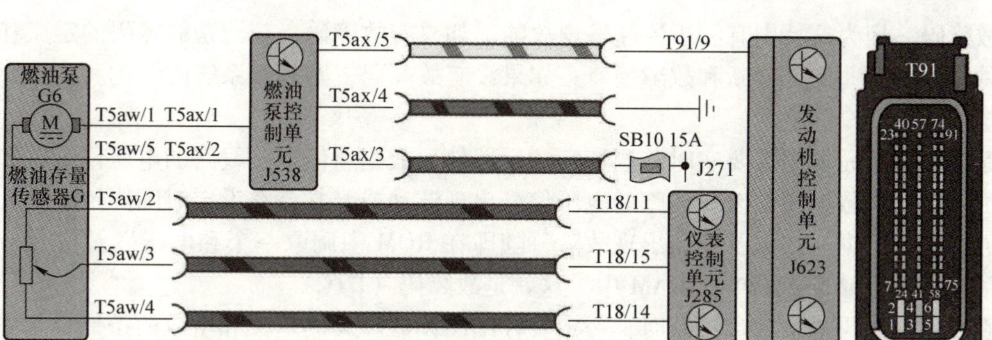

图 2-4　燃油液位显示原理图解

如果在这两种情况下，始终没有听到燃油泵运转的声音，故障有可能为：

1）燃油泵自身故障。

2）燃油泵与燃油泵控制单元之间电路故障。

3）燃油泵控制单元及其电源电路故障。

4）车门开启信号和点火开关信号传输故障（同时出故障的可能性很小）。

如果只是在一种条件下不能听到燃油泵运转的声音，往往不影响发动机的起动，该故障多为信号传输有误。

（4）一键起动“按键”按下后，是否能听见燃油泵运转的声音

注意，此诊断是在开启车门或点火开关至 ON 档时之后进行的，此时如果没有燃油泵运转的声音，有可能为故障。

1）发动机控制单元没有收到曲轴、凸轮轴位置传感器中的任意一个信号。

2）发动机控制单元自身（局部）故障。

3）发动机控制单元至燃油泵控制单元之间控制电路故障。

4）燃油泵控制单元（局部）故障。

（5）起动过程中，发动机是否有起动迹象

如果发动机没有起动迹象，可能存在异常：

1）发动机控制单元没有收到曲轴、凸轮轴位置传感器中的任意一个信号。

2）发动机控制单元自身故障，包括硬件和软件。

3）所有喷油器或其控制线路故障，可能性不大。

4）所有点火线圈或其电源、接地以及控制线路故障，除了正极电源别的可能性都不大。

（6）发动机起动后是否熄火

如果发动机起动后立即熄火，可能因为至发动机的数据通信、钥匙、识读线圈、参与防盗的模块本身造成发动机驻车防盗没有通过。

如果发动机起动后转速逐渐下降，直至熄火，则可能是燃油系统故障。

如果上边某一项出现异常，应结合其结构和工作原理检查相关信号、部件电源、熔丝、线路以及部件本身。

2. 故障码分析

现在汽车一般都具有自诊断功能，即使通过故障现象可以明确故障范围，但也最好首先

读取故障码，因为这特别有利于快速发现故障。如果有故障码，应清楚故障码的定义和生成的条件，并基于此展开诊断和故障检修；如果没有故障码，则基于系统的结构和工作原理进行系统诊断。

系统控制单元根据需要实时监测特定的元器件、数据通信以及线路的电压信号，如果受监测的元器件、数据通信以及线路的电压信号出现波动或异常，在设定时间内控制单元将确认此元器件、数据通信以及线路出现故障，随即在 ROM 中调取一个和电压以及信号异常相对应的代码，存储于控制单元 RAM 中，这就是故障码（DTC）。

在利用故障码进行故障诊断时，一定要仔细阅读故障码的定义和生成的条件，从中可以明确故障码的生成机理，并根据机理确定验证故障码真实性的方法，进而有利于提高诊断效果。利用故障码进行故障诊断时，第一步是读取故障码，查阅资料了解故障码的定义和生成条件；第二步则必须是验证故障码的真实性，验证的方法也分两步：一是通过清除故障码，模仿故障工况运行车辆，再次读取故障码；二是通过数据流或在线测量值来判定故障真实性，并由此展开系统测量。

连接故障诊断仪，扫描网关列表，读取故障码，实测过程中会遇到三种情况：

1）诊断仪可以正常和发动机控制单元 J623 通信，但系统没有故障码，这种情况下只能根据故障现象，按照无故障码的诊断方法进行诊断。

2）诊断仪可以正常和发动机控制单元 J623 通信，并可以读取到系统中所存储的故障码，这种情况下，应先按照故障码的提示进行诊断。

3）在打开点火开关后操作诊断仪，诊断仪不能正常和发动机控制单元 J623 通信，从而无法读取系统中所存储的故障码。

迈腾 B8 数据诊断通信电路图如图 2-5 所示。

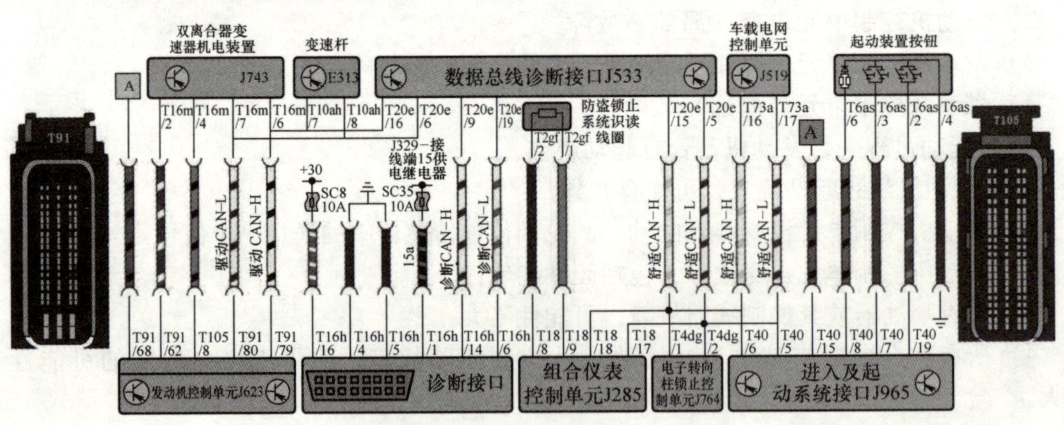

图 2-5　诊断仪和发动机控制单元之间的通信原理图

从图 2-5 中可以看出，诊断仪通过连接线（或无线或蓝牙通信）、OBD－Ⅱ诊断接口、CAN 总线与发动机控制单元或其他控制单元进行通信。

如果诊断仪无法进入车辆所有系统，则可能是故障诊断仪、诊断连接线、无线或蓝牙通信、OBD－Ⅱ诊断接口、CAN 总线中的一个或多个出现故障；如果只是某个控制单元如法到达，则可能是该控制单元或其电源电路、相邻的 CAN 总线区间出现故障。

3. 无故障码分析

如果没有故障码显示，那就需要技术人员结合故障现象，分析系统电路图（图 2-6），列举故障可能，并按照正确的流程，利用合适的测试设备，进行正确的测量，从而发现故障所在。

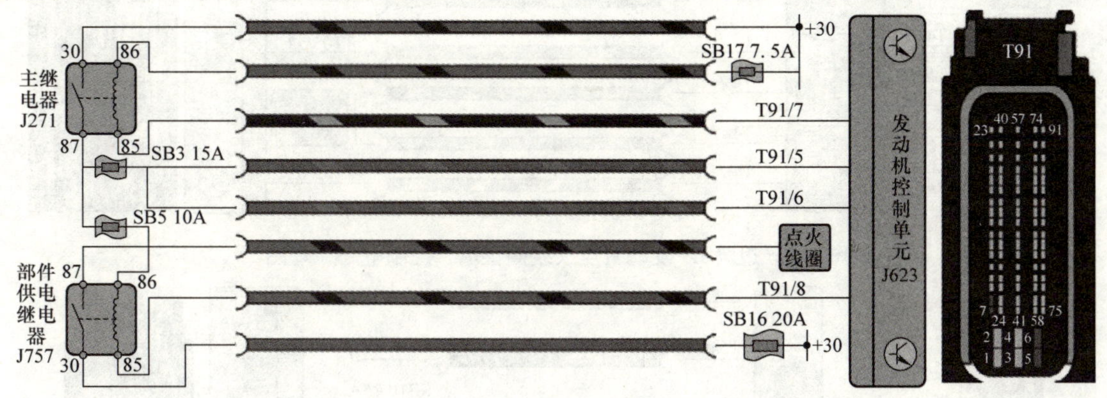

图 2-6 迈腾 B8 发动机部件供电继电器电路原理图

如果起动机运转但发动机无法起动，可以围绕起动时对混合气的要求，即进排气、喷油（量和正时）、点火（能量和正时）三大方面着手进行分析。

结合电路图可以看出，点火线圈的主电源来自于部件供电继电器 J757，而 J757 的控制线圈电源通过熔丝 SB5 来自于 J271 主继电器，因为起动机可以运转，说明 J271 主继电器输出正常；由于所有点火线圈同时损坏的概率很低，往往故障都是由共性事件造成，而点火线圈供电无疑是一个典型的共性事件，因此可以先围绕点火线圈供电异常进行分析，具体可能的原因有：

1）熔丝 SB16（20A）及供电线路故障。

2）部件供电继电器 J757 及相关线路故障。

3）熔丝 SB5（10A）及供电线路故障。

4）点火线圈自身故障（因点火线圈自身 4 个同时损坏的概率很小，所以此处不考虑）。

注意：某些故障会产生故障码，如果有故障码提示，则按照故障码提示进行维修，如果没有，则按照故障树（表 2-1）诊断方法进行诊断。

结合电路图（图 2-7），可以看出，每个点火线圈都有两根搭铁线，这些搭铁线最终汇总到一起连接到发动机缸体的搭铁点上。如果这个搭铁点或线路出现故障，则会造成所有的点火线圈均无法工作，因此点火线圈公用搭铁异常也是造成发动机无法起动的一个原因。

注意：某些故障会产生故障码，如果有故障码提示，则按照故障码提示进行维修，如果没有，则按照故障树（表 2-1）诊断方法进行诊断。

结合电路图（图 2-8）可以看出，在电源和搭铁线路正常的情况下，燃油泵控制单元接受发动机控制单元的指令，给燃油泵提供驱动电流，使燃油泵开始运转泵油。如果燃油泵不工作，将造成发动机无法起动或起动后熄火，而造成燃油泵不工作的原因有：

1）燃油泵或其电路故障。

2）燃油泵控制单元或其电源电路故障。

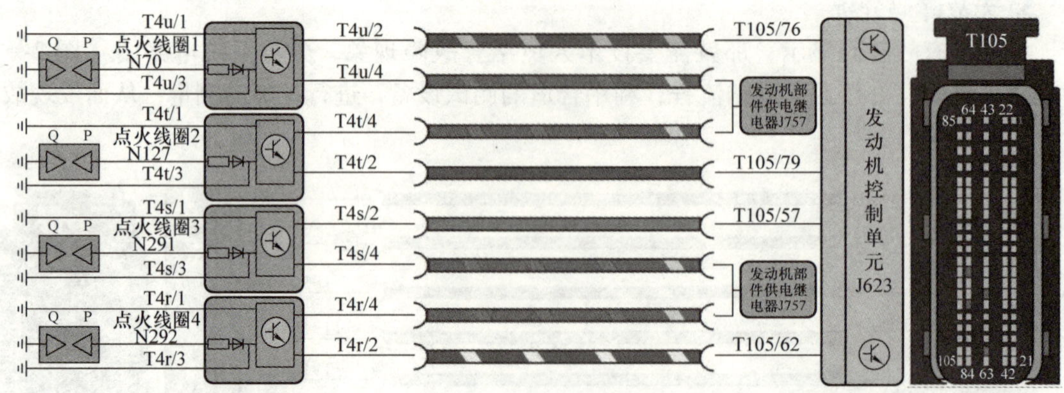

图 2-7　迈腾 B8 发动机点火线圈供电、控制电路原理图

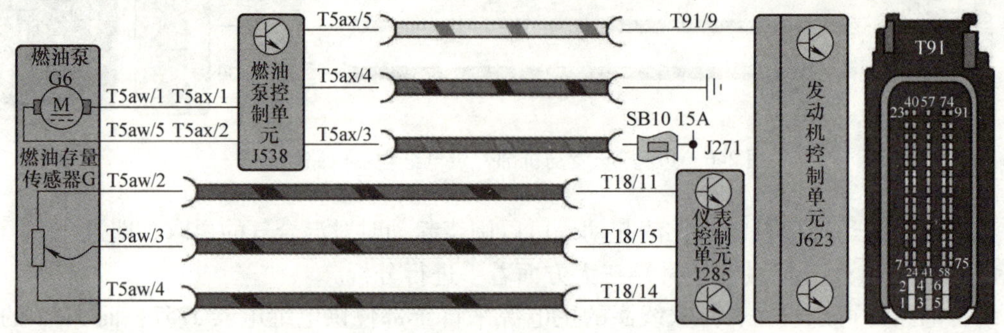

图 2-8　燃油供给系统电路图

3）燃油泵控制单元与发动机控制单元之间的通信电路故障。

4）发动机控制单元自身故障。

注意：某些故障会产生故障码，如果有故障码提示，则按照故障码提示进行维修，如果没有，则按照故障树（表 2-1）诊断方法进行诊断。

结合电路图（图 2-9）可以看出，所有喷油器的供电和控制均来自于发动机控制单元，由于所有喷油器及其线路同时损坏的可能性很小，所以在怀疑喷油器故障造成发动机无法起动的原因时主要集中于喷油器的控制展开，而造成发动机控制单元控制异常的原因有：

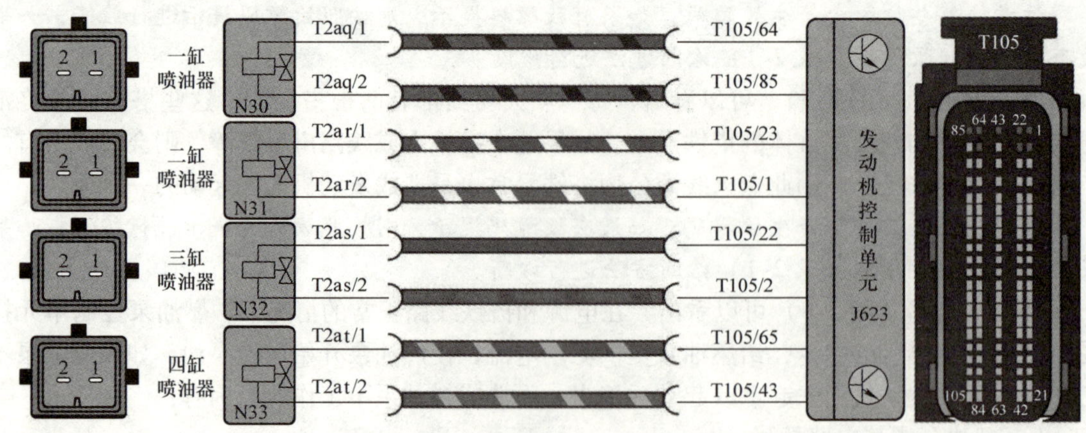

图 2-9　喷油器与发动机控制单元之间的连接电路

1）发动机控制单元故障。

2）发动机控制单元进入保护模式，例如防盗保护、失火保护等。

注意：某些故障会产生故障码，如果有故障码提示，则按照故障码提示进行维修，如果没有，则按照故障树（表 2-1）诊断方法进行诊断。

如果节气门翻板因为卡滞或某个原因而无法打开，会造成起动过程中进气量过低，而导致发动机无法起动，因此节气门的开度所决定的进气量也是一个要考虑的因素。当然如果节气门位置传感器错误地反映节气门处于开度最大位置，也会造成喷油器不喷油，从而导致发动机不起动（图 2-10）。

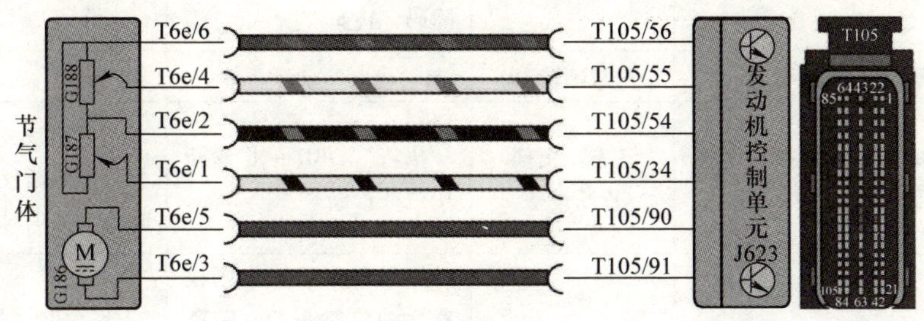

图 2-10　节气门体与发动机控制单元之间的连接电路

如果上述条件都正常，就需要按照发动机机械系统引起发动机无法起动的原因进行分析。

诊断流程

面对发动机起动系统所发生的各种故障，诊断及处理失误将给企业和个人造成相当大的时间和经济损失。正确的诊断及处理，不可能来自于盲目的主观臆断，而应该建立在获取与故障有关的信息的基础上，依据迈腾 B8 发动机电控系统的结构以及工作原理，运用科学的分析方法，按照合理的步骤进行综合分析，去伪存真、舍次取主，排除故障受害者，找出故障肇事者，这才是提高故障诊断准确性的关键所在。为了便于分析，不至于被众多杂乱无章的信息扰乱思路，需要结合电路原理图，遵从流程进行诊断维修（表 2-1）。

表 2-1　故障树

序号	操作	结果		备注
1	检查蓄电池电压是否符合要求，注意蓄电池电压检查的正确方法	正常转 2	不正常时给蓄电池充电或更换蓄电池	确保蓄电池正负极接头连接牢靠，不脏污
2	打开点火开关，仪表应正常点亮，EPC 灯点亮后熄灭	正常转 3	仪表显示不正常时结合电路图、维修手册排除仪表、EPC 灯异常故障，转 5	先排除仪表显示异常故障，再排除 EPC 灯异常故障
3	踩制动踏板，制动灯应点亮，起动时，仪表没有提示踩制动踏板	正常转 4	不正常时结合电路图、维修手册检测制动灯开关、信号及线路故障，转 5	该车有两个传感器可监测制动踏板动作，两个信号均异常时故障才会出现

（续）

序号	操作	结果		备注
4	确认变速杆处于P位或N位，仪表上档位显示和变速杆位置应统一，并且显示正常	正常转5	不正常时结合电路图、维修手册检查变速器档位、仪表显示异常故障，转5	可以利用故障诊断仪读取变速杆位置信息，从而确定故障所在
5	连接故障诊断仪，读取故障码	有故障码转6	若故障诊断仪无法建立通信，则转7；若无故障码，转8	
6	根据故障码实施诊断、维修	正常则转10		
7	检测OBD－Ⅱ诊断接口电源及CAN总线	正常则更换诊断设备	执行“OBD－Ⅱ诊断接口”诊断	使用连线或无线模块时，如果故障诊断仪不亮或者无线模块不能通信时进行该诊断
8	起动发动机，观察起动过程	正常则诊断结束	如果着车后熄火则检查燃油供给系统、防盗或失火保护，转9；如果着车困难或无着车征兆则进行燃油、点火、进气、机械系统检测，转9	在发动机起动过程中利用尾气分析仪测量发动机尾气排放，根据CO、CH、CO_2、O_2的含量来判定哪个系统异常
9	防盗系统检测	正常则转10	根据故障现象和尾气分析结果判定故障所在，然后对相关系统依次进行检测和维修后转10	
	燃油系统检测			包括压力和喷油量的检测
	点火系统检测			包括点火能量和点火正时的检测
	进排气系统检测			包括进气歧管真空度和排气管背压的检测
	机械系统检测			包括气缸压力的检测
10	故障检验	正常则诊断结束	不正常转5	

实施维修

（1）根据故障码提示进行维修

利用解码器读取故障码，按照本资源库中提供的针对每个故障码制定的诊断流程进行故障诊断。

（2）电路检测

根据系统的结构原理，对继电器J757、继电器J271、J538、J623、凸轮轴位置传感器、曲轴位置传感器、喷油器、点火线圈、驱动CAN总线、舒适CAN总线等电路进行检测。检测方法参照本资源库的相关内容。

（3）部件检测

根据系统的结构原理，对继电器J757、继电器J271、J538、J623、凸轮轴位置传感器、曲轴位置传感器、喷油器、点火线圈等元器件进行检测。检测方法参照本资源库的相关内容。

总结拓展

技术报告：参照高职大赛工作页完成诊断报告，教师应根据需要设置好故障点，也可根据本课件中提供的实际案例制定标准答案。

拓展实训：教师可以在车辆上给学生设置类似的其他故障，让学生独立完成，以考核学生的掌握水平。

2.1　迈腾 B8 发动机起动控制原理

迈腾 B8 起动机运行首要条件是需先经过内部防盗系统确认当前钥匙是否为已授权，如果验证钥匙为已授权，则将接通 15 电源以及解除防盗，同时发动机控制单元 J623 将点火和燃油限制解除（图 2-11）。

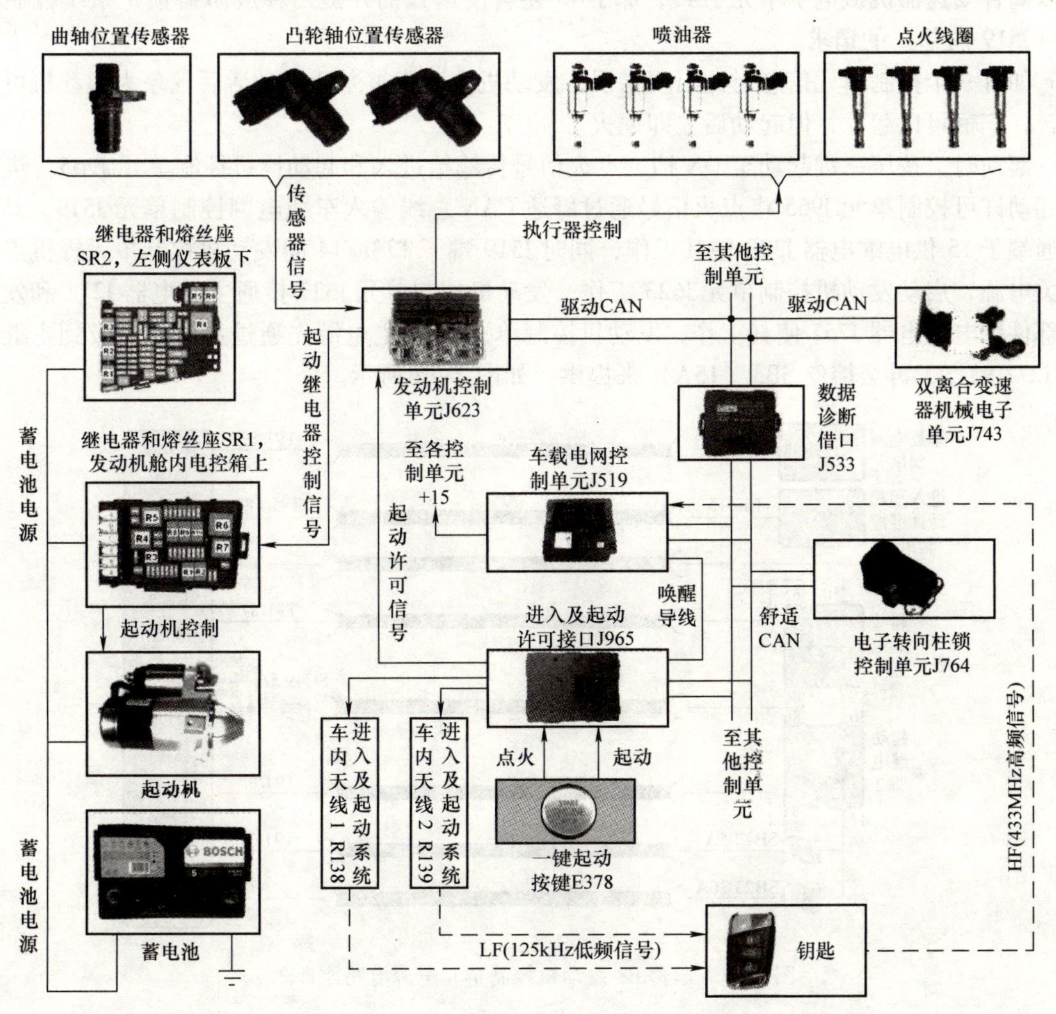

图 2-11　迈腾 B8 起动控制原理图

1. 接线端 15 电源控制

按下一键起动按钮 E378，进入及起动许可控制单元 J965 开始处理信号并唤醒舒适 CAN 总线系统，同时查询防盗锁止系统控制单元（J519 内部）是否允许接通 15 电源。为确定车内是否有授权钥匙，进入及起动许可控制单元 J965 通过车内天线发送一个查询码（125kHz 低频信号）给已匹配的钥匙，授权钥匙识别到该信号后进行编码并向 J519 返回一个应答器数据（433MHz 高频信号），J519 将该数据转发给防盗锁止系统控制单元（J519 内部），防盗锁止系统控制单元（J519 内部）通过比对确认是否为已授权钥匙。如果为授权钥匙，则防盗锁止系统控制单元（J519 内部）通过舒适 CAN 总线向电子转向柱锁控制单元 J764 发送一个解锁命令，以打开电子转向柱（转向盘可以转动）。同时 J965 通过 CAN 总线向 J519 发送消息，J519 接通 15 电源。其他的 CAN 总线将通过数据总线诊断接口 J533 进行唤醒。

2. 起动控制

在唤醒所有数据总线后，就可进行跨总线的防盗锁止系统通信。在成功完成发动机控制单元的数据比较后，防盗锁止系统控制单元（J519 内部）将颁发起动许可指令，如果安装有双离合变速器机械电子单元 J743，那 J743 还会发送查询并提出释放防盗锁止系统控制单元（J519 内部）的请求。

如有一个控制单元信息对比出现错误，发动机防盗将被激活，激活后现象为起动机可以运转，车辆可以起动，但起动后立即熄火。

起动时，按压一键起动至 ON 档，点火信号传输给进入和起动许可控制单元 J965，进入和起动许可控制单元 J965 将点火信号通过舒适 CAN 总线输入车载电网控制单元 J519，J519 接通端子 15 供电继电器 J329 使其工作，同时 J519 端子 T73a/14 向发动机控制单元提供点火开关电源，启动发动机控制单元 J623 工作，发动机控制单元 J623 接通主继电器 J271 和发动机部件供电继电器 J757 使其工作，发动机控制单元 J623 主电源先通过蓄电池正极到主继电器 J271 触点，再至熔丝 SB3（15A）来提供，如图 2-12 所示。

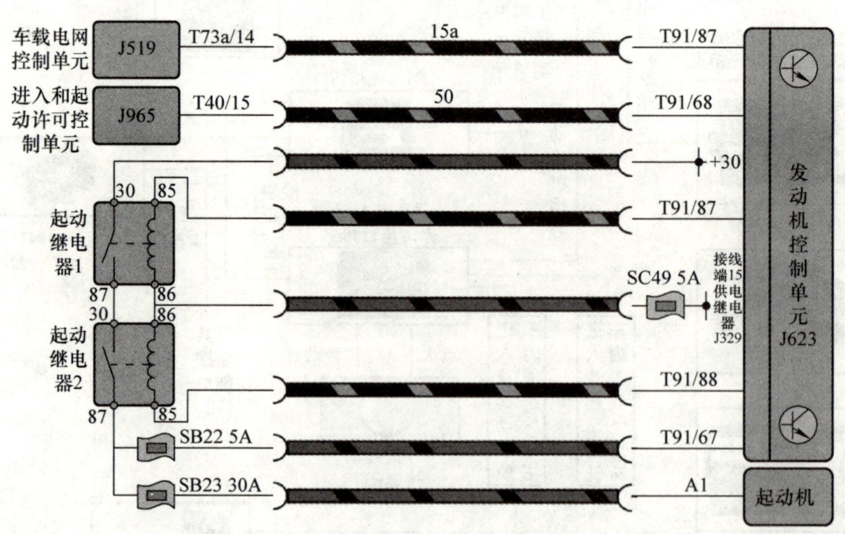

图 2-12 迈腾 B8 发动机控制单元电源电路原理图

当变速杆处于 P 位或 N 位，踩制动踏板，按下一键起动按钮，起动信号传输给进入和起动许可控制单元 J965，J965 将起动允许信号通过 T40/15 至 T91/68 的独立导线发送给发动机控制单元 J623，J623 接通起动继电器 1（J906）和 2（J907）线圈搭铁回路，线圈工作、触点闭合。

电源 +30 通过起动继电器 1（J906）触点进入起动继电器 2（J907）触点，再通过熔丝 SB23（30A）将电源供给起动机电磁线圈端子，起动机电磁线圈工作，带单向离合器的小齿轮推出，起动机电磁继电器触点闭合，蓄电池电压进入起动机转子和定子，起动机运转，带动飞轮旋转进而起动发动机。

3. 燃油、点火控制

起动过程中，起动机带动发动机曲轴转动，再通过正时链带动凸轮轴转动。信号轮分别触发曲轴位置传感器和凸轮轴位置传感器，前者将曲轴位置以及转速信号输送至发动机控制单元，后者将凸轮轴位置以及转速信号输送至发动机控制单元，发动机控制单元通过比较两组位置信号，确定曲轴转角和一缸上止点位置，并控制喷油和点火，如图 2-13 所示。

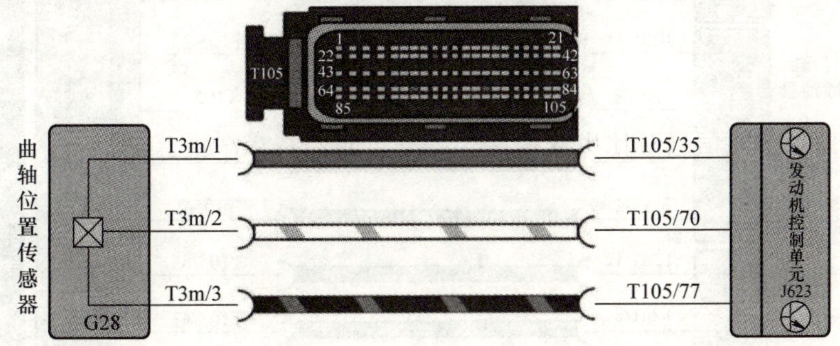

图 2-13　曲轴位置传感器电路原理图

同时，在发动机控制单元接收到曲轴或凸轮轴转速信号后，如图 2-14 所示，发出燃油泵工作信号，同时将燃油泵工作信号以 PWM 形式传至燃油泵控制单元，燃油泵控制单元接通燃油泵控制电路，燃油泵初期以最高转速运转，迅速给燃油系统建立初压，如图 2-15 所示。

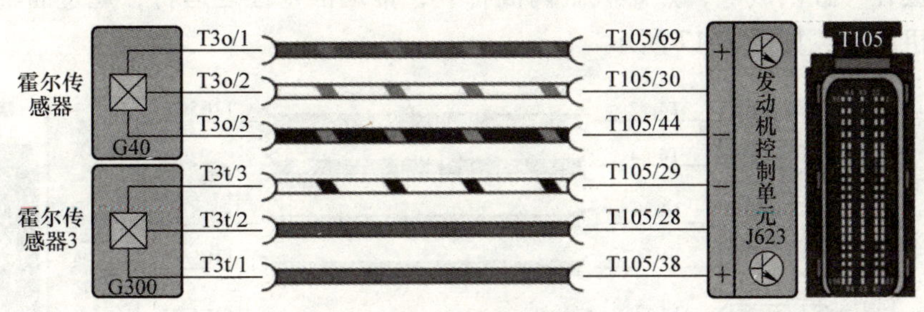

图 2-14　曲轴、凸轮轴位置传感器电路原理图

发动机控制单元根据当前的冷却液温度、进气温度、进气流量（进气压力传感器、节气门位置传感器、加速踏板位置传感器）、燃油压力传感器等参数，在控制单元预先设定的喷油量基础上，进行修正，将修正好的喷油量转化为占空比信号控制喷油器电磁线圈动作，使合适压力的燃油喷入燃烧室，如图 2-16 所示。

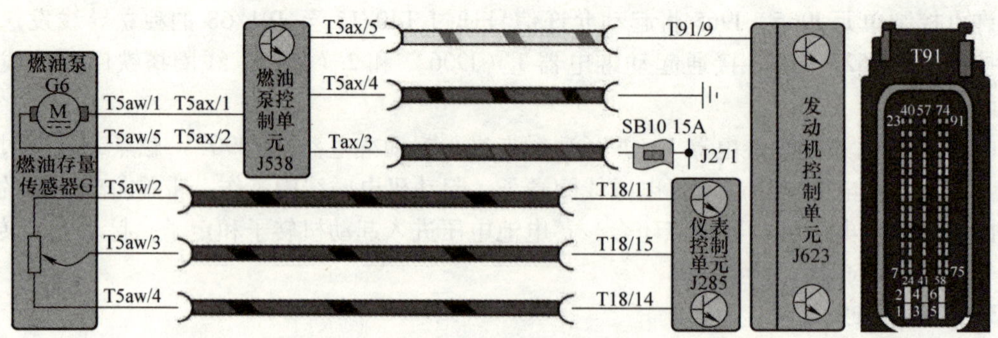

图 2-15　燃油供给系统电路图

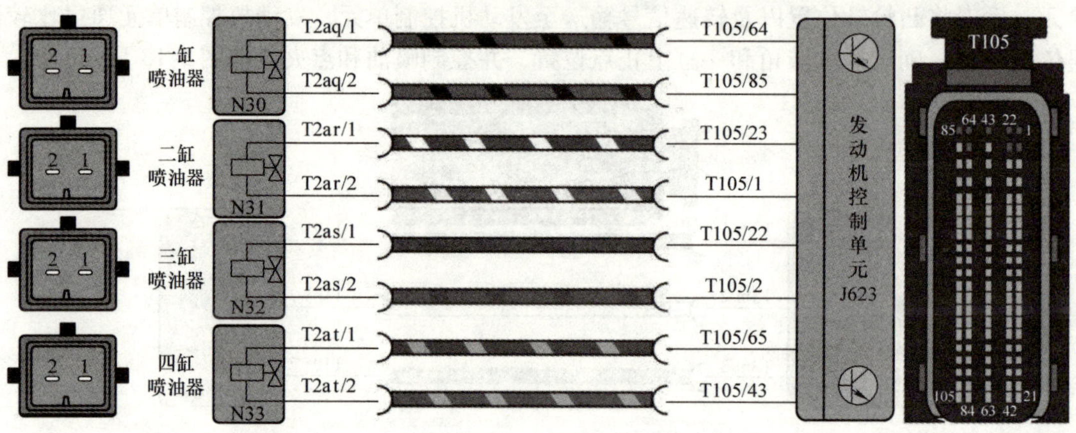

图 2-16　喷油器与发动机控制单元控制原理图

同时，发动机根据输入的凸轮轴位置以及曲轴位置确定点火正时，并将此点火信号转化为占空比信号输出至独立点火线圈内的大功率晶体管，大功率晶体管断开初级绕组至发动机缸体上的搭铁线路，并在断开初级绕组瞬间，在次级绕组上产生感应电动势，高压电动势通过火花塞电极在气缸内放电，点燃气缸内混合气，推动活塞往复运行，通过曲轴转化成圆周运动，发动机起动，如图 2-17 所示。

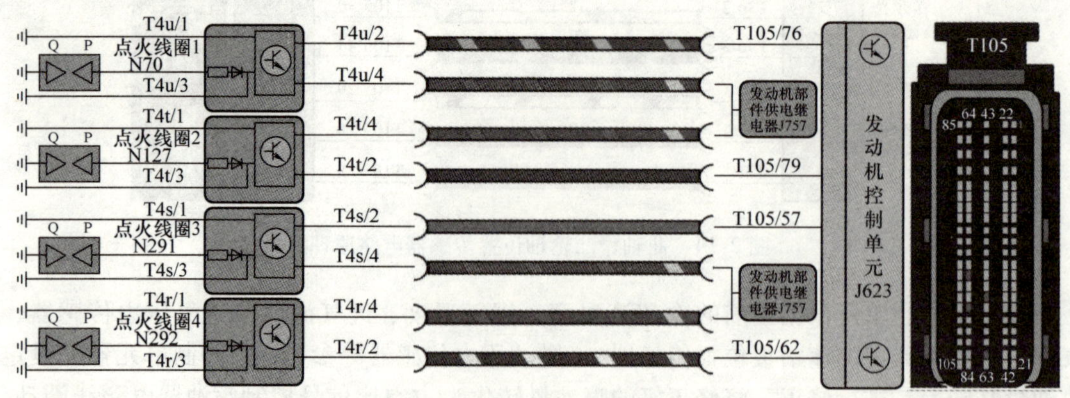

图 2-17　点火系统电路图

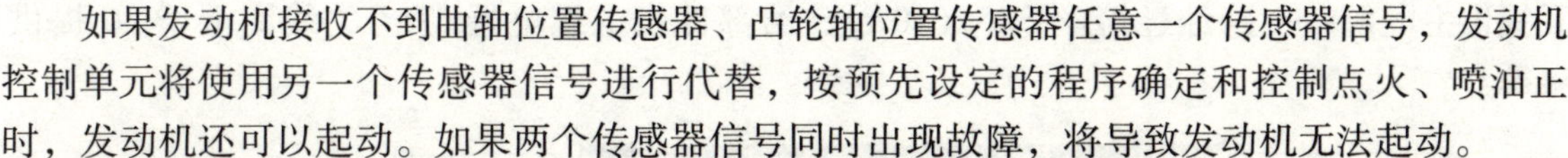

如果发动机接收不到曲轴位置传感器、凸轮轴位置传感器任意一个传感器信号，发动机控制单元将使用另一个传感器信号进行代替，按预先设定的程序确定和控制点火、喷油正时，发动机还可以起动。如果两个传感器信号同时出现故障，将导致发动机无法起动。

如果发动机接收不到冷却液温度、进气温度、进气流量（进气压力传感器、节气门位置传感器、加速踏板位置传感器）、燃油压力传感器信号，发动机将以预先设定的喷油量精确进行喷射和点火控制。

2.2　主继电器 J271 的检查

1. 主继电器 J271 的初步检测

主继电器 J271 测试可以先通过听觉或触觉功能进行简单的判断，此方法需两个人操作，如下所述：打开发动机舱盖，找到前部发动机舱内电控箱上 R5 继电器（如图 2-18 所示位置），使用手指尖轻轻抓住继电器外壳，一个人在车内打开或关闭点火开关，另一个人在车外应能感觉到或听到此继电器是否动作。此方法需要仔细认真，并多次试验。

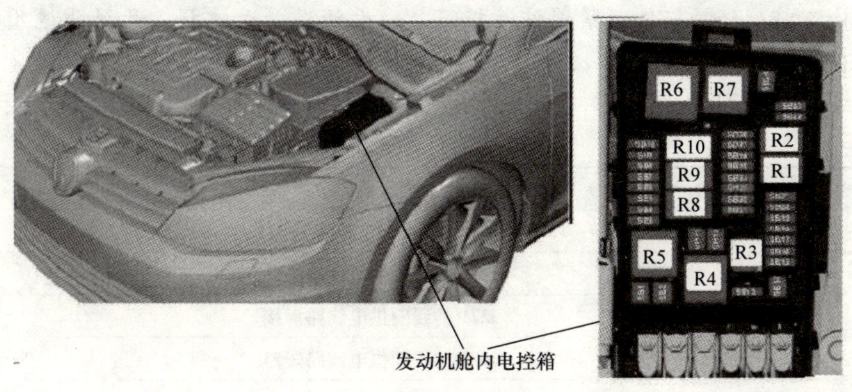

图 2-18　继电器 J271 安装位置

继电器 J271 在发动机舱内电控箱上位置为 R5 如图 2-18 所示，针脚示意图如图 2-19 所示。

如果继电器 J271 没有动作，说明继电器控制、线圈电源或本身出现故障，如果继电器有动作，并不代表继电器工作正常，还是要用汽车专用万用表进行测量。

1 代表 86

2 代表 85

3 代表 87

5 代表 30

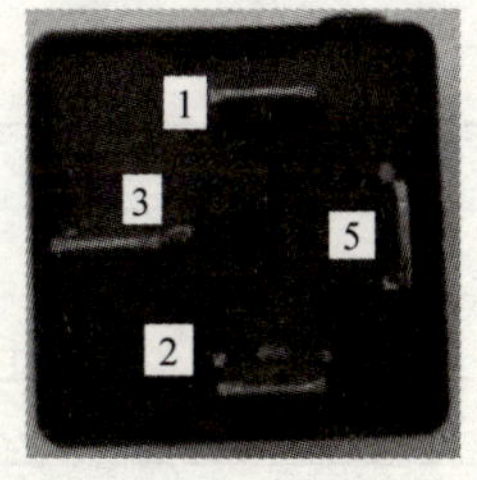

图 2-19　继电器的针脚定义及分布

2. 万用表检测

从迈腾 B8 发动机控制单元 J623 电源电路原理图（图 2-20）上可以看出，主继电器 J271 的 30 端子主电源是由蓄电池直接供给的，J271 的线圈电源、发动机控制单元 J623 以及 ABS 控制单元 J104 的记忆电源由熔丝 SB17（7.5A）提供，发动机控制单元 J623 的 T91/7 端子控制 J271 线圈 85 端子线路接地构成回路。

点火开关置于 ON 档或起动发动机，J623 控制 J271 工作，触点闭合，蓄电池电源由 J271 的 87 端子一路经过熔丝 SB3（15A）输出至 J623 的 T91/5 和 T91/6，为发动机控制单元提供主电源；一路经过熔丝 SB5（10A），给部件供电继电器 J757 的线圈端子 86 提供电源。

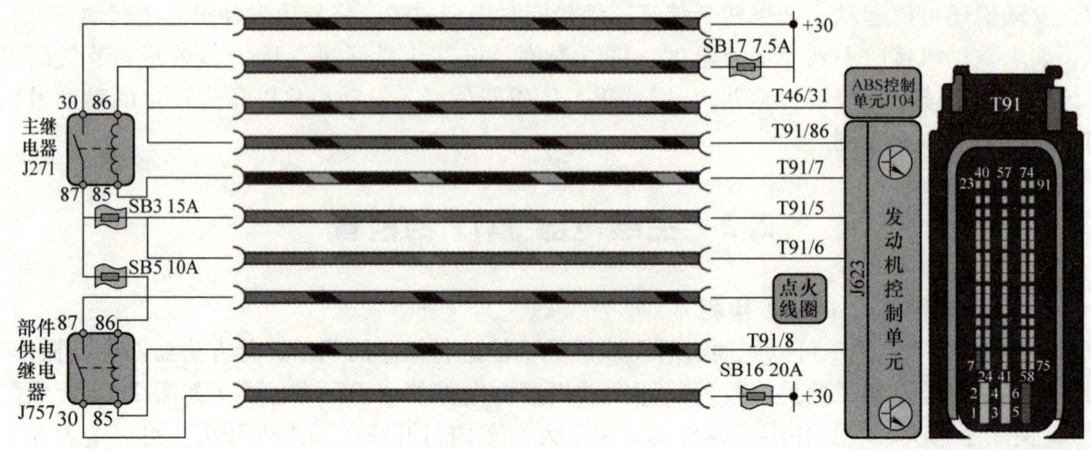

图 2-20　迈腾 B8 发动机控制单元电源电路原理图

注意：检测前确保插接件、紧固件连接可靠、无锈蚀、无破损，此说明适用任何线路、部件测试。

针对主继电器 J271 常见故障，一般分为控制故障（表 2-2）和输出故障（表 2-3）。

表 2-2　主继电器 J271 的控制电路常见故障

序号	故障性质
1	J271 自身故障（电磁线圈）
2	J271 的线圈供电线路断路
3	J271 的线圈供电线路虚接
4	J271 的线圈供电线路短路
5	J271 的线圈控制电路断路
6	J271 的线圈控制线路虚接

表 2-3　主继电器 J271 的主供电线路常见故障

序号	故障性质
1	J271 继电器自身故障（无输出）
2	J271 主供电线路断路
3	J271 主供电线路虚接

第一步：测量主继电器 J271 的 87 端子对搭铁电压，见表 2-4。

表 2-4　主继电器 J271 的 87 端子对搭铁电压测试

测试标准：点火开关打开，测试结果应为蓄电池电压（+B）				
可能性	实测结果	状态	可能原因	操作
1	+B	正常	—	维修结束
2	0	异常	继电器无输出	转“第二步”的第 1、2 种可能
3	0.1V ~ +B 间	异常	继电器供电端线路虚接	转“第二步”的第 2、3 种可能

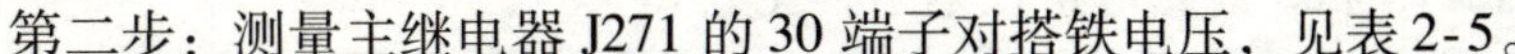

第二步：测量主继电器J271的30端子对搭铁电压，见表2-5。

表2-5　主继电器J271的30端子对搭铁电压测试

测试标准：在任何工况条件下，测试值应为蓄电池电压（+B）				
可能性	实测结果	状态	可能原因	操作
1	0	异常	J271的30供电线路断路	检修线路
2	+B	正常	J271线圈供电和控制电路故障 J271自身故障	转“第三步”
3	0.1V～+B间	异常	J271的30供电线路虚接	检修线路

第三步：测量主继电器J271的86端子对搭铁电压，见表2-6。

表2-6　主继电器J271的86端子对搭铁电压测试

测试标准：在任何工况条件下，测试值应为蓄电池电压（+B）				
可能性	实测结果	状态	可能原因	操作
1	+B	正常	J271及线圈控制电路故障	转“第三步”
2	0	异常	J271的86供电线路断路	转“J623记忆电源检查”
3	0.1V～+B间	异常	J271的86供电线路虚接	

第四步：测量主继电器J271的85端子对搭铁电压，见表2-7。

表2-7　主继电器J271的85端子对搭铁电压测试

测试条件：点火开关由OFF→ON档时，测量值应从蓄电池电压（+B）切换到0V				
可能性	实测结果	状态	可能原因	操作
1	+B至0	正常	J271自身故障（输出）	转“继电器部件测试”
2	任何时候均为+B	异常	J271的85端子与T91/7端子之间断路 J623没有响应	转“第五步”
3	任何时候均为0	异常	继电器线圈断路 线路对搭铁短路	转“第六步”
4	+B至0～+B间	异常	J271的85端子与T91/7端子之间虚接	转“第五步”

注意：

第二步、第三步可以整合在一起，顺序也可以颠倒。

第二步、第三步、第四步可以整合在一起，但必须是测完电源以后再测量控制信号。

第五步：检查继电器J271的85端子与J623的T91/7端子间线路导通性，见表2-8。

表2-8　J271的85端子与J623的T91/7端子间线路导通性测试

测试标准：点火开关关闭，该导线端对端电阻应小于2Ω				
可能性	实测结果	状态	可能原因	操作
1	小于2Ω	正常	J623没有响应	检查J623及线路
2	无穷大	异常	电路断路	检修线路
3	大于5Ω	异常	线路虚接	

第六步：测量继电器 J271 的 85 线路对搭铁电阻，见表 2-9。

注意：需检查导线以及控制单元对搭铁电阻状态。

表 2-9　J271 的 85 线路对搭铁电阻测试

测试标准：点火开关关闭，断开继电器 J271 与控制单元 J623 的 T91 接插件。测 J271 的 85 端子以及线路对搭铁电阻，都应为无穷大

注意：需先确认控制单元与元件之间连接线路无断路或电阻过大故障

可能性	测试部位	实测结果	状态	可能原因	操作
1	测量熔丝盒上 J271 插件端的 85 端子对搭铁电阻	无穷大	正常	—	转本表第 2 种可能
		小于 2Ω	异常	线路对搭铁短路	维修线路
2	连接 J623 接插件 T91，测量熔丝盒上 J271 插件端的 85 端子对搭铁电阻	无穷大	正常	—	转本表第 3 种可能
		小于 2Ω	异常	J623 内部对搭铁短路	更换 J623
3	转“继电器部件测试”				

2.3　部件供电继电器 J757 的检查

1. 部件供电继电器 J757 的初步检测

部件供电继电器 J757 测试可以先通过听觉或触觉功能进行简单的判断，此方法需两个人操作，如下所述：打开发动机舱盖，找到前部发动机舱内电控箱上 R8 继电器（如图 2-21 所示位置），使用手指尖轻轻抓住继电器外壳，一个人在车内打开或关闭点火开关，另一个人在车外应能感觉到或听到此继电器是否动作。此方法需要仔细认真，并多次试验。

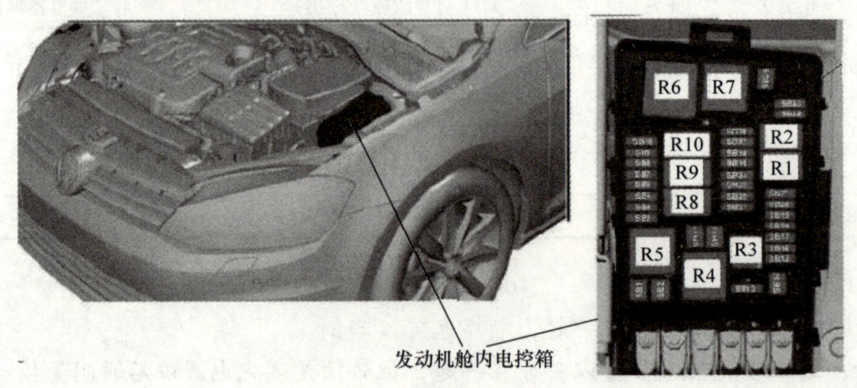

图 2-21　部件供电继电器 J757 安装位置

部件供电继电器 J757 在发动机舱内电控箱上位置为 R8 如图 2-21 所示，针脚对应图如图 2-22 所示。

如果部件供电继电器 J757 没有动作，说明继电器控制、线圈电源或本身出现故障，如果继电器有动作，并不代表继电器工作正常，还是要用汽车专用万用表进行测量。

1 代表 86
2 代表 85
3 代表 30
5 代表 87

图 2-22　继电器的针脚定义及分布

2. 万用表检测

从迈腾 B8 发动机控制单元 J623 电源电路原理图（图 2-23）可以看出，部件供电继电器 J757 的 30 端子主电源是由电源经过熔丝 SB16（20A）供给，J757 的线圈电源由继电器 J271 经过熔丝 SB5（10A）提供，发动机控制单元 J623 的 T91/8 端子控制 J757 线圈 85 端子线路搭铁构成回路。

起动发动机，J623 控制 J757 工作，触点闭合，蓄电池电源一路由熔丝 SB16（20A）经过继电器 J757 输出至点火线圈，为点火线圈提供主电源。

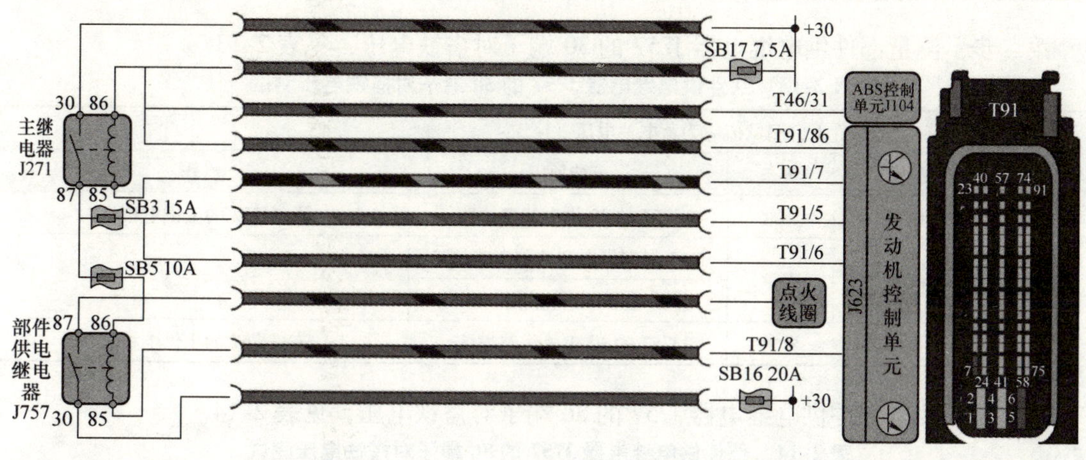

图 2-23　迈腾 B8 发动机控制单元电源电路原理图

注意：检测前确保插接件、紧固件连接可靠、无锈蚀、无破损，此说明适用任何线路、部件测试。

针对部件供电继电器 J757 常见故障，一般分为控制故障（表 2-10）和输出故障（表 2-11）。

表 2-10　部件供电继电器 J757 的控制电路常见故障

序号	故障性质
1	J757 自身故障（电磁线圈）
2	J757 的线圈供电线路断路
3	J757 的线圈供电线路虚接
4	J757 的线圈供电线路短路
5	J757 的线圈控制电路断路
6	J757 的线圈控制线路虚接

表 2-11　部件供电继电器 J757 的主供电线路常见故障

序号	故障性质
1	J757 继电器自身故障（无输出）
2	J757 主供电线路断路
3	J757 主供电线路虚接

第一步：测量部件供电继电器J757的87端子对搭铁电压，见表2-12。

表2-12　万用表测量部件供电继电器J757的87端子对搭铁电压测试

测试标准：点火开关置于ST档，测试结果应为蓄电池电压（+B）			
可能性	实测结果	状态	操作
1	+B	正常	维修结束
2	0	异常	转“第二步”的第1、2种可能
3	0.1V～+B间	异常	转“第二步”的第2、3种可能

第二步：测量部件供电继电器J757的30端子对搭铁电压，见表2-13。

表2-13　部件供电继电器J757的30端子对搭铁电压测试

测试标准：在任何工况条件下，测试值应为蓄电池电压（+B）				
可能性	实测结果	状态	可能原因	操作
1	0	异常	J757的30供电线路断路	转“J757的主供电检查”
2	+B	正常	J757线圈供电和控制电路故障	转“第三步”
			J757自身故障	
3	0.1V～+B间	异常	J757的30供电线路虚接	转“J757的主供电检查”

第三步：测量部件供电继电器J757的86端子对搭铁电压，见表2-14。

表2-14　部件供电继电器J757的86端子对搭铁电压测试

测试标准：在任何工况条件下，测试值应为蓄电池电压（+B） 注意：本表中测量的电路有些集成在熔丝盒箱体内，故障率极低，此处不考虑这些线路断路、虚接和短路故障				
可能性	实测结果	状态	可能原因	操作
1	+B	正常	J757及线圈控制电路故障	转“第四步”
2	0	异常	J757的86供电线路断路	转“J757线圈电路检查”
3	0.1V～+B间	异常	J757的86供电线路虚接	

第四步：测量部件供电继电器J757的85端子对搭铁电压，见表2-15。

表2-15　部件供电继电器J757的85端子对搭铁电压测试

测试条件：点火开关由ON→ST档时，测量值应从蓄电池电压（+B）切换到0V				
可能性	实测结果	状态	可能原因	操作
1	+B至0	正常	J757自身故障（输出）	转“继电器部件测试”
2	任何时候均为+B	异常	85端子与T91/8端子之间电路断路	转“第五步”
			J623没有响应	
3	任何时候均为0	异常	继电器线圈断路	转“继电器部件测试”
			线路对搭铁短路	转“第六步”
4	+B至0～+B间	异常	85端子与T91/8端子之间线路虚接	转“第五步”

注意：

第二步、第三步可以整合在一起，顺序也可以颠倒。

第二步、第三步、第四步可以整合在一起，但必须是测完电源以后再测量控制信号。

第五步：部件供电继电器 J757 的 85 端子与 J623 的 T91/8 端子间线路导通性测试，见表 2-16。

表 2-16　J757 的 85 端子与 J623 的 T91/8 端子间线路导通性测试

测试标准：点火开关关闭，断开 J623 的 T91 插接器、继电器 J757，该导线端对端电阻应小于 2Ω				
可能性	实测结果	状态	可能原因	操作
1	小于 2Ω	正常	J623 没有响应	检查 J623 及其线路
2	无穷大	异常	电路断路	检修线路
3	大于 5Ω	异常	线路虚接	

第六步：测量部件供电继电器 J757 的 85 线路对搭铁电阻状态，见表 2-17。

注意：需检查导线以及控制单元对搭铁电阻状态。

表 2-17　J757 的 85 线路对搭铁电阻测试

测试标准：点火开关关闭，断开部件供电继电器 J757 与控制单元 J623 的 T91 接插件，测 J757 的 85 端子以及线路对搭铁电阻，都应为无穷大 注意：需先确认模块与元件之间连接线路无断路或电阻过大故障					
可能性	部位	实测结果	状态	可能原因	操作
1	测量熔丝盒上 J757 插件端的 85 端子对搭铁电阻	无穷大	正常	—	转本表第 2 种可能
		小于 2Ω	异常	线路对搭铁短路	维修线路
2	连接 J623 接插件 T91	无穷大	正常	—	转本表第 3 种可能
		小于 2Ω	异常	J623 内部对搭铁短路	更换 J623
3	转“继电器部件测试”				

2.4　部件供电继电器 J757 的主供电线路检查

从迈腾 B8 发动机控制单元 J623 电源电路原理图（图 2-24）可以看出，部件供电继电器 J757 的主供电电源是由蓄电池正极经过熔丝 SB16（20A）供给的。

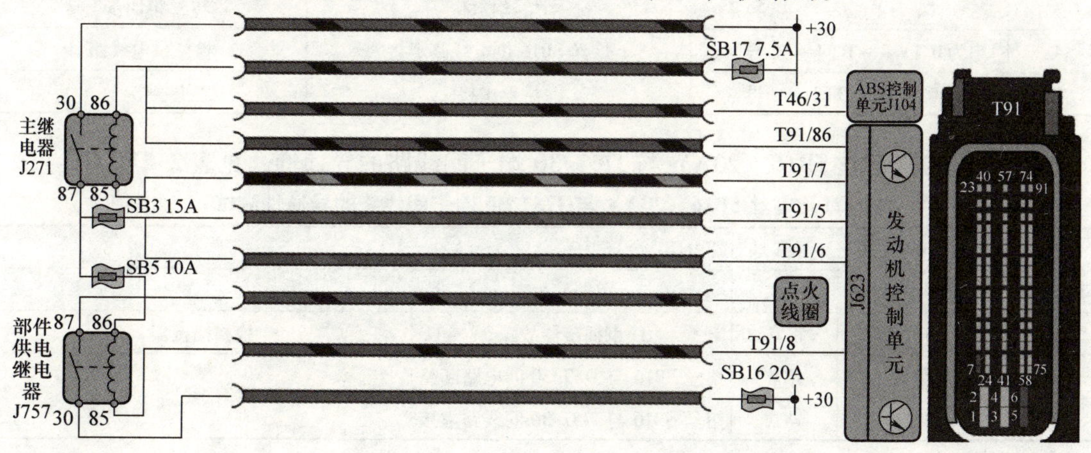

图 2-24　迈腾 B8 发动机控制单元电源电路原理图

注意：检测前确保插接件、紧固件连接可靠、无锈蚀、无破损，此说明适用任何线路、部件测试。

部件供电继电器 J757 的主供电异常的常见故障点见表 2-18。

表 2-18　部件供电继电器 J757 的主供电异常的常见故障点

序号	故障性质
1	熔丝 SB16（20A）断路
2	熔丝 SB16（20A）虚接
3	熔丝 SB16（20A）供电故障
4	熔丝 SB16（20A）与 J757 之间线路断路故障
5	熔丝 SB16（20A）与 J757 之间线路虚接故障

第一步：测量起动继电器 J757 的 30 端子对搭铁电压，见表 2-19。

表 2-19　起动继电器 J757 的 30 端子对搭铁电压测试

测试标准：点火开关在 OFF 或 ON 档时，测试结果应为蓄电池电压（+B）				
可能性	实测结果	状态	可能原因	操作
1	+B	正常	—	进行其他测试
2	0	异常	供电电路断路	转“第二步”的第 1、2、3 种可能
3	0.1V ~ +B 间	异常	供电端线路虚接	转“第二步”的第 1、4、5 种可能

第二步：测量熔丝 SB16（20A）两端对搭铁电压，见表 2-20。

注意：因为熔丝 SB16（20A）供电线路是通过熔丝盒内部线路供电，有时很难确定哪端属于供电端，哪端属于用电器端，因此可以同时对熔丝的两个端子进行测量。

表 2-20　熔丝 SB16（20A）两端对搭铁电压测试

测试标准：点火开关在 OFF 档或 ON 档时，测试值应为蓄电池电压（+B）				
可能性	实测结果	状态	可能原因	操作
1	+B，+B	正常	熔丝 SB16 至 J757/30 间线路断路或虚接	转“第三步”
2	0，0	异常	熔丝 SB16 供电线路断路	检修供电线路
3	0，+B	异常	熔丝损坏	转“第四步”
4	均为 0.1V ~ +B 间	异常	熔丝 SB16 供电线路虚接	检修供电线路
5	+B，0.1V ~ +B 间	异常	熔丝虚接	更换熔丝

第三步：检查熔丝 SB16（20A）与 J757/30 端子间线路的导通性，见表 2-21。

表 2-21　熔丝 SB16（20A）与 J757/30 端子间线路的导通性测试

测试标准：点火开关关闭，该导线端对端电阻应小于 2Ω				
可能性	实测结果	状态	可能原因	操作
1	小于 2Ω	正常	线束插接器故障	检修插接器
2	无穷大	异常	熔丝 SB16 与 J757/30 间电路断路	检修线路
3	大于 5Ω	异常	熔丝 SB16 与 J757/30 间线路虚接	

第四步：熔丝更换。

1）拆卸熔丝 SB16（20A），目测熔丝没有变形、熔断，并测量熔丝两端插脚电阻是否小于 2Ω，如果测试结果不符合要求，须更换。

注意：因为熔丝熔断，一般为用电线路短路或负载过大引起，所以必须要对用电线路以及设备进行对搭铁短路检查，防止更换熔丝后烧毁线路、熔丝以及用电设备。

2）测量 J757 的 30 端子对搭铁电阻，见表 2-22。

注意：熔丝 SB16（20A）的用电器端和 J757 的 30 端子实质上是同一电位，所以该步可以选择对 J757 的 30 端子对搭铁电阻进行测量，也可以对熔丝 SB16（20A）的用电器端进行测量。

表 2-22　J757 的 30 端子对搭铁电阻测试

测试标准：点火开关关闭，拔掉 J757 及熔丝 SB16（20A），测试对搭铁电阻应为无穷大 注意：需先确认模块、元件之间连接线路无断路或电阻过大故障				
可能性	实测结果	状态	可能原因	操作
1	无穷大	正常	继电器 J757 内部短路	转“3）”
2	小于 2Ω	异常	线路短路	检修线路

3）检查继电器 J757 内部是否对搭铁短路，见表 2-23。

表 2-23　继电器 J757 内部对搭铁短路测量

测试标准：点火开关关闭，测试电阻应为无穷大				
测试部位	实测结果	状态	可能原因	操作
连接 J757，测量其 30 端子对搭铁电阻	无穷大	正常	熔丝损坏	更换熔丝
	小于 2Ω	异常	J757 内部对搭铁短路	更换 J757
	大于 5Ω	异常	J757 内部对搭铁虚接	

2.5　部件供电继电器 J757 线圈供电线路检查

从迈腾 B8 发动机控制单元 J623 电源电路原理图（图 2-25）可以看出，部件供电继电器 J757 的线圈供电是由蓄电池经过主继电器 J271 和熔丝 SB5（10A）供给的。

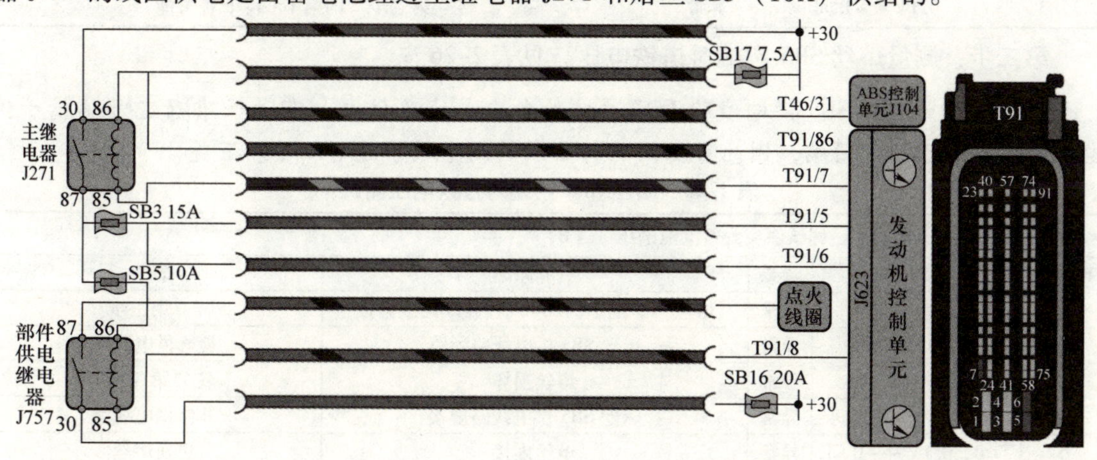

图 2-25　迈腾 B8 发动机控制单元电源电路原理图

注意：

1）检测前确保插接件、紧固件连接可靠、无锈蚀、无破损，此说明适用任何线路、部件测试。

2）由于 J271 同时给 SB3 和 SB5 供电，因此实际工作时可根据两个熔丝供电的用电器的工作情况而定，本文未考虑 SB3 的供电情况。

针对部件供电继电器 J757 线圈供电线路常见故障见表 2-24。

表 2-24　部件供电继电器 J757 线圈的供电线路常见故障

序号	故障性质
1	熔丝 SB5（10A）断路
2	熔丝 SB5（10A）虚接
3	熔丝 SB5（10A）供电故障
4	熔丝 SB5（10A）与 J757 之间的电路短路故障
5	熔丝 SB5（10A）与 J757 之间的线路虚接故障

结合以上信息，需要对项目进行检测和诊断。

注意：

1）检测前确保插接件、紧固件连接可靠、无锈蚀、无破损。此说明适用任何线路、部件测试。

2）此电源在点火开关打开时为蓄电池电压，同时该电源还通过熔丝 SB3（15A）和发动机控制单元 J623 共用电源，在此检测时不考虑其他系统以及元器件工作状态，只考虑部件供电继电器 J757 线圈电路故障。

第一步：测量起动继电器 J757 线圈的供电 86 端子对搭铁电压，见表 2-25。

表 2-25　部件供电继电器 J757 的 86 端子对搭铁电压测试

测试标准：点火开关打开，测试值应为蓄电池电压（+B）			
可能性	实测结果	状态	操作
1	+B	正常	进行其他检查
2	0	异常	转“第二步”的第 1、2、3 种可能
3	0.1V ~ +B 间	异常	转“第二步”的第 1、4、5 种可能

第二步：测量熔丝 SB5 两端对搭铁电压，见表 2-26。

注意：因为熔丝 SB5 供电线路是通过熔丝盒内部线路供电，有时很难确定哪端属于供电端，哪端属于用电器端，因此可以同时对熔丝的两个端子进行测量。

表 2-26　熔丝 SB5 两端对搭铁电压测试

测试标准：点火开关打开，测试值应为蓄电池电压（+B）				
可能性	实测结果	状态	可能原因	操作
1	+B，+B	正常	熔丝 SB5 至 J757/86 间线路断路或虚接	转“第三步”
2	0，0	异常	熔丝 SB5 供电线路断路	检修供电线路
3	0，+B	异常	熔丝损坏	转“第四步”
4	均为 0.1V ~ +B 间	异常	熔丝 SB5 供电线路虚接	检修供电线路
5	+B，0.1V ~ +B 间	异常	熔丝虚接	更换熔丝

第三步：检查熔丝 SB5（10A）与 J757/86 端子间线路的导通性，见表 2-27。

表 2-27　熔丝 SB5（10A）与 J757/86 端子间线路的导通性测试

测试标准：点火开关关闭，该导线端对端电阻应小于 2Ω				
可能性	实测结果	状态	可能原因	操作
1	小于 2Ω	正常	线束插接器故障	检修插接器
2	无穷大	异常	熔丝 SB5（10A）与 86 间电路断路	检修线路
3	大于 5Ω	异常	熔丝 SB5（10A）与 86 间线路虚接	

第四步：熔丝更换。

1）拆卸熔丝 SB5（10A），目测熔丝没有变形、熔断，并测量熔丝两端插脚电阻是否小于 2Ω，如果测试结果不符合要求，须更换。

注意：因为熔丝熔断，一般为用电线路短路或负载过大引起，所以必须要对用电线路以及设备进行对搭铁短路检查，防止更换熔丝后烧毁线路、熔丝以及用电设备。

2）测量部件供电继电器 J757 的 86 端子对搭铁电阻，见表 2-28。

注意：熔丝 SB5（10A）的用电器端和部件供电继电器 J757 的 86 端子实质上是同一电位，所以该步可以选择对部件供电继电器 J757 的 86 端子对搭铁电阻进行测量，也可以对熔丝 SB5（10A）的用电器端进行测量。同时该电源还通过熔丝 SB5（10A）和起动继电器 J907 线圈共用电源，所以在此检测时需注意 J907 的状态。

表 2-28　部件供电继电器 J757 的 86 端子对搭铁电阻测试

测试标准：点火开关关闭，为了测试更加准确，应先拔掉部件供电继电器 J757、熔丝 SB3（15A）以及熔丝 SB5（10A）。测试对搭铁电阻应为无穷大 注意：需先确认模块、元件之间连接线路无断路或电阻过大故障				
可能性	实测结果	状态	可能原因	操作
1	无穷大	正常	继电器 J757 内部短路	转“3)”
2	小于 2Ω	异常	线路短路	检修线路

3）检查继电器 J757 内部是否对搭铁短路，见表 2-29。

表 2-29　继电器 J757 内部对搭铁短路测量

测试标准：点火开关关闭，测试电阻应为无穷大				
测试部位	实测结果	状态	可能原因	操作
连接部件供电继电器 J757，测量 J757 的 86 端子对搭铁电阻	无穷大	正常	熔丝损坏	更换熔丝
	小于 2Ω	异常	J757 内部对搭铁短路	更换 J757

2.6　曲轴位置传感器的检查

由迈腾 B8 维修手册和迈腾曲轴传感器电路原理图（图 2-26）可以看出，曲轴位置传感器采用霍尔式结构，由 J623 的 T105/35 端子供给电源（5V）至传感器的 T3m/1 端子，通过传感器的 T3m/3 端子至 J623 的 T105/77 端子线路搭铁构成回路，发动机转动一周，霍尔传感器由 T3m/2 输出一组方波信号，至 J623 的 T105/70 端子。

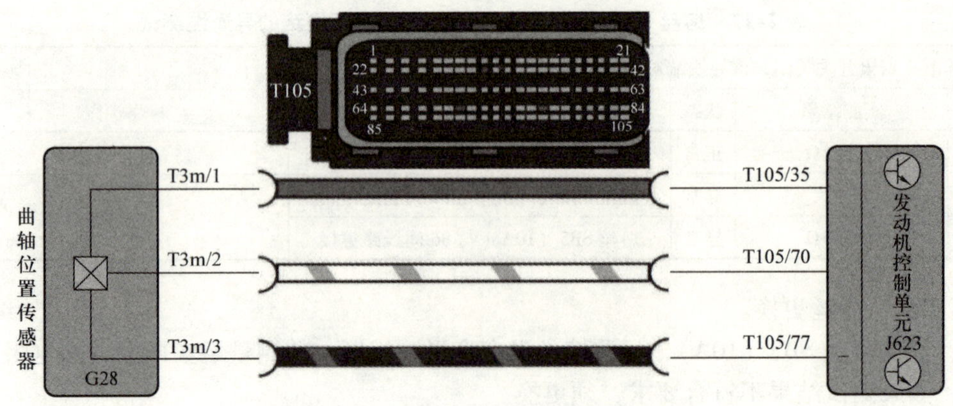

图 2-26　曲轴传感器电路原理图

针对曲轴位置传感器信号常见的故障见表 2-30。

表 2-30　曲轴位置传感器信号常见的故障

序号	故障性质
1	曲轴位置传感器 G28 的信号对搭铁短路
2	曲轴位置传感器 G28 的信号断路
3	曲轴位置传感器故障
4	曲轴位置传感器 G28 的供电线路断路
5	曲轴位置传感器 G28 的供电线路虚接
6	曲轴位置传感器 G28 的 T3m/3 搭铁断路
7	曲轴位置传感器 G28 的 T3m/3 搭铁虚接
8	发动机控制单元 J623 故障（局部）

结合以上信息，需要对项目进行检测和诊断。

注意：

1）检测前确保插接件、紧固件连接可靠、无锈蚀、无破损。此说明适用任何线路、部件测试。

2）对于模块的端子电压、波形测量，可以默认终端盒是必配工具，并且已经正确安装。

3）曲轴位置传感器信号传输均采用方波信号，如果采用万用表进行测量，将导致测试数据不准确，无法进行故障分析和判断，所以应采用示波器进行测量和分析。

4）根据传感器的结构和工作原理，发动机控制单元必须给传感器提供一个 5V 的参考电压，在传感器信号发生器运转时才会有方波信号输出，否则即使传感器及其电源电路正常，如果没有发动机控制单元提供的 5V 参考电压，传感器也不会有任何电压信号输出。

第一步：测量曲轴位置传感器 T3m/2 端子对搭铁波形，见表 2-31。

表 2-31　曲轴位置传感器 T3m/2 端子对搭铁波形测试

测试标准：点火开关打开或发动机运行，测试波形应为方波信号				
可能性	实测结果（波形）	状态	说明	操作
1	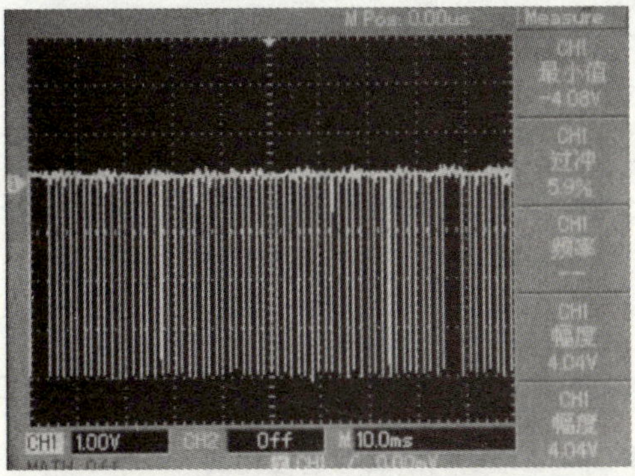	正常	—	维修结束
2	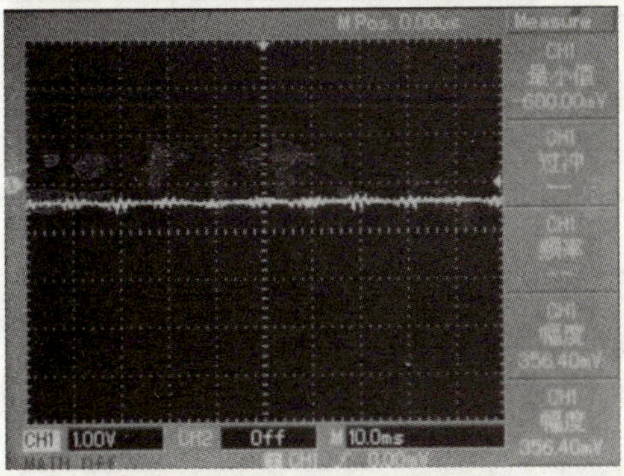	异常	传感器无信号输出，可能原因：传感器及其线路故障，或者发动机控制单元故障	转“第二步”
3	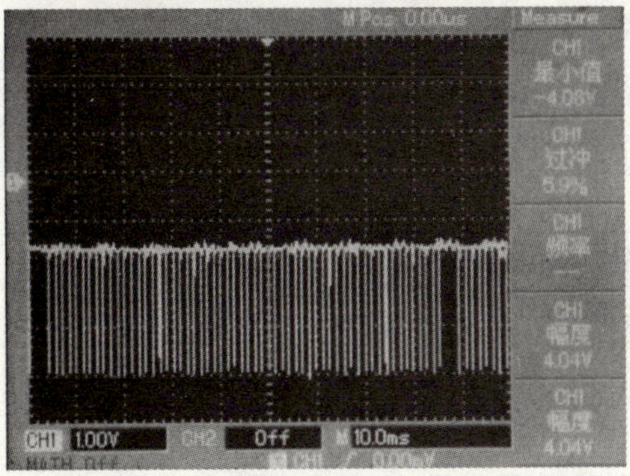	异常	从波形上可以明显看出比正常波形要低，说明正极电源线路存在虚接，造成信号电压降低	转“第四步”

第二步：测量曲轴位置传感器 T3m/1 端子对搭铁电压，见表 2-32。

表 2-32　曲轴位置传感器 T3m/1 端子对搭铁电压测试

测试标准：点火开关打开或发动机运行，测试值应为 5V			
可能性	实测结果	状态	操作
1	5V	正常	转“第四步”
2	0	异常	转“第三步”的第 1、2 种可能
3	0.1～5V 间		转“第三步”的第 1、3 种可能

第三步：测量发动机控制单元 J623 的 T105/35 端子对搭铁电压，见表 2-33。

表 2-33　测量发动机控制单元 J623 的 T105/35 端子对搭铁电压测试

测试标准：点火开关打开或发动机运行，测试值应为 5V				
可能性	实测结果	状态	可能原因	操作
1	5V	正常	J623 的 T105/35 端子到 G28 的 T3m/1 端子间线路断路或虚接	转“第四步”
2	0	异常	J623 及其相关电路故障	转“发动机控制单元的检查”
3	0.1～5V 间			

第四步：J623 的 T105/35 端子到 G28 的 T3m/1 端子间线路导通性测试，见表 2-34。

表 2-34　T105/35 端子到 T3m/1 端子间线路导通性测试

测试标准：点火开关关闭，拔下 J623 的 T105 插接器和 G28 的 T3m 插接器，该导线端对端电阻应小于 2Ω				
可能性	实测结果	状态	可能原因	操作
1	小于 2Ω	正常	线束插接器故障	转“第五步”
2	无穷大	异常	T105/35 端子到 T3m/1 端子间线路断路	检修线路
3	大于 5Ω	异常	T105/35 端子到 T3m/1 端子间线路虚接	

第五步：检查曲轴位置传感器 G28 的 T3m/3 对搭铁电压，见表 2-35。

对曲轴位置传感器 G28 负极检查时，主要测量控制单元曲轴位置传感器 G28 负极T3m/3 端子对搭铁电压。

表 2-35　曲轴位置传感器 G28 的 T3m/3 端子对搭铁电压测试

测试标准：起动发动机，G28 的T3m/3 端子对搭铁电压应小于 0.1V				
可能性	实测结果	状态	可能原因	操作
1	0	正常	如果传感器信号异常，则更换传感器	
2	0.1～5V 间	异常	搭铁线路虚接	转“第六步”
3	5V	异常	搭铁线路断路	

第六步：发动机控制单元 T105/77 端子对搭铁电压的测量，见表 2-36。

表 2-36　发动机控制单元 T105/77 端子对搭铁电压测试

测试标准：起动发动机，发动机控制单元 T105/77 端子对搭铁电压应小于 0.1V				
可能性	实测结果	状态	可能原因	操作
1	0	正常	J623 的 T105/77 端子到 G28 的 T3m/3 端子间线路断路或虚接	转“第七步”
2	0.1～5V 间	异常	发动机控制单元 J623 故障	更换 J623
3	5V	异常		

第七步：J623 的 T105/77 端子到 G28 的 T3m/3 端子间线路导通性测试，见表 2-37。

表2-37　T105/77端子到T3m/3端子间线路导通性测试

测试标准：点火开关关闭，拔下J623的T105插接器和G28的T3m插接器，该导线端对端电阻应小于2Ω				
可能性	实测结果	状态	可能原因	操作
1	小于2Ω	正常	传感器自身损坏	更换G28
2	无穷大	异常	T105/77端子到T3m/3端子间线路断路	检修线路
3	大于5Ω	异常	T105/77端子到T3m/3端子间线路虚接	

2.7　凸轮轴位置传感器的检查

注意：

因为凸轮轴位置传感器G40和G300的结构和工作原理基本一致，其信号的测量方法也完全一致，所以，此处只针对凸轮轴位置传感器G40进行检查和测量。

由迈腾B8维修手册和迈腾凸轮轴传感器电路原理图（图2-27）可以看出，凸轮轴位置传感器采用霍尔式结构，由J623的T105/69端子供给电源（5V）至传感器的T3o/1端子，通过传感器的T3o/3端子至J623的T105/44端子线路接地构成回路，发动机转动一周，霍尔传感器由T3o/2输出一组方波信号，至J623的T105/30端子。

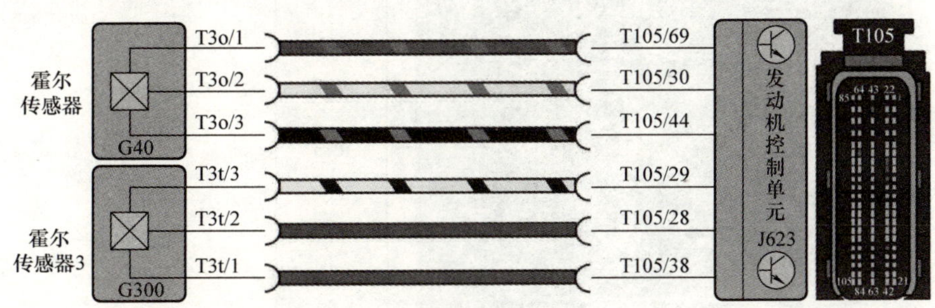

图2-27　凸轮轴传感器电路原理图

针对凸轮轴位置传感器信号常见的故障见表2-38。

表2-38　凸轮轴位置传感器信号常见的故障

序号	故障性质
1	凸轮轴位置传感器G40的信号对搭铁短路
2	凸轮轴位置传感器G40的信号断路
3	凸轮轴位置传感器故障
4	凸轮轴位置传感器G40的供电线路断路
5	凸轮轴位置传感器G40的供电线路虚接
6	凸轮轴位置传感器G40的T3o/3搭铁线路断路
7	凸轮轴位置传感器G40的T3o/3搭铁线路虚接
8	发动机控制单元J623故障（局部）

结合以上信息，需要对项目进行检测和诊断。

注意：

1）检测前确保插接件、紧固件连接可靠、无锈蚀、无破损。此说明适用任何线路、部件测试。

2）对于模块的端子电压、波形测量，可以默认终端盒是必配工具，并且已经正确安装。

3）凸轮轴位置传感器信号传输均采用方波信号，如果采用万用表进行测量，将导致测试数据不准确，无法进行故障分析和判断，所以应采用示波器进行测量和分析。

4）根据传感器的结构和工作原理，发动机控制单元必须给传感器提供一个5V的参考电压，在传感器信号发生器运转时才会有方波信号输出，否则即使传感器及其电源电路正常，如果没有发动机控制单元提供的5V参考电压，传感器也不会有任何电压信号输出。

第一步：用示波器测量凸轮轴位置传感器T3o/2端子对搭铁波形，见表2-39。

表2-39　凸轮轴位置传感器T3o/2端子对搭铁波形测试

测试标准：点火开关打开或发动机运行，测试波形应为0到5V的方波信号				
可能性	实测结果（波形）	状态	说明	操作
1	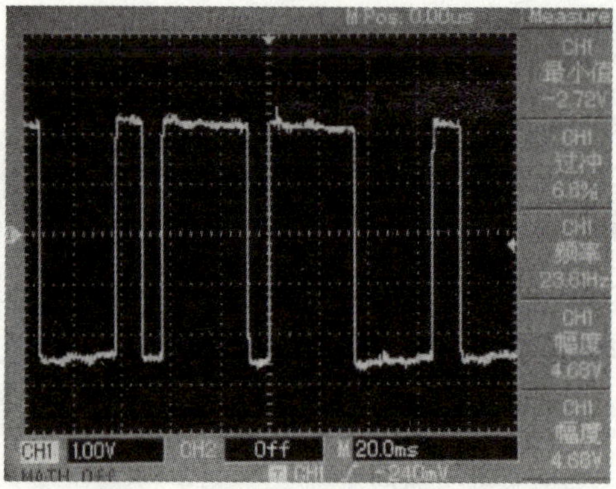	正常	—	维修结束
2	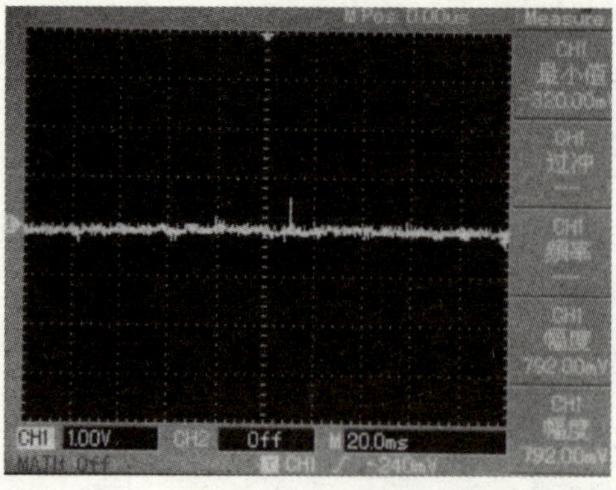	异常	传感器无信号输出，可能原因：传感器及其线路故障，或者发动机控制单元故障	转“第二步”

（续）

测试标准：点火开关打开或发动机运行，测试波形应为0到5V的方波信号				
可能性	实测结果（波形）	状态	说明	操作
3	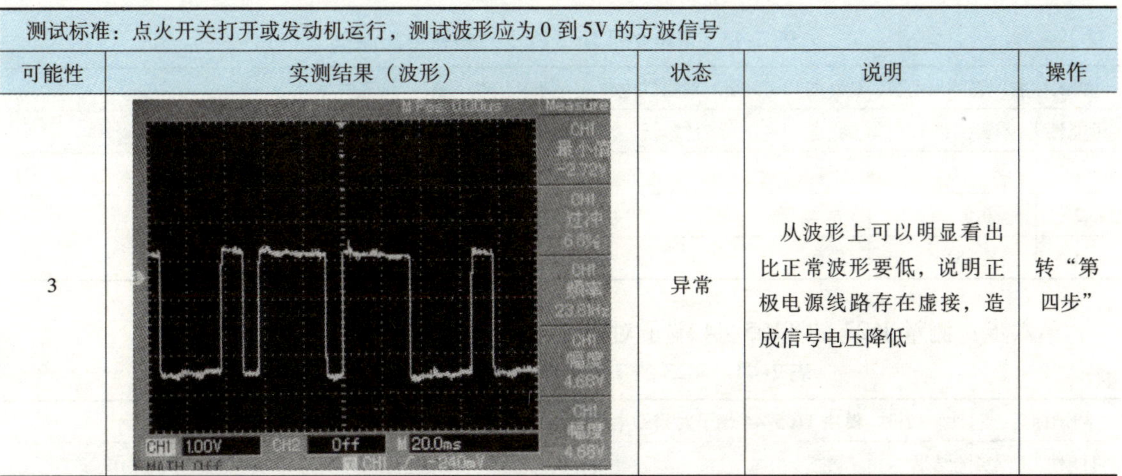	异常	从波形上可以明显看出比正常波形要低，说明正极电源线路存在虚接，造成信号电压降低	转“第四步”

第二步：测量凸轮轴位置传感器T3o/1端子对搭铁电压，见表2-40。

表2-40　凸轮轴位置传感器T3o/1端子对搭铁电压测试

测试标准：点火开关打开或发动机运行，测试值应为5V			
可能性	实测结果	状态	操作
1	5V	正常	转“第四步”
2	0	异常	转“第三步”的第1、2种可能
3	0.1~5V间		转“第三步”的第1、3种可能

第三步：测量J623的T105/69端子对搭铁电压，见表2-41。

表2-41　J623的T105/69端子对搭铁电压测试

测试标准：点火开关打开或发动机运行，测试值应为5V				
可能性	实测结果	状态	可能原因	操作
1	5V	正常	T105/69端子到T3o/1端子间线路断路或虚接	转“第四步”
2	0	异常	J623及其相关电路故障	转“发动机控制单元的检查”
3	0.1~5V间			

第四步：T105/69端子到T3o/1端子间线路导通性测试，见表2-42。

表2-42　T105/69端子到T3o/1端子间线路导通性测试

测试标准：点火开关关闭，拔下J623的T105插接器和G28的T3m插接器，该导线端对端电阻应小于2Ω				
可能性	实测结果	状态	可能原因	操作
1	小于2Ω	正常	线束插接器故障	转“第五步”
2	无穷大	异常	T105/69端子到T3o/1端子间线路断路	检修线路
3	大于5Ω	异常	T105/69端子到T3o/1端子间线路虚接	

第五步：测量凸轮轴位置传感器G40负极对搭铁电压，见表2-43。

对凸轮轴位置传感器G40负极检查时，主要测量控制单元凸轮轴位置传感器G40负极

T3o/3 端子对搭铁电压。

表 2-43　G40 的 T3o/3 端子对搭铁电压测试

测试标准：起动发动机，G40 的T3o/3 端子对搭铁电压应小于 0.1V				
可能性	实测结果	状态	可能原因	操作
1	0	正常	如果传感器信号异常，则更换传感器	
2	0.1～5V	异常	搭铁线路虚接	转“第六步”
3	5V	异常	搭铁线路断路	

第六步：测量 J623 的 T105/44 端子对搭铁电压，见表 2-44。

表 2-44　J623 的 T105/44 端子对搭铁电压测试

测试标准：起动发动机，模块 T105/44 端子对搭铁电压应小于 0.1V				
可能性	实测结果	状态	可能原因	操作
1	0	正常	J623 的 T105/77 端子到 G28 的 T3m/3 端子间线路断路或虚接	转“第七步”
2	0.1～5V	异常	发动机控制单元故障	更换发动机控制单元
3	5V	异常		

第七步：J623 的 T105/44 端子到 G40 的 T3o/3 端子间线路导通性测试，见表 2-45。

表 2-45　T105/44 端子到 T3o/3 端子间线路导通性测试

测试标准：点火开关关闭，拔下 J623 的 T105 插接器和 G40 的 T3o 插接器，该导线端对端电阻应小于 2Ω				
可能性	实测结果	状态	可能原因	操作
1	小于 2Ω	正常	线束插接器故障	检修插接器
2	无穷大	异常	T105/44 端子到 T3o/3 端子间线路断路	检修线路
3	大于 5Ω	异常	T105/44 端子到 T3o/3 端子间线路虚接	

2.8　燃油泵控制单元控制信号检查

从迈腾 B8 燃油泵控制电路原理图（图 2-28）上可以看出，燃油泵控制单元供电由蓄电

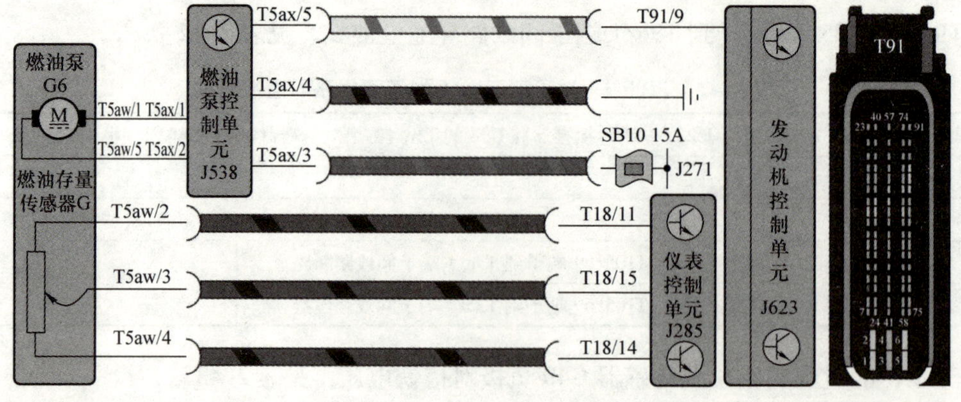

图 2-28　迈腾 B8 燃油泵控制电路原理图

池通过熔丝 SB10（15A）至 J538 的 T5ax/3 端子直接供电，并通过燃油泵控制单元 J538 的 T5ax/4 搭铁后构成回路。燃油泵工作与否是由发动机控制单元 T91/9 端子发出控制信号，再经燃油泵控制单元 T5ax/5 端子接收处理后，再去控制燃油泵的工作状态。

燃油泵控制单元控制信号异常常见故障见表 2-46。

表 2-46　燃油泵控制单元控制信号的电源异常常见故障

序号	故 障 性 质
1	燃油泵控制单元 T5ax/5 端子对应的控制信号线路断路
2	燃油泵控制单元 T5ax/5 端子对应的控制信号线路虚接
3	燃油泵控制单元 T5ax/5 端子对应的控制信号线路对搭铁短路
4	燃油泵控制单元 J538 自身损坏（局部）
5	发动机控制单元 J623 自身损坏（局部）

结合信息，需要对项目进行检测和诊断。

注意：

1）检测前确保插接件、紧固件连接可靠、无锈蚀、无破损。此说明适用任何线路、部件测试。

2）对于发动机控制单元的端子电压测量，可以默认终端盒是必配工具，并且已经正确安装。

3）数据总线信号传输均采用数字信号，如果使用万用表进行测量，将导致测试数据不准确，无法进行故障分析和判断，所以应采用示波器进行测量和分析。

第一步：测量 J538 的 T5ax/5 端子对搭铁波形，见表 2-47。

表 2-47　J538 的 T5ax/5 端子对搭铁波形测试

测试标准：发动机处于怠速状态，测量 J538 的 T5ax/5 端子对搭铁波形			
可能性	实测结果（波形）	状态	操作
1	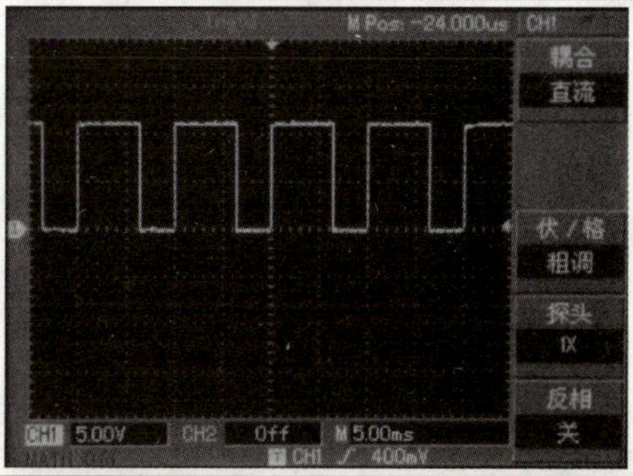	正常	进行其他检查
2	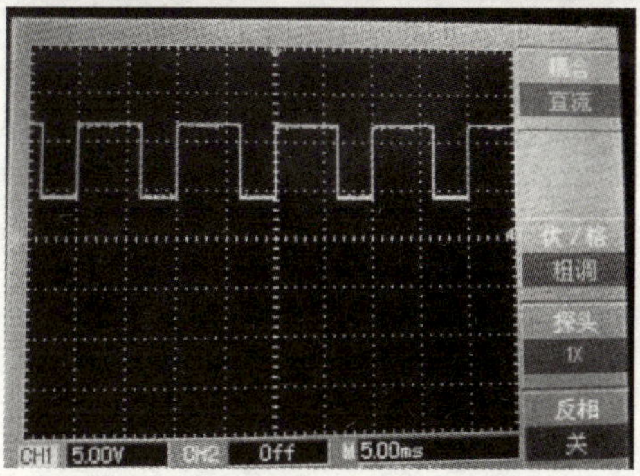	信号低电平抬高，异常	转“第二步”第 1 种可能

（续）

测试标准：发动机处于怠速状态，测量 J538 的 T5ax/5 端子对搭铁波形			
可能性	实测结果（波形）	状态	操作
3	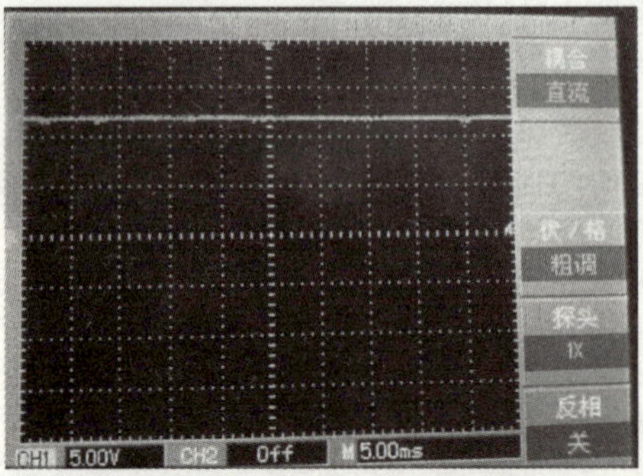	电压始终保持蓄电池电压，异常	转“第二步”第 2 种可能
4	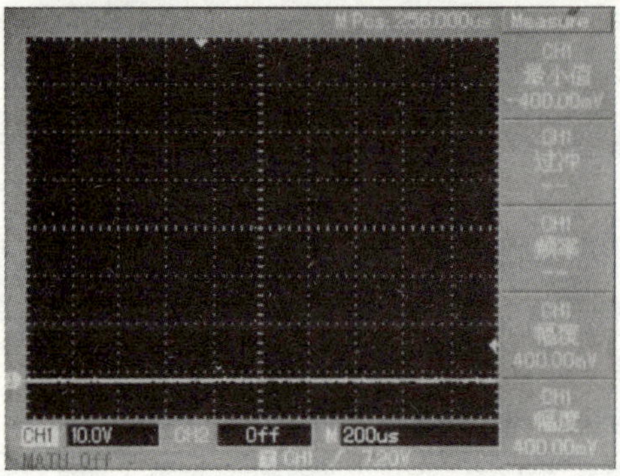	电压始终保持搭铁电压，异常	转“第四步”

第二步：测量 J623 的 T91/9 端子对搭铁波形，见表 2-48。

表 2-48　J623 的 T91/9 端子对搭铁波形测试

测试标准：发动机处于怠速状态，测量 J623 的 T91/9 端子对搭铁波形				
可能性	实测结果（波形）	状态	说明	操作
	T91/9			
1	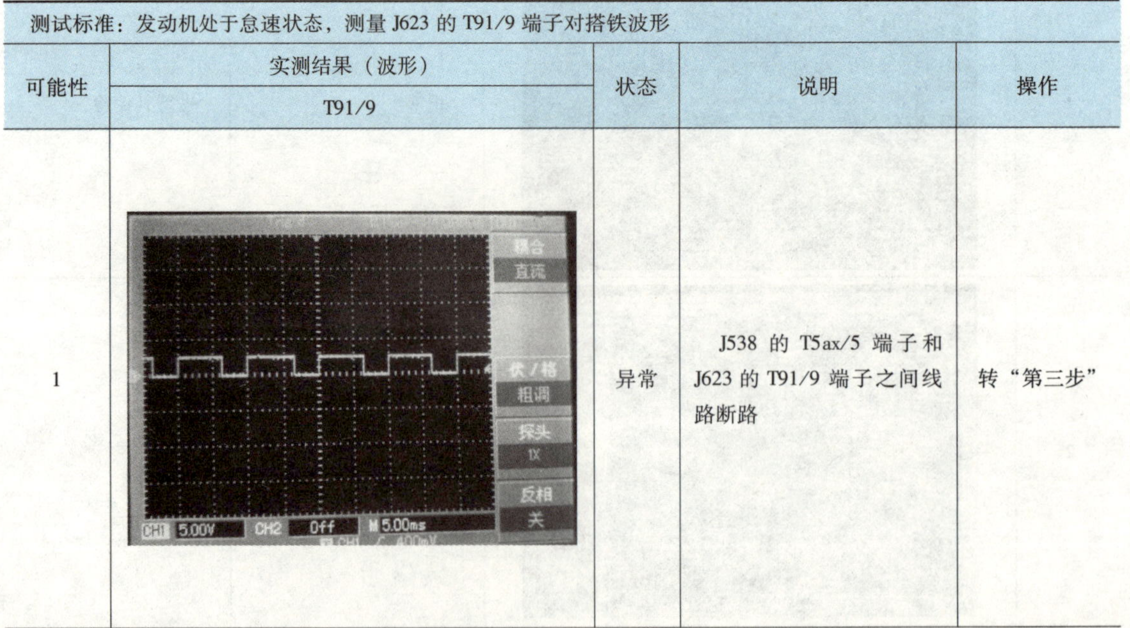	异常	J538 的 T5ax/5 端子和 J623 的 T91/9 端子之间线路断路	转“第三步”

（续）

测试标准：发动机处于怠速状态，测量 J623 的 T91/9 端子对搭铁波形				
可能性	实测结果（波形）	状态	说明	操作
	T91/9			
2	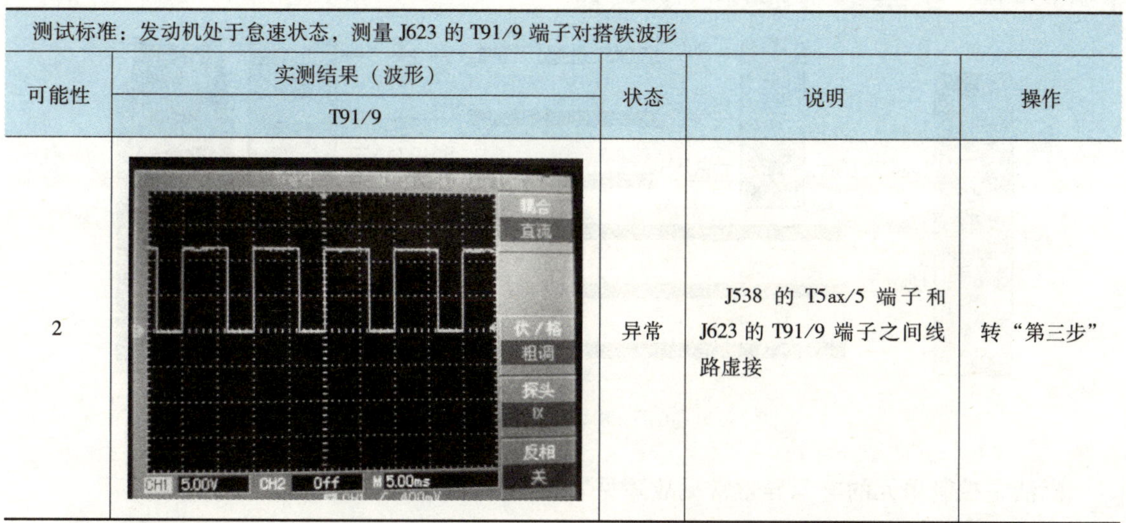	异常	J538 的 T5ax/5 端子和 J623 的 T91/9 端子之间线路虚接	转"第三步"

第三步：测量 J538 的 T5ax/5 端子和 J623 的 T91/9 端子之间的导通性，见表 2-49。

表 2-49　J538 的 T5ax/5 端子和 J623 的 T91/9 端子之间的导通性测试

测试标准：点火开关关闭，拔掉 J623 的 T91 插接件、J538 的 T5ax 插接件，测试电阻应小于 2Ω				
可能性	实测结果	状态	可能原因	操作
1	小于 2Ω	正常	插接件故障	检修插接件
2	无穷大	异常	线路断路	维修线路
3	大于 5Ω	异常	线路虚接	

第四步：测量 J538 的 T5ax/5 对搭铁电阻，见表 2-50。

表 2-50　J538 的 T5ax/5 对搭铁电阻测试

测试标准：点火开关关闭，为了测试更加准确，应先拔掉 J623 的 T91 插接件、J538 的 T5ax 插接件，测试电阻应为无穷大					
步骤	测试部位	实测结果	状态	可能原因	操作
1	测量 J538 的 T5ax 插接件端的 T5ax/5 端子对搭铁电阻	无穷大	正常	控制单元故障	转本表的 2
		小于 2Ω	异常	线路短路	检修线路
2	连接 J623 插接件 T91，测量 J538 的 T5ax 插接件的 T5ax/5 端子对搭铁电阻	无穷大	正常	J538 内部故障	转本表的 3
		小于 2Ω	异常	J623 内部故障	更换 J623
3	连接 J538 的 T5ax 插接件，测量 J538 的 T5ax/5 端子对搭铁电阻	无穷大	正常	J538 及其电源故障	检查 J538 及其电源
		小于 2Ω	异常	J538 内部故障	更换 J538

2.9　燃油泵控制单元电源检查

从迈腾 B8 燃油泵控制单元 J538 电源部分电路原理图（图 2-29）可以看出，燃油泵控制单元供电由蓄电池通过熔丝 SB10（15A）至 J538 的 T5ax/3 端子直接供电，并通过燃油泵控制单元 J538 的 T5ax/4 端子搭铁后构成回路。

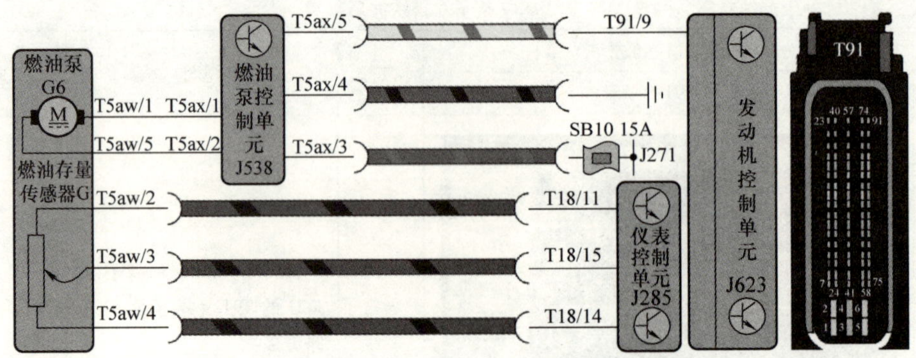

图 2-29 迈腾 B8 燃油泵控制电路原理图

燃油泵控制单元的电源异常常见故障见表 2-51。

表 2-51 燃油泵控制单元的电源异常常见故障

序号	故 障 性 质
1	J538 的 T5ax/3 端子对应的供电电源线路断路
2	J538 的 T5ax/3 端子对应的供电电源线路虚接
3	J538 的 T5ax/4 端子对应的供电搭铁线路断路
4	J538 的 T5ax/4 端子对应的供电搭铁线路虚接
5	熔丝 SB10 断路或虚接
6	熔丝 SB10 供电故障

结合信息，需要对项目进行检测和诊断。

注意：

1）检测前确保插接件、紧固件连接可靠、无锈蚀、无破损。此说明适用任何线路、部件测试。

2）燃油泵控制单元 J538 的电源应包含正极电源和负极电源。

3）正极电源和负极电源的检查没有顺序要求。

4）此电源是在任何情况下都为蓄电池电压。同时该电源还通过熔丝 SB10 给其他用电设备供电，在此检测时不考虑其他系统以及元器件工作状态，只考虑燃油泵控制单元 J538 工作异常。

第一步：测量 J538 的 T5ax/3 端子对搭铁电压，见表 2-52。

表 2-52 J538 的 T5ax/3 端子对搭铁电压测试

测试标准：点火开关打开，测试 T5ax/3 端子对地应为蓄电池电压（+B）			
可能性	实测结果	状态	操作
1	+B	正常	转“第五步”
2	0	异常	转“第二步”的第 1、2、3 种可能
3	0.1～+B 间	异常	转“第二步”的第 1、4、5 种可能

第二步：测量熔丝 SB10（15A）两端对搭铁电压，见表2-53。

注意：因为熔丝 SB10 供电线路是通过熔丝盒内部线路供电，有时很难确定哪端属于供电端，哪端属于用电器端，因此可以同时对熔丝的两个端子进行测量。

表2-53　熔丝 SB10（15A）两端对搭铁电压测试

测试标准：任何情况下测试值都应为蓄电池电压（+B）				
可能性	实测结果	状态	可能原因	操作
1	+B，+B	正常	熔丝 SB10 至 T5ax/3 端子间线路断路或虚接	转“第三步”
2	0，0	异常	熔丝 SB10 供电线路断路	检修供电线路
3	0，+B	异常	熔丝损坏	转“第四步”
4	均为0.1V～+B间	异常	熔丝 SB10 供电线路虚接	检修供电线路
5	+B，0.1V～+B间	异常	熔丝虚接	更换熔丝

第三步：检查熔丝 SB10 与 T5ax/3 端子间线路的导通性，见表2-54。

表2-54　熔丝 SB10 与 T5ax/3 端子间线路的导通性测试

测试标准：点火开关关闭，测试熔丝 SB10（15A）与 T5ax/3 端子间线路电阻应小于2Ω				
可能性	实测结果	状态	可能原因	操作
1	小于2Ω	正常	线束插接器故障	检修插接器
2	无穷大	异常	熔丝 SB10 与 T5ax/3 端子间线路断路	检修线路
3	大于5Ω	异常	熔丝 SB10 与 T5ax/3 端子间线路虚接	

第四步：熔丝更换，见表2-55。

1）拆卸熔丝 SB10，目测熔丝没有变形、熔断，并测量熔丝两端插脚电阻是否小于2Ω，如果测试结果不符合要求，须更换。

注意：因为熔丝熔断，一般为用电线路短路或负载过大引起，所以必须要对用电线路以及设备进行对搭铁短路检查，防止更换熔丝后烧毁线路、熔丝以及用电设备。

2）测量燃油泵控制单元 J538 的 T5ax/3 端子对搭铁电阻。

注意：熔丝 SB10 的用电器端和燃油泵控制单元 J538 的 T5ax/3 端子实质上是同一电位，所以该步可以选择对燃油泵控制单元 J538 的 T5ax/3 端子对搭铁电阻进行测量，也可以对熔丝 SB10 的用电器端进行测量。

表2-55　J538 的 T5ax /3 端子对搭铁电阻测试

测试标准：点火开关关闭，拔掉燃油泵控制单元 J538 的 T5ax/3 接插件、熔丝 SB10（15A），测试电阻应为无穷大				
可能性	实测结果	状态	可能原因	操作
1	无穷大	正常	控制单元或元器件短路	转“3）”
2	小于2Ω	异常	线路短路	检修线路

3）检查燃油泵控制单元 J538 是否对搭铁短路，见表2-56。

表 2-56 燃油泵控制单元 J538 是否对搭铁短路测试

<table>
<tr><td colspan="6">测试标准：点火开关关闭，测量 J538 的 T5ax/3 端子对搭铁电阻，测试电阻应为无穷大</td></tr>
<tr><td>可能性</td><td>测试部位</td><td>实测结果</td><td>状态</td><td>可能原因</td><td>操作</td></tr>
<tr><td rowspan="2">1</td><td rowspan="2">连接 J538 的 T5ax 插接件，测量 J538 的 T5ax/3 端子对搭铁电阻</td><td>无穷大</td><td>正常</td><td></td><td>维修结束</td></tr>
<tr><td>小于 2Ω</td><td>异常</td><td>J538 内部对搭铁短路</td><td>更换 J538</td></tr>
</table>

第五步：燃油泵控制单元 J538 电源负极检查。

注意：T5ax/4 端子为燃油泵控制单元 J538 提供电源主搭铁，如果搭铁线路不正常，可能致使控制单元 J538 电源功率不足，导致燃油泵控制单元 J538 无法正常工作或不工作。

对燃油泵控制单元 J538 电源负极检查时，使用万用表测量 J538 的 T5ax/4 端子对搭铁电压，见表 2-57。

表 2-57 J538 的 T5ax/4 端子对搭铁电压测试

<table>
<tr><td colspan="5">测试标准：在任何工况条件下，T5ax/4 端子对搭铁电压应小于 0.1V</td></tr>
<tr><td>可能性</td><td>实测结果</td><td>状态</td><td>可能原因</td><td>操作</td></tr>
<tr><td>1</td><td>0</td><td>正常</td><td>插接件故障</td><td>维修插接件</td></tr>
<tr><td rowspan="2">2</td><td rowspan="2">0.1V ~ +B 间</td><td rowspan="2">异常</td><td>搭铁线路虚接</td><td rowspan="2">检修线路、搭铁点</td></tr>
<tr><td>搭铁线路断路</td></tr>
</table>

任务3
发动机运行异常的故障诊断

任务描述

迈腾 B8 发动机运行常见的运行异常故障现象有三种：

1）发动机起动后出现怠速抖动。

2）发动机起动后运行，发动机出现怠速抖动，同时伴有加速时转速不提升或提升缓慢，急加速时还伴有喘振，排气管发出“突突”声。

3）发动机起动后运行，踩加速踏板加速至一定转速后再也无法加速，有时伴有发动机抖动现象。

任务分析

要想完成故障的诊断与排除，需要具备的知识和技能：

1. 相关知识

1）汽油发动机电控系统的认知和检测。

2）燃油喷射系统的认知和检测。

3）点火控制系统的认知和检测。

4）进气控制系统的认知和检测。

5）可变配气相位控制系统的认知和检测。

6）涡轮增压系统的认知和检测。

7）EPC 电子节气门控制系统的认知和检测。

8）节气门体（带位置传感器）的认知和检测。

9）进气歧管（增压）压力传感器的认知和检测。

10）加速踏板位置传感器的认知和检测。

11）燃油压力传感器的认知和检测。

12）喷油器的认知和检测。

13）高压油泵（带燃油压力调节阀）的认知和检测。

14）燃油泵控制系统的认知和检测。

15）点火线圈的认知和检测。

16）配气相位调整电磁阀、AVS 电子气门升程电磁阀的认知和检测。

17）迈腾 B8 发动机控制原理电路图的阅读。

18）迈腾 B8 发动机运行控制原理。

2. 相关技能

1）万用表、示波器、解码器、尾气分析仪等常见设备的使用。

2）维修资料的查阅、电路原理图的识读和分析。

3）常见故障的诊断与排除。

4）5S 管理和操作。

故障分析

1. 初步分析

注意：

1）用正确的方法检测蓄电池电压，确保蓄电池电压达到 11.5V。

2）在此分析时只考虑电气故障，不考虑机械故障。

3）在打开点火开关和起动发动机过程中，须观察信息。

1）打开发动机，观察仪表板上发动机故障灯是否点亮，EPC 灯是否点亮 2s 后熄灭，如图 3-1 所示。

图 3-1　仪表板

① 如果仪表板上发动机故障灯持续点亮，说明发动机电控系统工作异常。

② 如果仪表板上 EPC 灯持续点亮，说明发动机 EPC 系统工作异常，如图 3-2 所示为 EPC 指示灯控制原理图解。

2）清除故障码，然后起动发动机，运行 1～2min，在此期间踩踏加速踏板 2～3 次，使发动机转速增加至 2500r/min 左右，最后关闭发动机，再次起动，观察仪表板上发动机故障灯、EPC 灯是否点亮。如果发动机故障灯、EPC 灯开始点亮，则首先需要对发动机电控系统或 EPC 系统进行诊断维修。

3）起动发动机，让发动机怠速运转，观察发动机运转是否平稳，转速是否偏高或偏低。如果发动机的抖动与发动机的转速同步，说明是发动机缺缸造成的抖动；如果是发动机的转速在一定的范围内上下“忽悠”，说明怠速空气控制系统存在控制偏差故障；如果发动机转速低并且伴随轻微的抖动，则说明怠速时发动机动力性不足，这与进气量、点火正时、点火能量、喷油正时、喷油量、换气效率、气缸压力等都有很密切的关系；如果发动机怠速

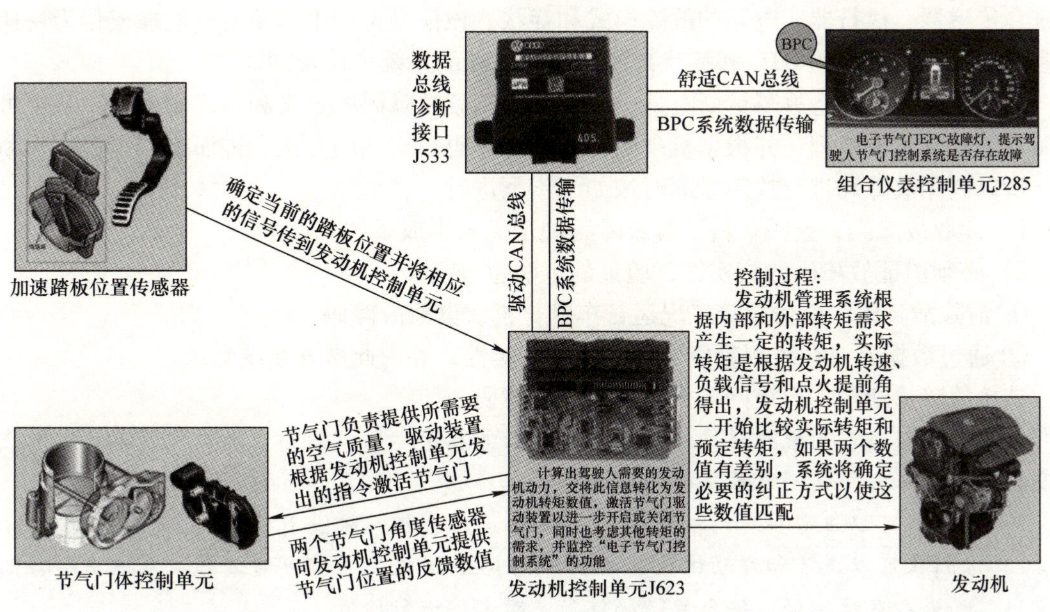

图3-2 EPC指示灯控制原理图解

转速过高，则与进气量、点火正时、喷油量等都有很密切的关系。

4）起动发动机，踩加速踏板，观察发动机转速是否能达到规定的空载最高转速。

现在很多车辆空载时都会对发动机的最高转速有所限制，一般都是通过断油实施控制；如果踩加速踏板时，发动机转速能上升到最高设计转速，说明发动机加速性能良好；如果在加速过程中，在某个转速就出现无法提高转速的问题，则说明发动机控制系统存在故障，导致发动机功率无法提升。一般与高压燃油控制系统和EPC系统出现故障有关，发动机控制单元将发动机转速控制在安全范围下，不再增加喷油。

如果上边某一项出现异常，应结合其结构和工作原理检查相关信号、部件电源、熔丝、线路以及部件本身。

结合故障现象，发动机转速不提升或提升缓慢；急加速时还伴有喘振，排气管发出“突突”声，而这些现象一般还伴有怠速抖动的现象，因此分析时还应考虑怠速异常的原因。

2. 故障码分析

现在汽车一般都具有自诊断功能，即使通过故障现象可以明确故障范围，但也最好首先读取故障码，因为这特别有利于快速发现故障。如果有故障码，应清楚故障码的定义和生成的条件，并基于此展开诊断和故障检修；如果没有故障码，则基于系统的结构和工作原理进行系统诊断。

系统控制单元根据需要实时监测特定的元器件、数据通信以及线路的电压、信号。如果受监测的元器件、数据通信以及线路的电压、信号出现波动或异常，在设定时间内控制单元将确认此元器件、数据通信以及线路出现故障，随即在ROM中调取一个和电压以及信号异常相对应的代码，存储于控制单元RAM中，这就是故障码（DTC）。

诊断故障码和信息标识组成电气子系统的每个电路和相关电路故障，并在诊断仪中列出系统、传感器、执行器、电路的故障模式和症状。该信息可用来诊断电气故障或作为快速目视参考，以表明不同的 DTC 和症状是如何在被诊断的系统中体现的。

在利用故障码进行故障诊断时，一定要仔细阅读故障码的定义和生成的条件，从中可以明确故障码的生成机理，并根据机理确定验证故障码真实性的方法，进而有利于提高诊断效果。所以利用故障码进行故障诊断时按如下步骤进行：

1）读取故障码，查阅资料了解故障码的定义和生成条件。

2）必须验证故障码的真实性，验证的方法也分两步：

① 清除故障码，模仿故障工况运行车辆，再次读取故障码。

② 通过数据流或在线测量值来判定故障真实性，并由此展开系统测量。

连接故障诊断仪，扫描网关列表，读取故障码。

注意：按照当前的故障现象，发动机起动后能怠速运转，说明发动机控制单元供电线路以及数据通信正常，实测过程中会遇到三种情况：

1）诊断仪可以正常和发动机控制单元 J623 通信，但系统没有故障码。

2）诊断仪可以正常和发动机控制控制单元 J623 通信，并有可能读取到系统中所存储的故障码；如果存在故障码，结合故障码信息，对部件进行检修。

3）在打开点火开关后操作诊断仪，诊断仪不能正常和发动机控制单元 J623 通信，并无法读取系统中所存储的故障码。

图 3-3 所示为诊断仪和发动机控制单元之间的通信原理图，从中可以看出，诊断仪通过诊断仪连接线、无线或蓝牙通信、OBD－Ⅱ诊断接口、CAN 总线与发动机控制单元或其他控制单元进行通信。

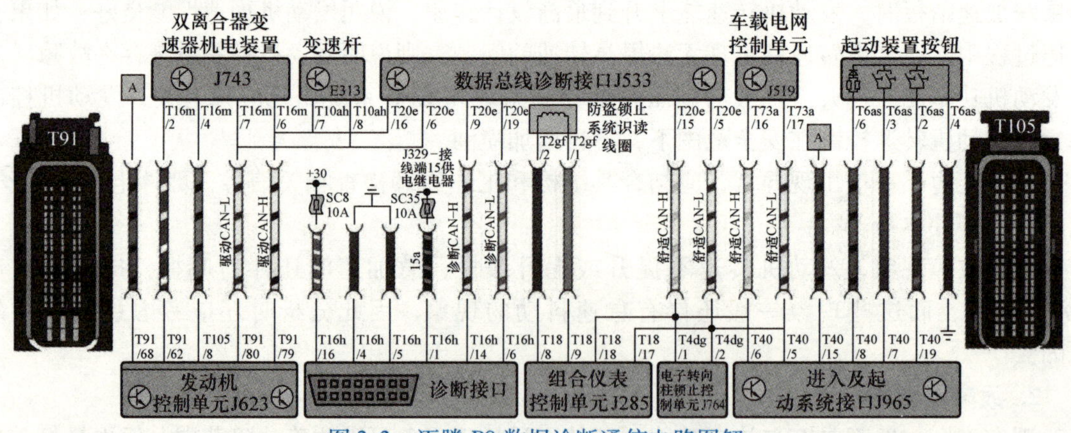

图 3-3　迈腾 B8 数据诊断通信电路图解

如果诊断仪无法进入车辆所有系统，则可能是解码器、诊断连接线、无线或蓝牙通信、OBD－Ⅱ诊断接口、CAN 总线中的一个或多个出现故障；如果只是某个控制单元无法到达，则可能是该控制单元或其电源电路、相邻的 CAN 总线区间出现故障。

诊断仪无法读取，原因有两种：

1）OBD－Ⅱ诊断接口至数据总线诊断接口 J533 线路故障。

2）诊断接口电源供给故障。

3. 无故障码分析

如果没有故障码显示，那就需要技术人员结合故障现象，分析系统电路图，列举故障可能，并按照正确的流程，利用合适的测试设备，进行正确的测量，从而发现故障所在。

如果发动机运行异常（怠速抖动、加速不良），可以围绕运行时对混合气、点火的要求，即进排气、燃油系统、点火系统三大方面着手进行分析。如果这几个方面出现故障，将导致混合气燃烧不良，造成各气缸功率难以平衡，使发动机出现怠速抖动、加速不良。

电控燃油喷射式发动机的控制系统比化油器式发动机的控制系统要复杂得多，而迈腾B8缸内直喷 + AVS（可变气门升程系统）发动机比一般电控燃油喷射式发动机控制更复杂。迈腾B8发动机接收所有传感器信号以及执行器的反馈信号，在此基础上再由发动机ECU对这些信息结合转矩、负荷进行运算，选择最佳的控制目标，指令执行机构完成，使发动机运行在最佳状态。

结合以上信息和故障现象，如果没有故障码显示，就应从几点进行分析（此处不考虑发动机机械系统）。

（1）进、排气系统

发动机进、排气系统出现故障，会造成混合器过浓、过稀，使发动机燃烧不正常。具体的原因有：

1）进气管卡子松动或者是进气总管胶管破裂。

2）进气管衬垫漏气。

3）真空管插头破裂。

4）PCV阀故障。

5）排气管堵塞。

6）进气管堵塞。

7）进、排气系统积炭。

如图3-4所示为迈腾B8发动机进、排气系统结构组成和发动机曲轴箱通风系统（图3-5）结构组成。

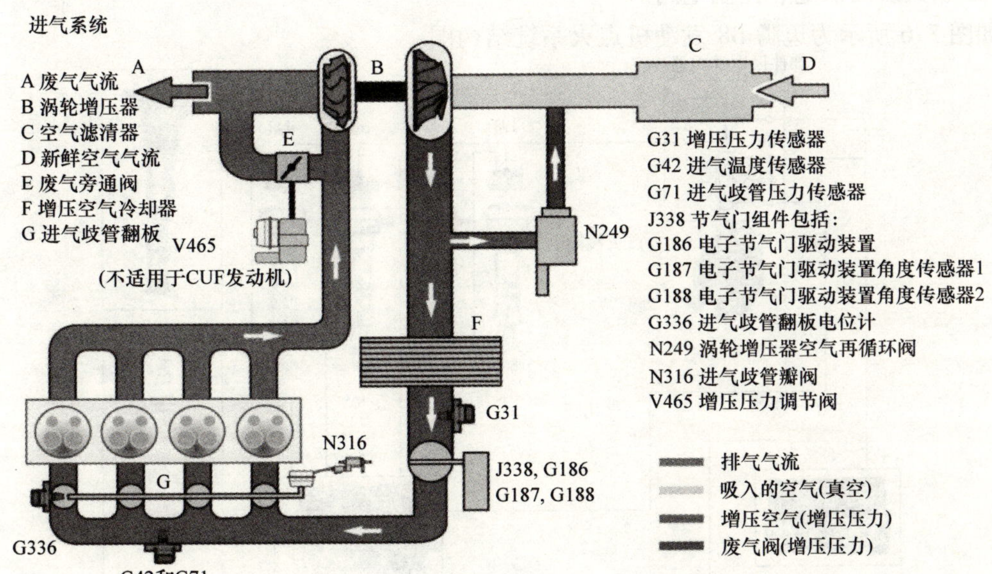

图3-4　迈腾B8发动机进、排气系统结构组成

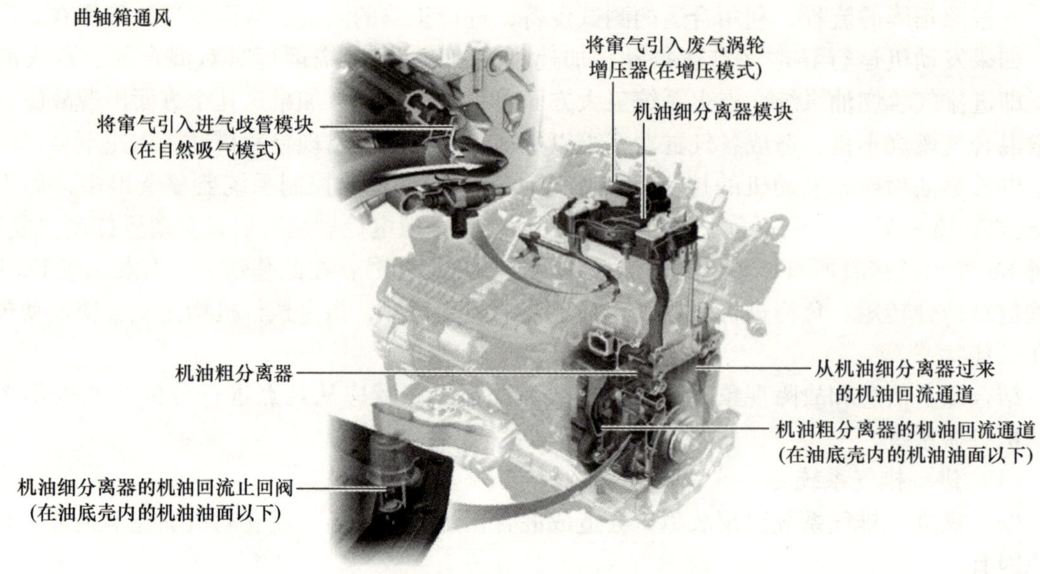

图 3-5　迈腾 B8 发动机曲轴箱通风系统结构组成

（2）点火系统

如果点火系统出现故障，造成一个气缸或多个气缸点火能量降低或丧失，导致发动机各缸之间功率失去平衡，进而造成发动机怠速抖动甚至加速不良。主要有几点：

1）点火线圈在发动机缸盖中安装，一直处于高温状态，随着时间的推移，点火线圈外部橡胶绝缘将受到影响，导致高压漏电，影响发动机气缸燃烧，造成点火功率降低。

2）火花塞寿命超过 3 万 ~4 万 km 后点火效率明显降低，出现点火电极间隙增大，有时可能烧蚀，并影响点火。

3）点火线圈供电、控制电路。

如图 3-6 所示为迈腾 B8 发动机点火系统结构图。

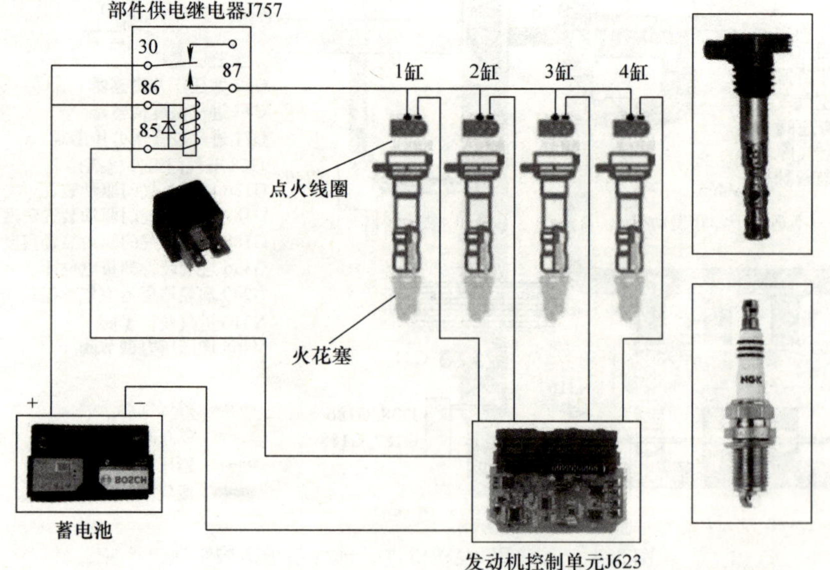

图 3-6　迈腾 B8 发动机点火系统结构图

（3）燃油系统

迈腾 B8 发动机燃油系统由高压和低压两部分组成，如果任意一部分压力不正常，都将导致发动机混合气异常，致使发动机怠速抖动、加速无力。所以需要对燃油压力进行检测并确认，如图 3-7 所示为迈腾 B8 发动机燃油系统结构图。

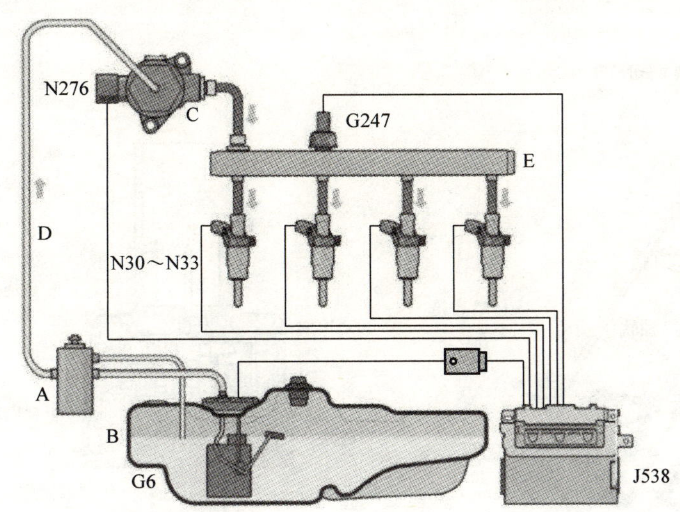

图 3-7　迈腾 B8 发动机燃油系统结构图

故障将造成燃油系统压力不正常。

1）低压部分。

① 燃油泵。如果燃油泵驱动电压出现故障，将导致油压过低或过高，造成发动机怠速抖动甚至加速不良。而造成燃油泵工作不正常的原因有：

a. 燃油泵或其电路故障。

b. 燃油泵控制单元或其电源电路故障。

② 燃油滤清器。燃油滤清器是串联在燃油泵和高压油泵进油口之间的管路上。如果滤清器堵塞，会造成低压燃油系统压力下降，或者滤清器的限压阀出现故障将导致低压系统油压过高或过低，从而影响发动机喷油量的精准度。

2）高压部分。

① 高压油泵。如果高压油泵柱塞磨损，密封不严，将会降低泵油量和压力，从而影响发动机控制喷油量的精准度，如图 3-8 所示。

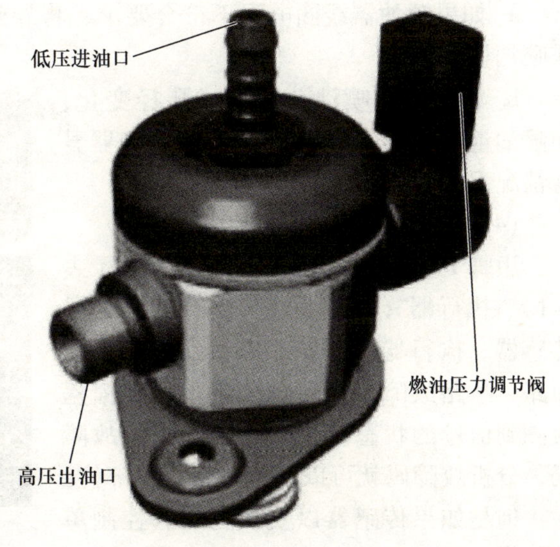

图 3-8　高压燃油泵

② 高压油泵的驱动。如果高压油泵凸轮、顶杆磨损，造成驱动行程减小，降低

泵油量和压力，从而影响发动机控制喷油量的精准度，如图 3-9 所示。

③ 燃油压力传感器。如果燃油压力传感器自身故障，将造成对高压系统的燃油压力检测错误，因而发动机控制单元会发出一个错误的电压信号，导致发动机控制单元基于油压的喷油量调节失准，造成发动机怠速抖动或加速不良，如图 3-10 所示。

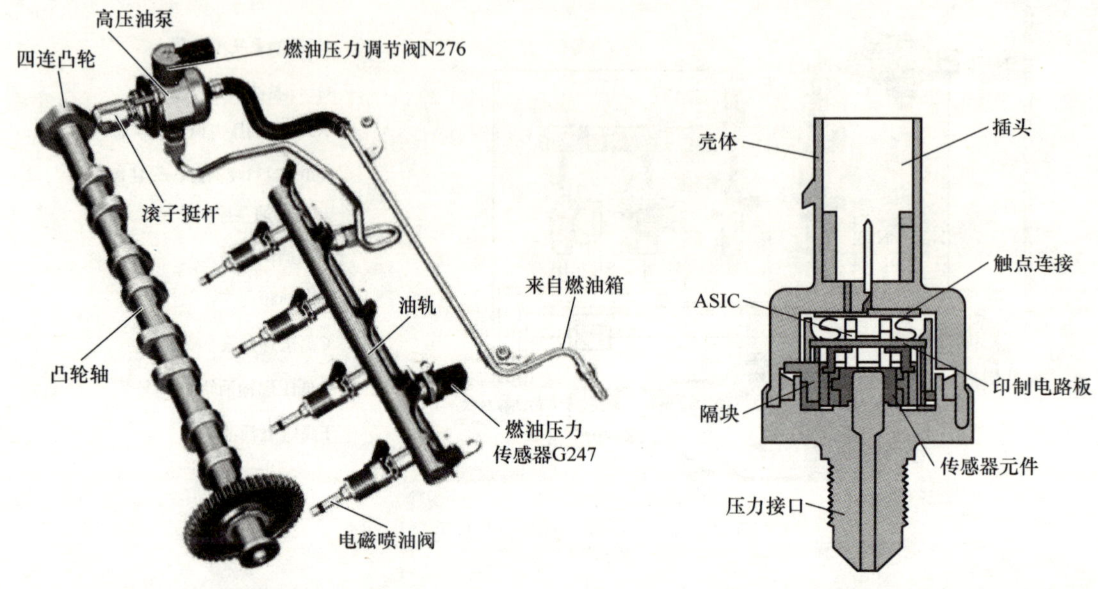

图 3-9　高压燃油泵及驱动结构

图 3-10　燃油压力传感器结构图

④ 喷油器。多孔喷油器带有六个喷口，这比针阀式喷油器能提供更好的混合气。此喷油器为低阻型（2Ω 左右）喷油器，驱动电流大，电压高。一般喷油器会出现故障，从而引起发动机怠速抖动和加速不良：

a. 如果喷油器线圈电阻不符合要求，将导致喷油器开启的速度以及时间发生改变，造成喷油量失准。

b. 积炭造成喷油孔堵塞或孔径变化，使喷油量失准。如图 3-11 所示为喷油器异常情况。

图 3-11　喷油器异常情况

(4) 电气系统

迈腾 B8 发动机监控所有传感器（表 3-1）、执行器（表 3-2）工作状态，如果传感器、执行器的电源、搭铁、信号出现短路、断路故障，发动机控制单元会根据检测到信号的状态产生一个相对应的故障码，分析故障码就可以基本确定故障部位。

但是如果传感器以及执行器、控制单元的供电电源、搭铁、信号出现虚接现象，将导致：

1）传感器输出错误信号。

2）执行器功率降低。

3）控制单元电源功率降低。

故障将造成发动机工作状态异常。而这些故障发动机控制单元可能检测和判断不出来，不会产生故障码。所以在没有故障码的情况下，就要结合故障现象，对传感器、执行器的供电电源、搭铁、信号进行仔细检查和测量。

表 3-1　主要传感器

名称	测量部位	测量方式
增压压力传感器 G31	供电线路 搭铁线路 信号线路	波形/电压/通断
进气压力传感器 G71		
节气门位置传感器 G187		
节气门位置传感器 G188		
加速踏板位置传感器 G79		
加速踏板位置传感器 G185		
燃油压力传感器 G247		

表 3-2　主要执行器

名称	测量部位	测量方式
喷油器 1、2、3、4 缸	供电线路 搭铁线路 信号线路	波形/电压/通断
点火线圈 1、2、3、4 缸		
节气门驱动电动机 G186		
燃油压力调节阀 N276		
1 缸排气凸轮调节器 A－N580		
1 缸排气凸轮调节器 B－N581		
2 缸排气凸轮调节器 A－N588		
2 缸排气凸轮调节器 B－N589		
3 缸排气凸轮调节器 A－N596		
3 缸排气凸轮调节器 B－N597		
4 缸排气凸轮调节器 A－N604		
4 缸排气凸轮调节器 B－605		

诊断流程

面对发动机运行过程中所发生的各种故障，诊断及处理失误将给企业和个人造成相当大的损失。正确的诊断及处理，不可能来自于盲目的主观臆断，而应该建立在获取与故障有关信息的基础上，依据迈腾 B8 电控系统的结构及工作原理，运用科学的分析方法，按照合理的步骤进行综合分析，去伪存真，舍次取主，排除故障受害者，找出故障肇事者，这才是提高故障诊断准确性的关键所在。为了便于分析，不至于被众多杂乱无章的信息扰乱思路，需要结合电路原理图，遵从表 3-3 所示流程进行诊断维修。

表 3-3　迈腾 B8 运行异常诊断流程

流程	操作	结果		备注
1	确认蓄电池电压是否符合要求	正常转 2	不正常给蓄电池充电或更换蓄电池	确保蓄电池正负极接头连接牢靠，不脏污
2	打开点火开关，检查仪表显示是否正常点亮，发动机控制单元 EPC 灯是否点亮，发动机故障灯是否没有点亮	正常转 3	如果仪表显示不正常，结合电路图、维修手册检修仪表显示异常的故障；EPC 灯、故障灯异常转 3	先排除仪表显示异常故障，再排除 EPC 灯异常故障
3	连接故障诊断仪，读取故障码	有故障码转 4	无故障码转 6	
4	清除故障码，起动发动机，运行 1～2min，在此期间踩踏加速踏板 2～3 次，发动机转速至 2500r/min 左右，最后关闭发动机，再次起动，观察仪表上 EPC 灯、发动机故障灯是否异常，再次读取故障码	有故障码转 5	无故障码转 6	
5	根据故障码的内容进行诊断、维修	检修后转 7		
6	检查发动机进气系统	正常转 7	根据故障现象和尾气分析结果判定故障所在，然后对相关系统依次进行检测和维修后转 7	包括进气歧管真空度和排气管背压的检测
	检查发动机点火系统			包括点火能量和点火正时的检测
	检查发动机燃油系统			检测燃油压力和喷油是否符合要求
	电气系统检测			电源、搭铁、信号以及线路波形、电压、通断测量
	机械系统检测			包括气缸压力的检测
7	故障检验	正常转 8	不正常转 2	
8	维修完成			

实施维修

（1）根据故障码提示进行维修

利用解码器读取故障码，按照本资源库中提供的针对每个故障码制定的诊断流程进行故障诊断。

（2）电路检测

根据系统的结构原理，对节气门位置传感器、进气（增压）压力传感器、加速踏板位置传感器、燃油压力传感器、燃油泵控制、燃油压力调节阀、点火线圈、喷油器、节气门电动机等电路进行检测。检测方法参照本资源库的相关内容。

（3）部件检测

根据系统的结构原理，对节气门位置传感器、进气（增压）压力传感器、加速踏板位置传感器、燃油压力传感器、燃油泵控制、燃油压力调节阀、点火线圈、喷油器、节气门电动机等元器件进行检测。检测方法参照本资源库的相关内容。

总结拓展

技术报告：参照高职大赛工作页完成诊断报告，教师应根据需要设置好故障点，也可根据本课件中提供的实际案例制定标准答案。

拓展实训：教师可以在车辆上给学生设置类似的其他故障，让学生独立完成，以考核学生的掌握水平。

3.1 迈腾 B8 发动机运行控制原理

迈腾 B8 配备 TSI 发动机，发动机控制系统根据各传感器信号控制燃油、进气和点火等系统，如图 3-12 所示。

该发动机的最大特点是共轨高压喷射系统采用单活塞高压泵，负责提供精确的燃料，形成 30 ~ 100bar（1bar = 100kPa）之间的燃油压力，汽油被直接喷入燃烧室。同时，燃烧室的几何设计以及精确到毫秒级的汽油喷入量的计算功能，都可以大大提高其压缩比，这也是高效新款发动机的必要先决条件。

在进气道方面，发动机采用可变进气歧管，由电子系统控制所需的空气流量，同时发动机配备进、排气凸轮轴连续可调装置，实现了无节流变质调节，提高了充气效率，从而获得更高的升功率，而发动机的动态响应也变得更为直接。

1. FSI 燃油系统

迈腾 B8 发动机燃油系统是由低压和高压两部分组成的。

（1）低压系统

如图 3-13 所示，低压系统主要由燃油箱、J538 燃油泵控制单元、电动燃油泵总成、滤清器和各种油管构成。J538 燃油泵控制单元根据来自门锁开关、点火开关和发动机控制单元的指令，控制电动燃油泵的运行，控制电动燃油泵给高压泵供应压力约为 0.5 ~ 6.5bar 的燃油。在冷、热起动时低压燃油系统的油压可以达到 6.5bar。

1）油泵控制单元 J538（图 3-14）。油泵控制单元 J538 安装在电动燃油泵上面，通过脉宽调制信号（PWM，pulse - width modulated）来控制电动燃油泵的运行，使低压燃油系统的油压达到 0.5 ~ 6.5bar。在冷、热起动时低压燃油系统的压力可以达到 6.5bar。如果 J538 失效则发动机不能起动或起动后熄火。

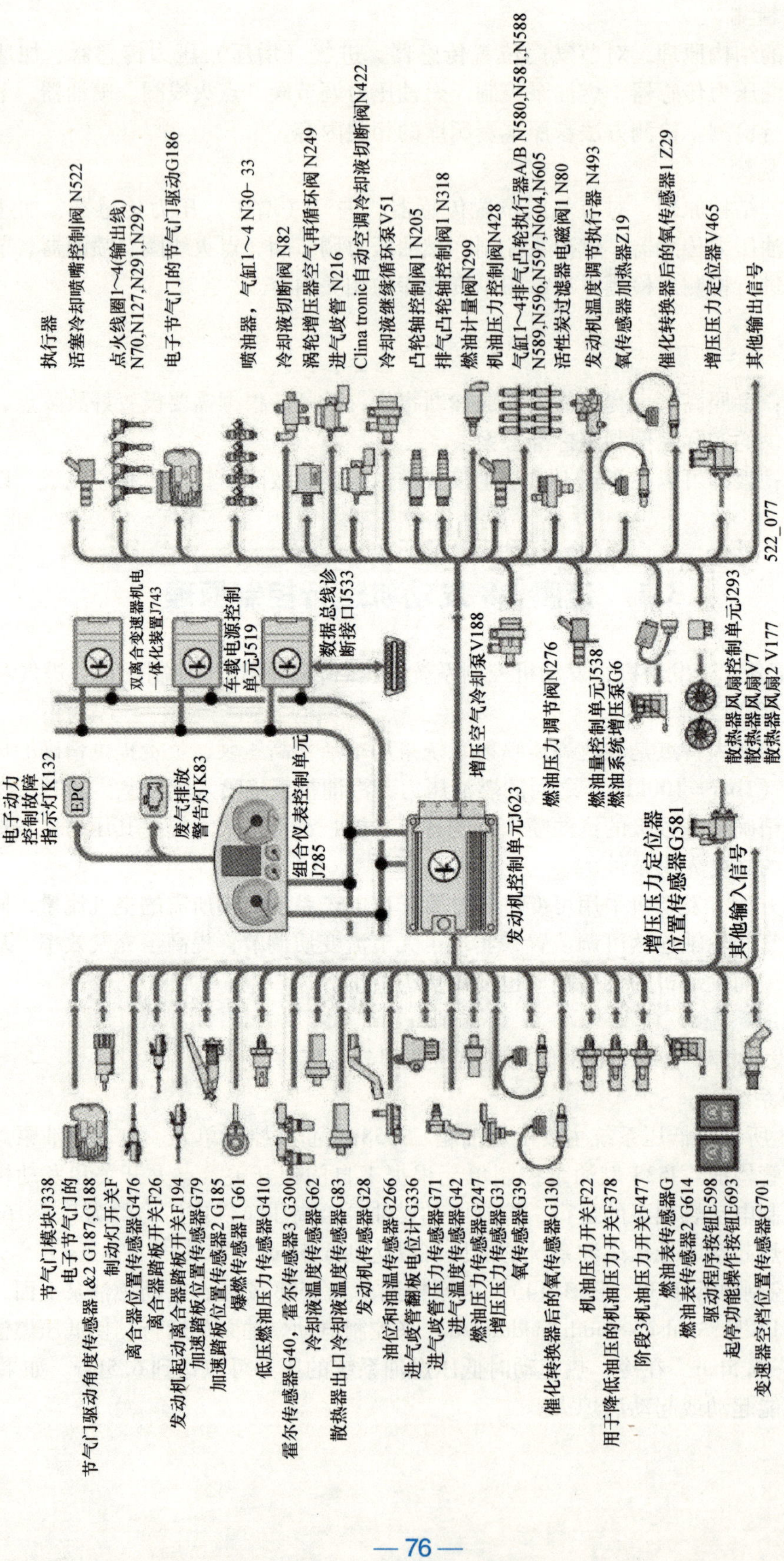

图 3-12　迈腾 B8 发动机运行原理图

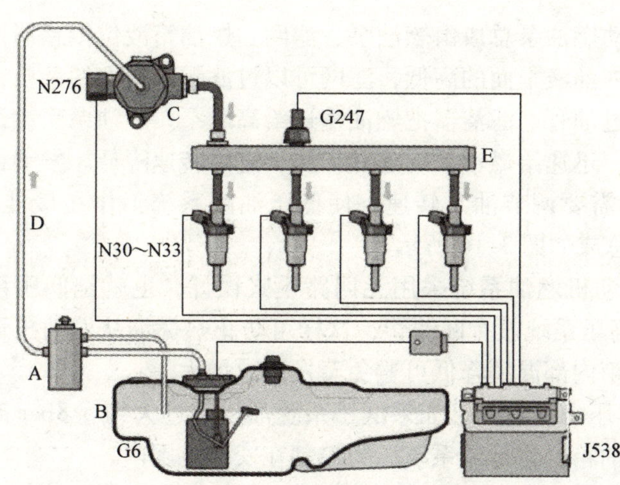

图 3-13　迈腾 B8 燃油系统结构图

当打开点火开关时，J271 主继电器工作，通过熔丝 SB10 给燃油泵控制单元提供点火开关电源信号，使燃油泵控制单元 J538 进入工作状态，当燃油泵控制单元 J538 接收到发动机控制单元的通信信号时，就向油泵发出控制电压，控制油泵运转，根据转速和负荷的大小，油泵的转速会进行适当的调整。

2）燃油箱。燃油箱安装在车辆后部下方，除了储油外，还起着散热、分离油液中的气泡、沉淀燃油箱杂质等作用，如图 3-15 所示。

图 3-14　迈腾 B8 油泵控制单元 J538

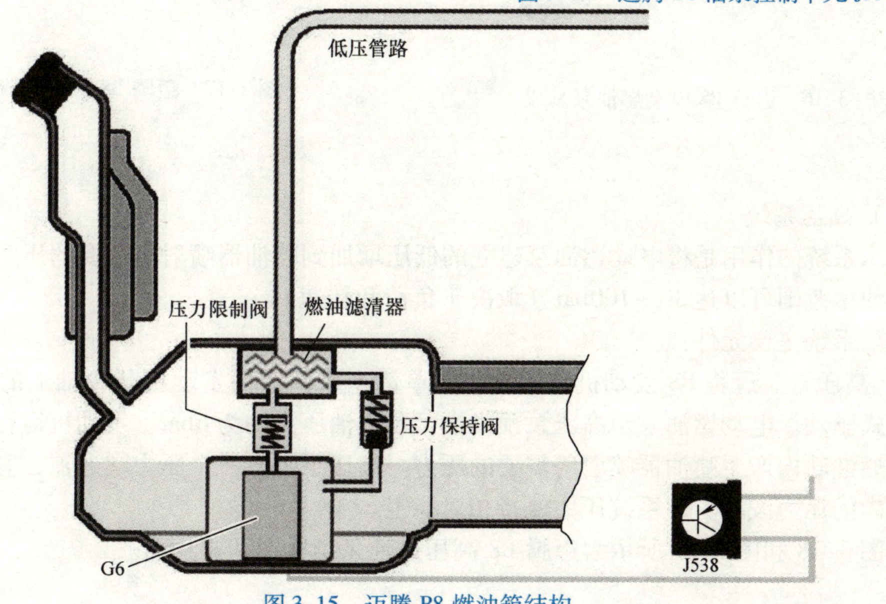

图 3-15　迈腾 B8 燃油箱结构

3）电动燃油泵总成G6。电动燃油泵总成由燃油泵、滤网、燃油箱液位传感器构成，燃油箱液位传感器可以监测燃油箱内油液平面的高低，滤网可以过滤颗粒较大的杂质，燃油泵的主要作用就是给燃油增压，通过油管、滤清器把燃油输送给高压泵。燃油泵受燃油泵控制单元控制，初期以最高转速运转，迅速给燃油系统建立初压，之后转速降低。发动机控制单元在运行过程中根据转矩和负荷需要调节油泵转速，使低压油路系统工作在最佳（0.5～6.5bar）的状态下，电动燃油泵总成如图3-16所示。

4）燃油滤清器。迈腾B8发动机燃油系统采用无回路模式设计，也就是低压系统有回油管（安装在燃油滤清器上），高压系统没有回油管，这样可防止热燃油从发动机返回至油箱，以降低油箱的内部温度，油箱内部温度降低可避免蒸发排放增大。

燃油滤清器（图3-17）带有压力限制阀，如果低压系统油压超过大约6.8bar时，压力限制阀打开，使多余的燃油回到油箱，将低压系统压力控制在安全范围内。

图3-16　迈腾B8电动燃油泵总成

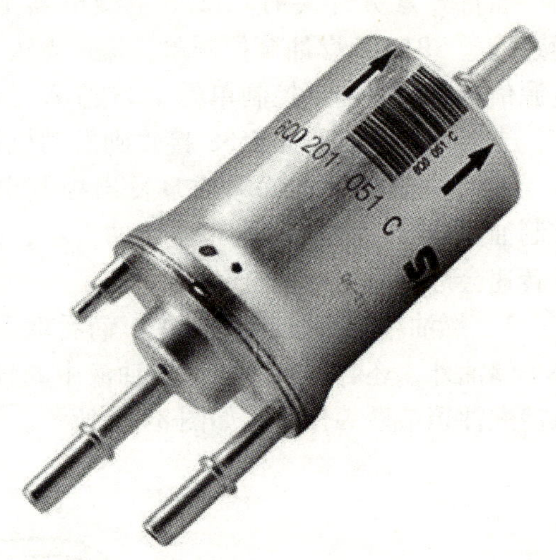

图3-17　迈腾B8燃油滤清器

（2）高压系统

高压系统的作用是将电动燃油泵建立的低压增加到喷油器喷射所需要的压力，高压燃油系统的油压范围可以达30～100bar（取决于负荷和转速）。

高压系统主要元件：

1）高压泵。迈腾B8发动机高压泵采用单活塞泵，它由发动机凸轮轴上的方形凸轮以机械方式驱动。电动燃油泵给高压泵预供油，预供油压力约为6bar。发动机运行过程中，高压泵在燃油轨内产生喷油器喷射所需要的压力。高压泵上有一个压力缓冲器，它可以吸收高压系统内的压力波动，使系统压力保持相对稳定。

如图3-18和图3-19所示为迈腾B8高压燃油泵结构图和驱动图。

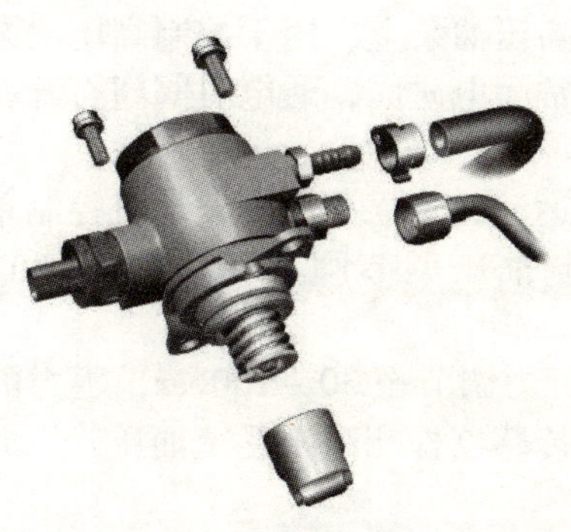

图 3-18　迈腾 B8 高压燃油泵结构图

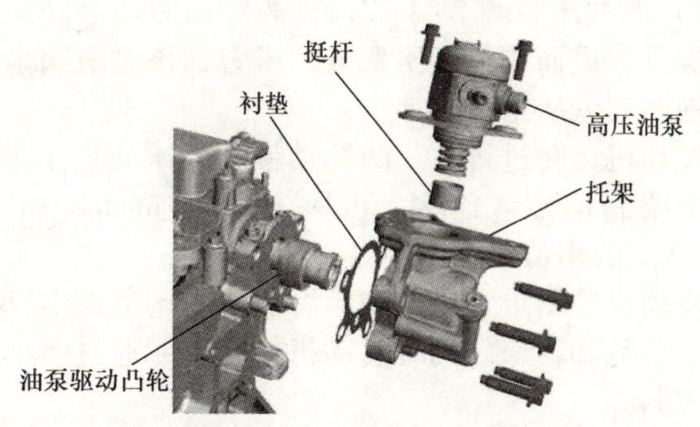

图 3-19　迈腾 B8 高压燃油泵驱动图

高压油泵的工作过程可以分为吸油、回油、泵油三个行程，如图 3-20 所示，在发动机运行过程中，三个行程循环往复，持续将低压燃油系统的燃油输送给高压燃油系统。在高压泵上还安装有燃油压力调节阀 N276，用于控制高压油泵的流量，进而精确控制高压系统的燃油压力。

吸油行程	高压泵活塞在回位弹簧弹力的作用下下行，在柱塞上方形成真空，同时进油阀 N276 通电打开，低压系统的燃油被吸进活塞上方空间	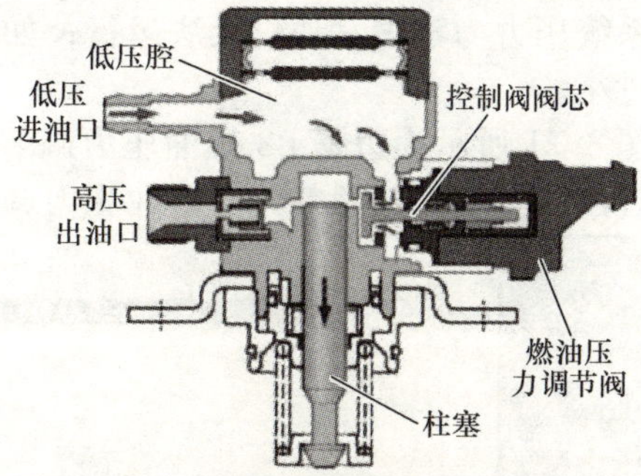 低压腔 低压进油口 控制阀阀芯 高压出油口 燃油压力调节阀 柱塞
回油行程	高压泵活塞上行，活塞上方压力增大。在泵活塞上行初期，N276 仍打开，多余的燃油被挤压回低压端，系统以此行程内 N276 的通电时间来精确控制系统压力	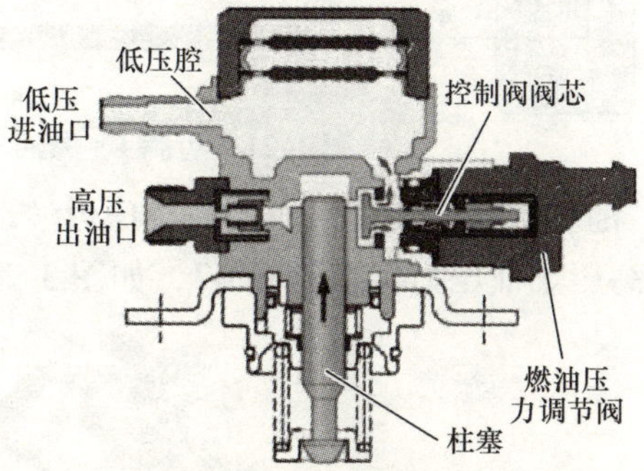 低压腔 低压进油口 控制阀阀芯 高压出油口 燃油压力调节阀 柱塞
泵油行程	高压泵活塞上行的中后期，N276 断电，进油阀关闭，活塞上方压力持续增大。当泵腔内压力大于油轨压力时即维持泵油	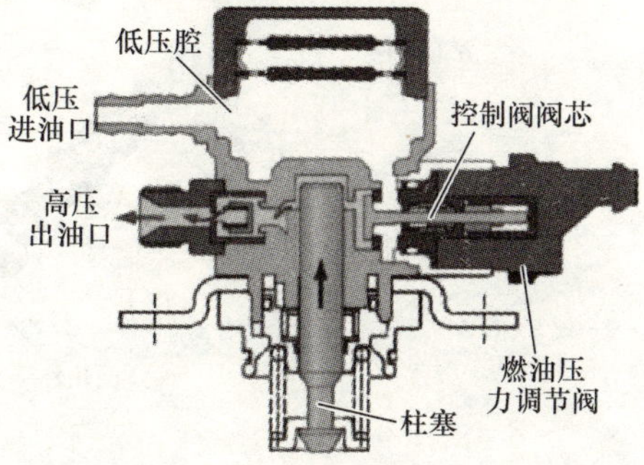 低压腔 低压进油口 控制阀阀芯 高压出油口 燃油压力调节阀 柱塞

图 3-20　迈腾 B8 高压油泵工作过程

2）燃油压力调节阀 N276。燃油压力调节阀安装在高压油泵上，用于控制高压油泵内的燃油流量，进而调节高压系统的压力，该电磁阀是一个常闭电磁阀，通电时阀门打开，使部分燃油回到低压系统。

发动机运转过程中，凸轮轴带动高压油泵柱塞往复运动，建立高压。发动机控制单元通过脉宽调制信号（PWM，pulse - width modulated）控制油压调节阀 N276 的打开和关闭，N276 线圈的阻值为 10Ω。

发动机控制单元通过调节燃油压力调节阀 N276 将压力调节至 30 ~ 100bar，压力的大小取决于负荷和转速。同时发动机控制单元通过燃油压力传感器检测高压系统油压，以此形成闭环控制。

燃油压力调节阀 N276 主要功能有几点：

a）为燃油系统提供高压。

b）按需求控制进入油轨的油量。

c）控制高压端的压力。

如果燃油压力调节阀 N276 出现故障，将影响系统的运行，如果该电磁阀持续打开，将造成燃油系统压力过低（相当于低压燃油系统压力）；如果该电磁阀持续关闭，则将造成高压燃油系统压力为零，发动机无法运行；如果因为控制信号故障，将可能导致高压系统压力过大或过小。

如图 3-21 所示为迈腾 B8 燃油压力调节阀 N276 与发动机控制单元之间的连接电路，从中可以看出，发动机控制单元对燃油压力调节阀采用双源控制。

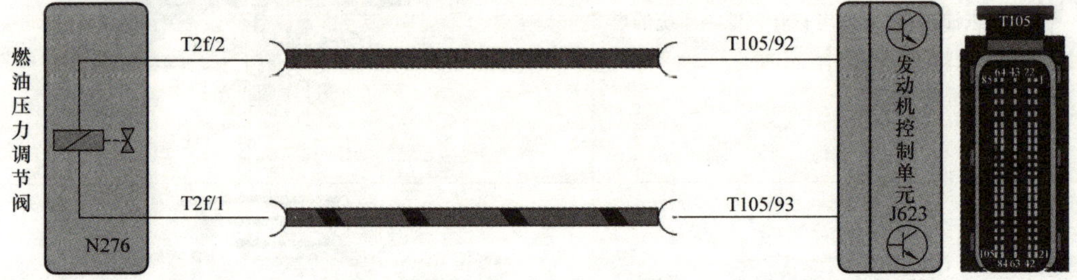

图 3-21　迈腾 B8 燃油压力调节阀 N276 电路原理图

3）油轨。油轨负责保压，减小压力波动，并分配燃油到每个高压喷油器上，同时上边安装有高压燃油压力传感器 G247，如图 3-22 所示。

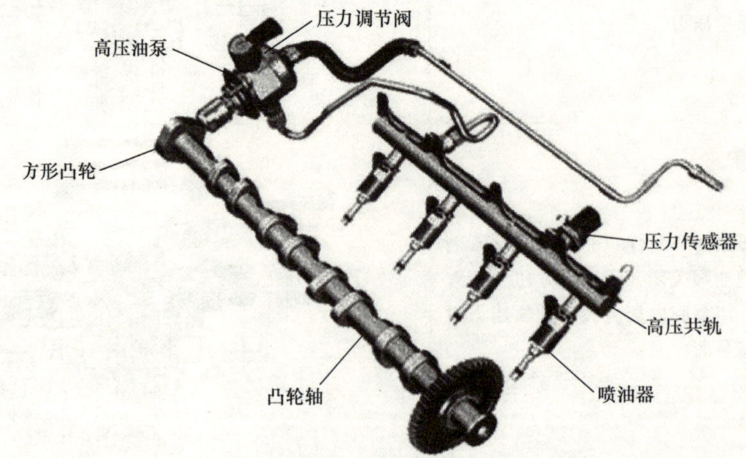

图 3-22　迈腾 B8 燃油系统结构原理示意图

4）压力限制阀。压力限制阀集成在高压泵内，或者安装在油轨上，它在约 140bar 时打开，使高压燃油泻到泵腔，再回到低压管路。过高的压力一般发生在超速阶段或高温状态，如图 3-23 所示。

5）高压燃油压力传感器 G247。高压燃油压力传感器 G247 安装在油轨上，用于监测高压燃油系统的压力，并把压力信号转变成电压信号输送给发动机控制单元，作为控制燃油压力调节阀的重要参考信号，如图 3-24 所示为迈腾 B8 高压燃油压力传感器结构图。

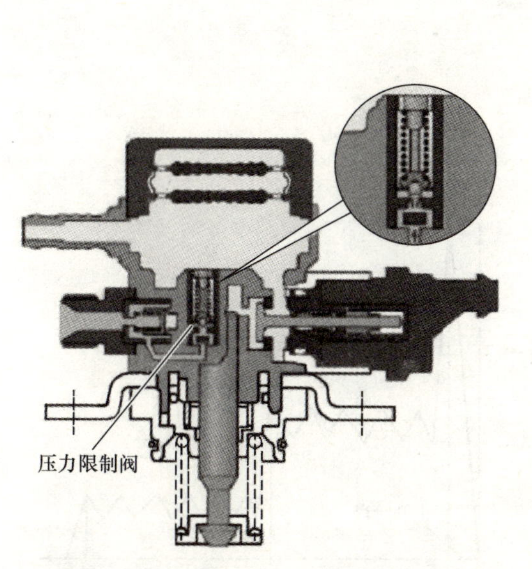

图 3-23　迈腾 B8 压力限制阀结构图

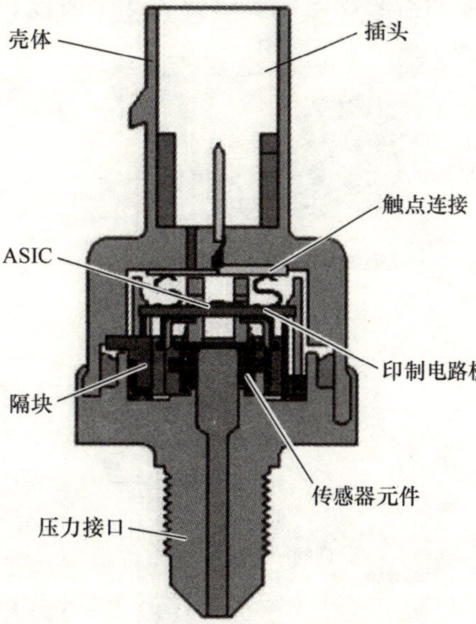

图 3-24　迈腾 B8 高压燃油压力传感器结构图

高压燃油压力传感器的核心是一个钢膜，在钢膜上有应变电阻，要测的压力经压力接口作用到钢膜的一侧，使钢膜弯曲，引起应变电阻的阻值发生变化。电路将电阻转变成电压，处理放大后传递给发动机控制单元。

如图 3-25 所示为迈腾 B8 高压燃油压力传感器与发动机控制单元之间的连接电路，发动机控制单元给传感器提供 5V 参考电压和搭铁信号，传感器向发动机控制单元提供随压力变化而变化的电压信号。

图 3-25　迈腾 B8 高压燃油压力传感器工作电路图

6）高压喷油器 N30 ~ N33。迈腾 B8 喷油器采用的是双源控制，即发动机通过一个端子给喷油器提供高压信号，通过另外一个端子给喷油器提供搭铁控制信号，两个信号同时作用决定了喷油器的喷油时刻和喷油量。发动机控制单元中的专用升压电容器会产生 50～90V 的控制电压，使开始接通喷油器电磁线圈的电流增大，针阀快速升起达到最大升程；而要使针阀保持最大开度，则需要较小的电流，维持小电流有两种方法，一种是减小工作电压，一种是靠占空比信号实施控制，迈腾 B8 发动机采用的是后者。在阀针最大升程保持期间就可得到燃油喷射量随喷射时间的线性变化曲线，控制单元加给喷油器的驱动电压约 65V，瞬时电流可达 12A，平均电流 2. 6A，如图 3-26 所示。

喷油器驱动电流要求分为 3 个阶段，如图 3-27 所示。

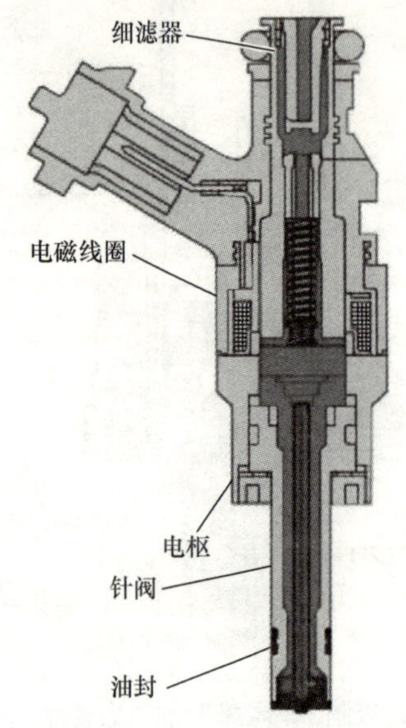

图 3-26　迈腾 B8 高压喷油器结构控制

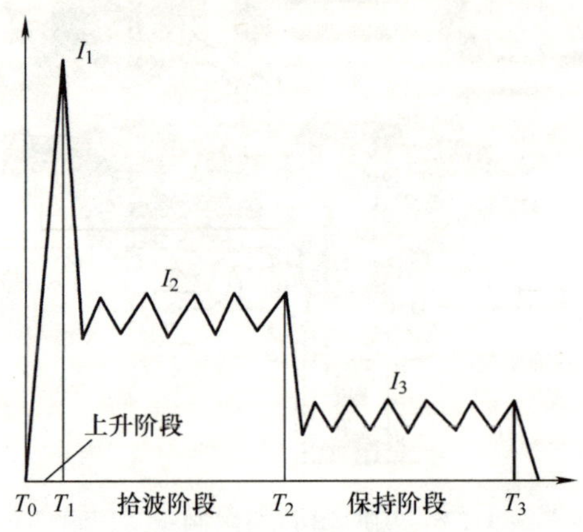

图 3-27　喷油器驱动控制波形

① 上升阶段（T_0-T_1）：在上升阶段，需要一个高电压直接作用在喷油器电磁线圈上，加快驱动电流速度，缩短喷油器开启时间。

② 拾波阶段（T_1-T_2）：在拾波阶段，仍需提供较大的保持电流，以防止电流突变导致喷油器针阀意外关闭。

③ 保持阶段（T_2-T_3）：在保持阶段，驱动电流下降到一个较小的值，保证喷油器处于打开状态且功耗降低。

发动机控制单元内部有 DC/DC 变压器模块，将 12V 转换成 90V，通过 90V 电压来驱动喷油器，开启时，电容将通过喷油器放电，来使喷油器开启；之后，喷油器将利用系统的电压（12V）来维持开启的状态，同时电容将再次充电来供下一次喷油器开启使用。

如图 3-28 所示为喷油器驱动电路，喷油器驱动电路由升压电路、高端自举驱动电路、电流分段控制电路等组成。

发动机喷油时，控制单元产生选缸信号和高压触发信号，其中选缸信号通过低端驱动电路控制相对应的气缸 MOSFET 导通，其脉宽决定了喷油时间；高压触发信号通过高端自举驱动电路控制 MOSFET1 导通，其脉宽决定高电压通电时长。此时，通过升压电路得到 VH 对喷油器供电，形成较大的电流，使喷油器快速开启。

高压触发信号结束时，其下降沿触发单稳态触发器，产生一个低电平信号，控制基准电

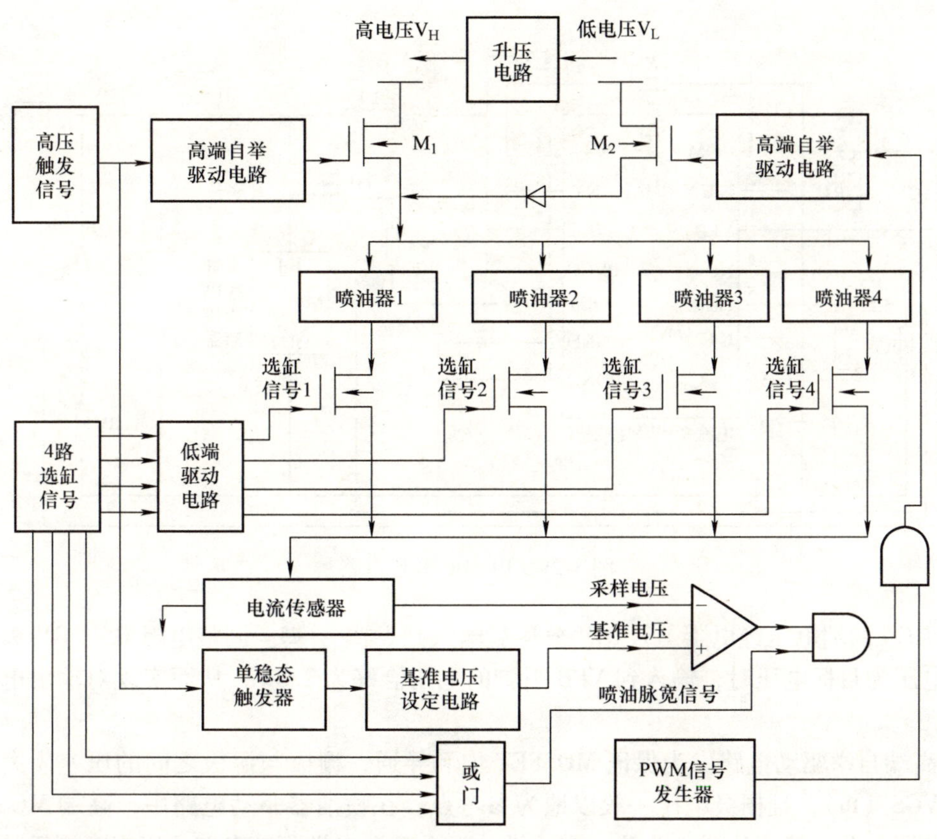

图3-28 喷油器驱动电路

压设定电路产生一个高基准电压，当采样电压低于基准电压时，比较器输出高电平，通过与门逻辑电路输出高电平信号，起动高端MOSFET管M2工作，低电压VL开始供电，电流增加。当采样电压高于基准电压时，比较器输出低电平，M2截止，低电压VL停止供电，电流减小，如此循环，使第一段保持电流稳定在高基准电压确定的范围内。

单稳态触发器产生的低电平信号结束后，基准电压设定电路产生低基准电压，使第二段保持电流始终稳定在由低基准电压确定的范围内，直至喷油结束。

① DC/DC升压电路。DC/DC升压电路采用BOOST变换方式。升压电路由电流型PWM控制器、多量程电流传感器、MOSFET管Q1、储能电感L1、二极管D1、储能电容C4和电压反馈电阻R5、RV等组成，如图3-29所示。

BOOST升压原理是：当MOSFET管Q1导通时，二极管D1反向截止，电感线圈L1与供电电源形成闭合回路，能量以磁能形式储存在L1中；当MOSFET管Q1截止时，由于流过L1的电流不能发生突变，所以L1两端会产生一个与供电电源同向的感应电动势。在它们的共同作用下，二极管D1导通，以高于电源的电压向储能电容C4充电。如果MOSFET反复导通和截止，就可以在储能电容C4两端得到高于电源电压的电压输出。

PWM控制器通过PWM的方式控制BOOST电路的工作，其工作原理为：当电压反馈引脚VFB输入电压高于2.5V时，输出引脚OUT为低电平，BOOST电路停止工作；当电压反馈引脚VFB输入电压低于2.5V时，引脚OUT输出PWM信号，BOOST电路开始工作。

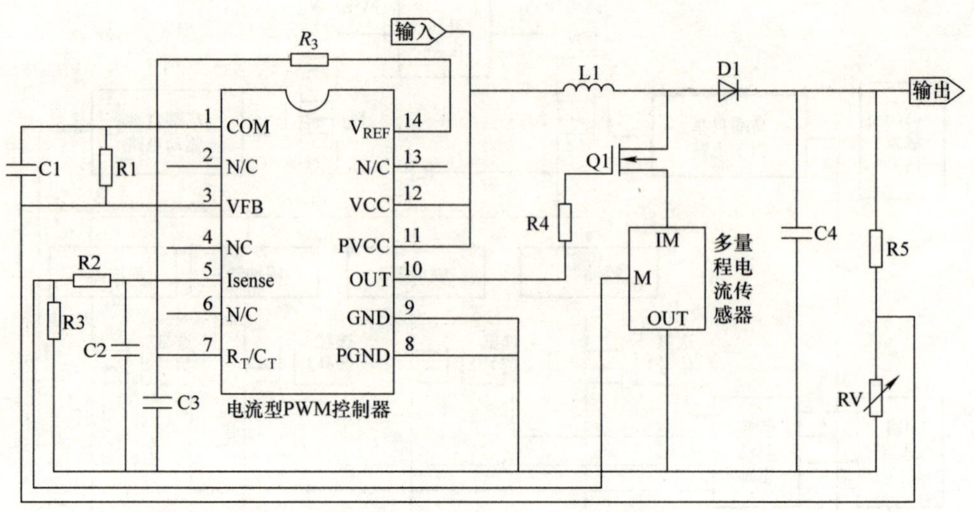

图 3-29　DC/DC 升压电路

电容 C4 两端电压经电阻 R5、RV 分压后输入到 VFB 引脚。调整电阻 R5、RV 大小，使得输出电压为目标电压时，输入到 VFB 引脚的电压恰好为 2.5V，从而实现对输出电压大小的控制。

② 高端自举驱动电路。为保证 MOSFET 饱和导通，栅极与源极之间的压差应大于其开启电压 VGS（th），且栅极电压一般以地为参考点。在喷油器驱动电路中，高端 MOSFET 的栅极接电源，源极接喷油器。为此，需要设计一个高端自举驱动电路，以提高栅极的驱动电压，保证高端 MOSFET 的正常工作。

高端自举驱动电路主要包括：栅极驱动芯片、MOSFET、自举电容 C2、自举二极管 D2，如图 3-30 所示。

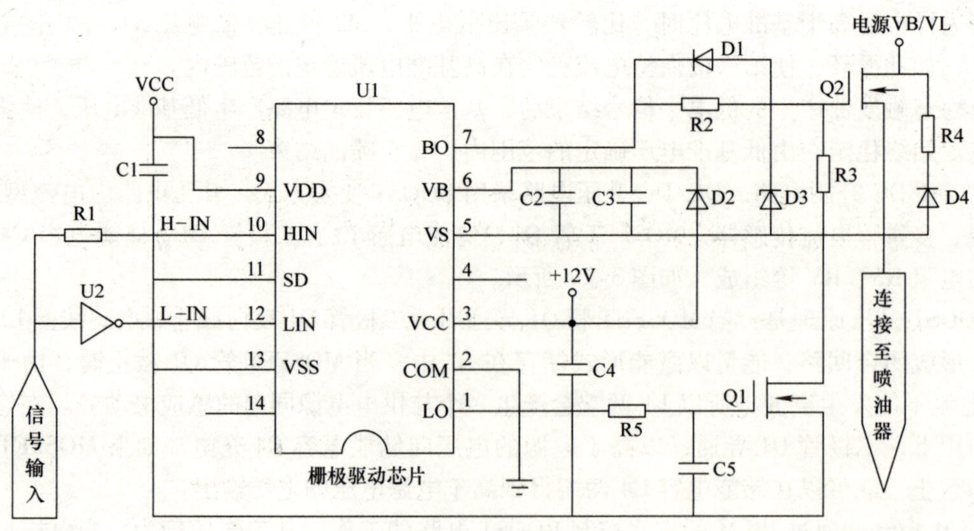

图 3-30　高端自举驱动电路

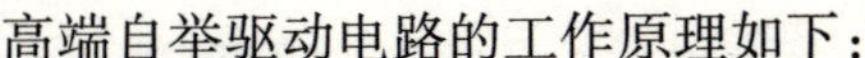

高端自举驱动电路的工作原理如下：

PWM 信号 H－IN 输入到栅极驱动芯片的高端信号输入引脚 HIN，其反相信号 L－IN 输入到低端信号输入引脚 LIN。当 HIN 引脚输入低电平、LIN 引脚输入高电平时，BO 输出为低电平，LO 输出为高电平，此时，MOSFET 管 Q1 导通，由＋12V、D2、C2、Q1、GND 构成的充电回路对自举电容 C2 充电；当 HIN 引脚输入高电平、LIN 引脚输入低电平时，C2 充电完毕，栅极驱动芯片的引脚 BO 与引脚 VB（C2 正极）导通。此时，Q2 栅源极电压高于其开启电压，高端 MOSFET 被打开，自举完成。此外，电阻 R5 和电容 C5 用于延时 LO 引脚信号输出，以防止高压端对搭铁短路。

③ 电流分段控制电路。电流分段控制电路由基准电压设定电路 A 和电流反馈控制电路 B 组成，其中，电流传感器反馈电压 Vf 与喷油器驱动电流大小成正比，拾波和保持阶段驱动电流的大小则通过输出信号 S－IN 控制喷油器低压电源的通断来实现，如图 3-31 所示。

工作原理是：当 Vref 大于 Vf 时，U1 输出高电平，与喷油脉宽信号和 PWM 信号相与后，S－IN 输出一个 PWM 信号，控制低压电源对喷油器供电，使电流不断上升，电流传感器反馈电压 Vf 也随着上升；当 Vf 大于 Vref 时，U1 输出低电平，与喷油脉宽信号和 PWM 信号相与后，S－IN 输出低电平，低压电源停止对喷油器供电，使电流下降，直到 Vf 小于 Vref。不断重复上述动作，实现电流的反馈控制。

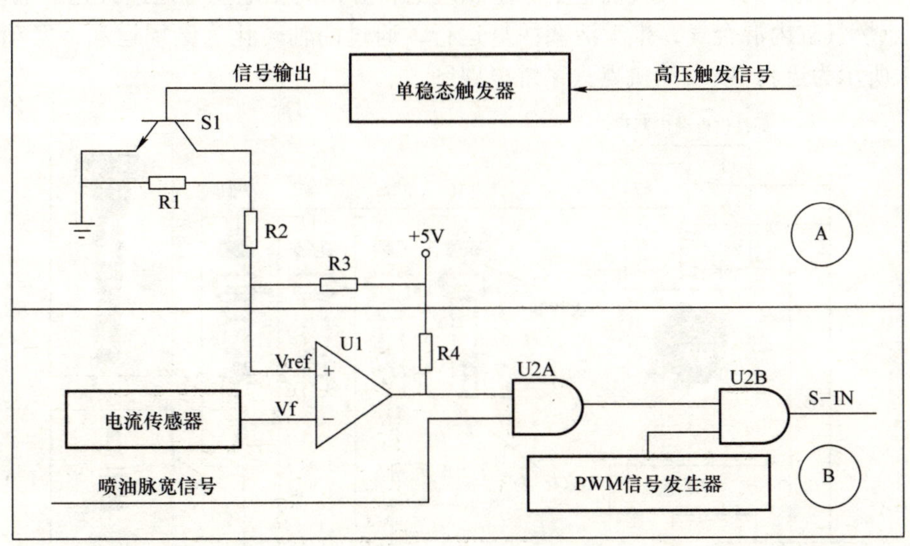

图 3-31 电流分段控制电路

通过电流反馈和基准电压的共同作用实现了电流的分段控制。

如图 3-32 所示，迈腾 B8 330 TSI 轿车采用的是缸内高压直喷控制系统，为了达到规定的、可再现的燃油喷射过程，必须对具有复杂流动过程的高压喷油器进行控制。为此，发动机电控单元的 CPU 输出一个数字信号，发动机控制单元内部专用的组件根据此信号产生一个 HDEV（高压喷油器）控制信号控制喷油器的工作。

2. 点火系统

迈腾 B8 发动机采用独立点火方式，即每个气缸都有一个单独的点火线圈，四个点火线圈共用正极电源和搭铁，发动机控制单元分别控制每个气缸点火线圈的工作，使各缸的性能

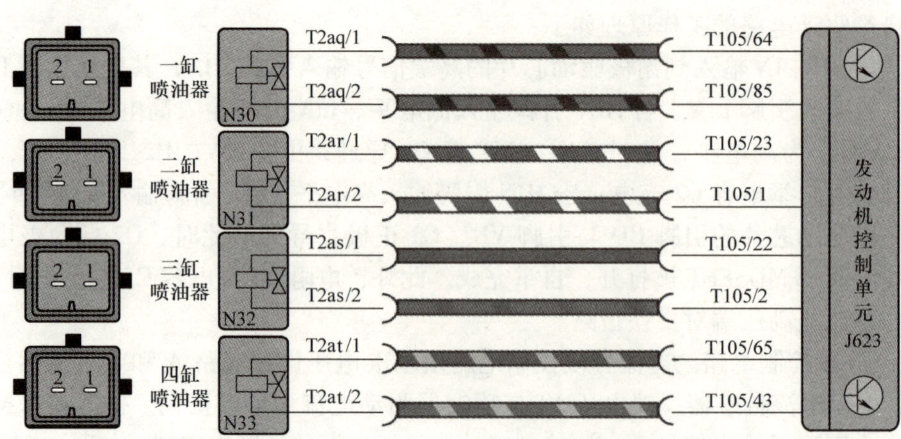

图 3-32　迈腾 B8 高压喷油器工作电路图

达到最佳，如图 3-33 所示为迈腾 B8 发动机点火系统控制原理图。

发动机根据输入的曲轴以及凸轮轴位置确定点火时间，并将此点火信号转化为占空比信号传输至独立点火线圈内的大功率管，大功率管断开初级绕组至发动机缸体上的搭铁线路，并在断开初级绕组瞬间，在次级绕组上产生感应电动势，高压电动势通过火花塞电极在气缸内放电，点燃气缸内混合气，推动活塞往复运行，通过曲轴转化为圆周运动，发动机运行，如图 3-34 所示为迈腾 B8 发动机点火系统电路图。

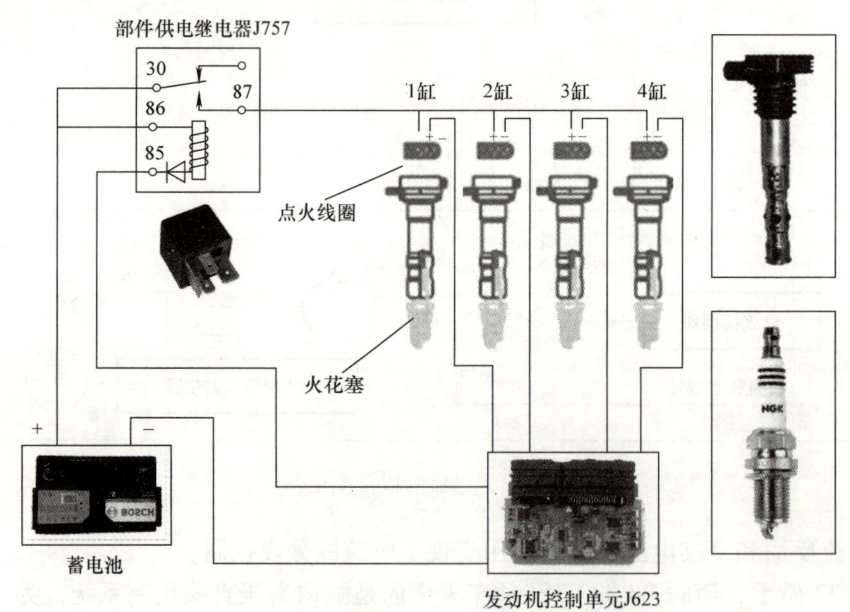

图 3-33　迈腾 B8 发动机点火系统控制原理图

3. 进、排气系统

发动机进气系统是把空气或混合气导入发动机气缸的零部件集合体，其作用是测量和控制进入发动机的空气质量。为提高发动机的进气量，迈腾 B8 发动机采用涡轮增压技术、进气通道面积可变技术、气门升程控制技术。为实现对进入气缸的空气进行精准测量，系统安

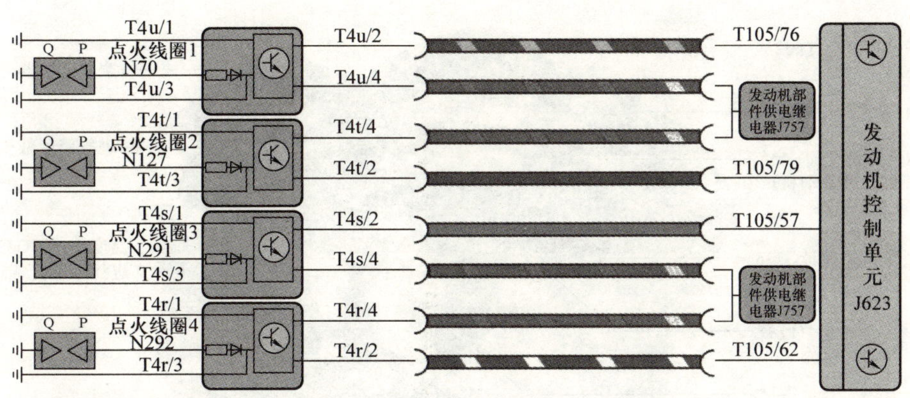

图3-34　迈腾B8发动机点火系统电路图

装了空气流量传感器、进气歧管压力传感器、节气门位置传感器、进气温度传感器；为监测涡轮增压器的增压效果，系统安装了增压压力传感器；为控制进入发动机内部的空气质量，系统安装了节气门、进气歧管翻板、废气旁通阀、涡轮增压器空气再循环阀。

汽车排气系统主要是排放发动机工作所排出的废气，同时使排出的废气污染减小，噪声减小。为减少废气污染，在排气管增加了三元催化转化器、氮氧催化转化器等催化转换装置；为了减少排放噪声，在排气管内安装了消声降噪装置，如图3-35所示。

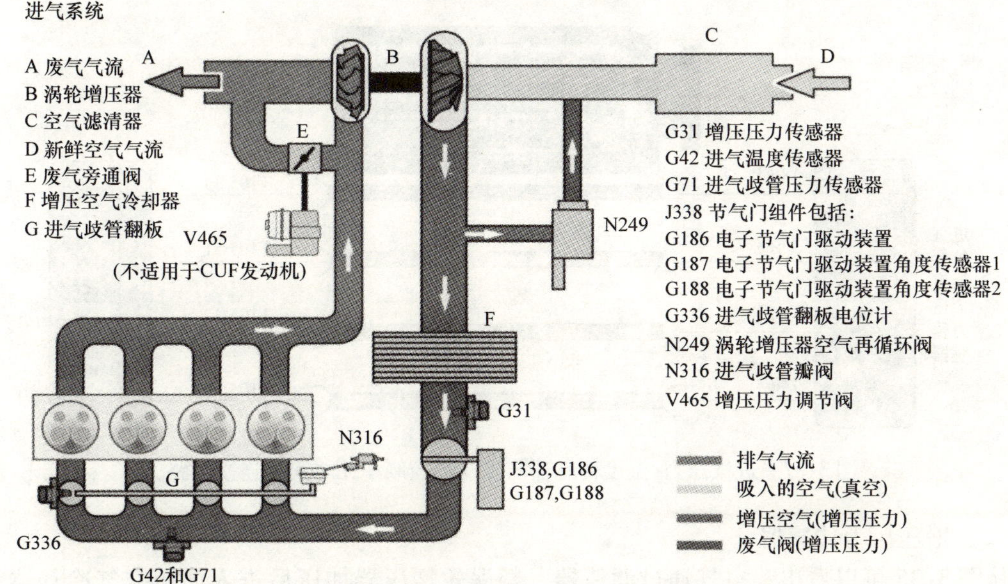

图3-35　迈腾B8进气系统结构图

（1）进气歧管/温度压力传感器

进气压力传感器的作用是检测节气门后方的进气歧管的绝对压力，并把压力信号转换成电压信号送至发动机控制单元J623，作为控制基本喷油量和点火正时的重要参考信号。进气压力传感器的安装位置如图3-36所示。

进气温度传感器的作用是检测进气温度，并把温度信号转变成电压信号送至发动机控制

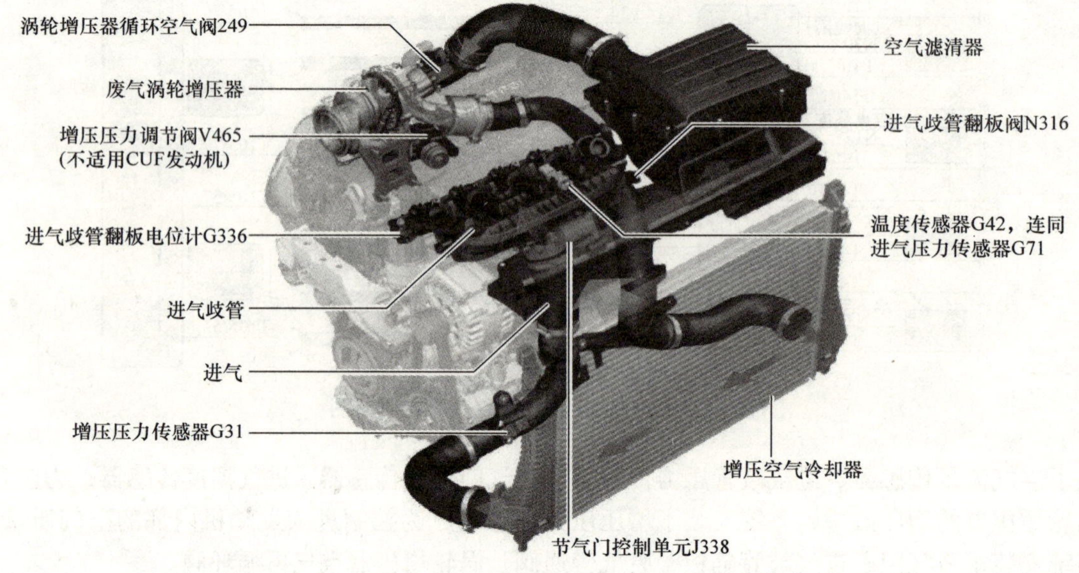

图 3-36　迈腾 B8 发动机进气压力/温度传感器安装位置

单元 J623，作为计算空气密度的依据，对喷油量进行修正。如图 3-37 所示为进气歧管温度/压力传感器与发动机控制单元之间的连接电路。

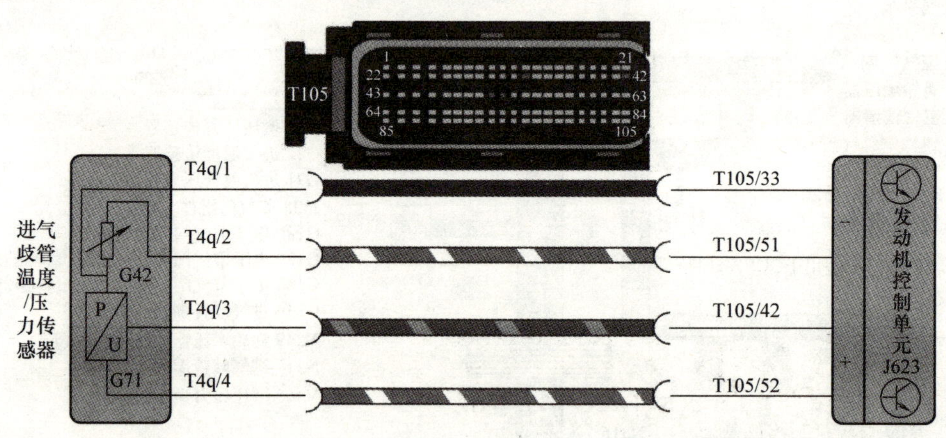

图 3-37　进气压力/温度传感器与发动机控制单元之间的连接电路

（2）增压压力传感器

从图 3-35 可以看出，空气通过滤清器、经涡轮增压器加压后进入增压空气冷却器和节气门前，增压压力传感器将增压后的空气压力转换为电信号传递给发动机控制单元，发动机控制单元根据当前工况，通过 PWM 信号调节涡轮增压器空气再循环阀的开度，使增压后的空气压力（流量）符合当前工况需求，调节和冷却后的空气通过节气门进入进气歧管。同时，增压压力传感器中的进气温度传感器可以检测进气温度，把温度信号转变成电信号以后提供给发动机控制单元，作为增压冷却效果的监测依据，如图 3-38 所示。

（3）加速踏板位置传感器

驾驶人操纵加速踏板，加速踏板位置传感器产生相应的电压信号输入发动机控制单元，

图 3-38 增压压力传感器与发动机控制单元之间的连接电路

控制单元根据当前的工作模式、踏板移动量和变化率解析驾驶人意图，计算出对发动机转矩的基本需求，得到相应的节气门转角的基本期望值。然后再经过 CAN 总线和整车控制单元进行通信，获取其他工况信息以及各种传感器信号，如发动机转速、档位、节气门位置、空调能耗等，由此计算出整车所需求的全部转矩，通过对节气门转角期望值进行补偿，得到节气门的最佳开度期望值，并把相应的电压信号发送到驱动电路模块，驱动控制电动机使节气门达到最佳的开度位置。节气门位置传感器则把节气门的开度信号反馈给节气门控制单元，形成闭环控制，如图 3-39 所示为迈腾 B8 发动机加速踏板位置传感器电路图。

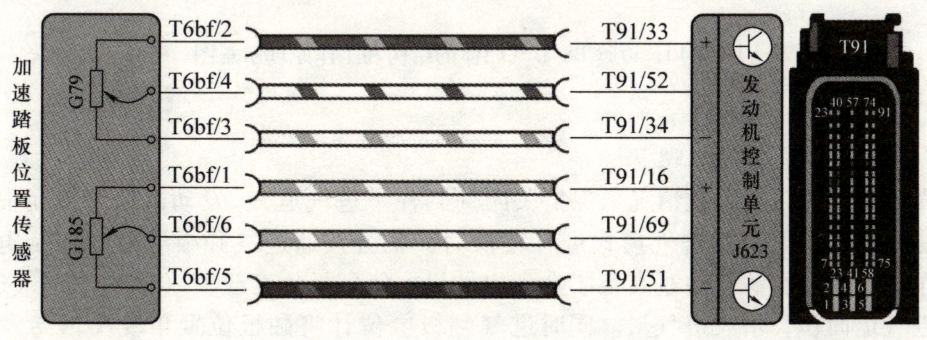

图 3-39 加速踏板位置传感器与发动机控制单元之间的连接电路

加速踏板位置传感器实际上是两个位置传感器同时工作，当其中一个传感器失效时，定速巡航等失效；如果有一个传感器信号在怠速位置一段时间，车辆还可以继续驾驶，但加速会很慢；如果两个传感器均失效，发动机会处于高怠速（1000r/min 左右）运行，此时踩加速踏板，发动机无反应。

（4）节气门体

迈腾 B8 发动机节气门体由两个位置传感器和一个直流电动机组成，直流电动机采用脉冲宽度调制（PWM）技术进行控制，如图 3-40 所示。控制单元通过调节脉宽调制信号的占空比来控制直流电动机转角的大小，电动机方向则是由和节气门相连的复位弹簧控制的。电动机输出转矩和脉宽调制信号的占空比成正比。当占空比一定，电动机输出转矩与回位弹簧阻力矩保持平衡时，节气门开度不变；当占空比增大时，电动机驱动力矩克服回位弹簧阻力矩，节气门开度增大；反之，当占空比减小时，电机输出转矩和节气门开度也随之减小。

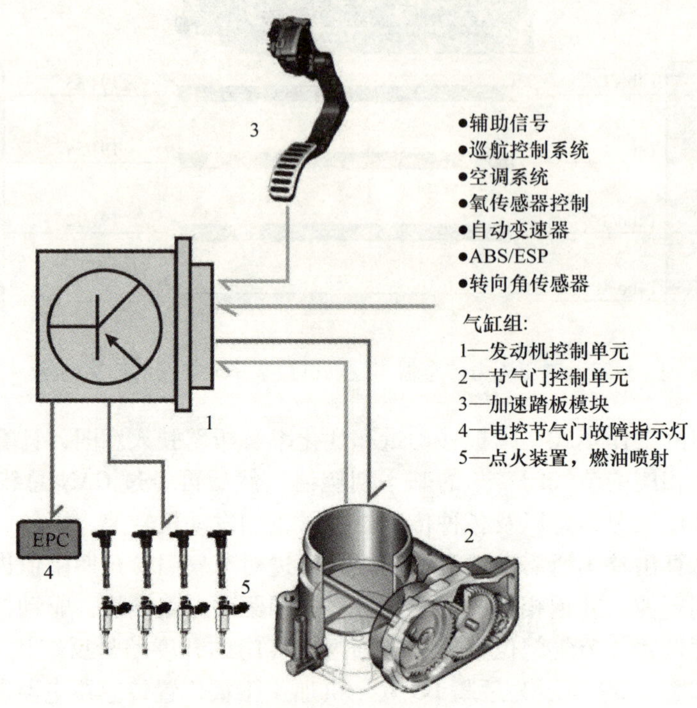

图 3-40　迈腾 B8 节气门体的结构和工作原理示意图

（5）进气歧管翻板控制阀

进气歧管翻板在大多数情况下保持关闭（封住下进气道）。发动机控制单元根据转矩和负荷变化，确定需要对进气模式进行转换时，就会接通进气翻板电磁阀控制电路，使阀门动作，接通真空源，通过真空膜盒和机械机构使翻板角度改变（接通下进气道），从而改变进气道面积，增大进气量。同时进气翻板电位计将翻板位置角度反馈给发动机控制单元，作为闭环控制的依据信号，如图 3-41 所示。进气翻板控制电磁阀与发动机控制单元之间的连接电路如图 3-42 所示。进气翻板电位计与发动机控制单元之间的连接电路如图 3-43 所示。

（6）涡轮增压器空气再循环阀

涡轮增压器空气再循环阀的作用是在收加速踏板的时候，使增压后的部分空气返回到增压器前方，防止中冷器增压的空气太多而损坏，即让增压后的气体继续循环，如图 3-44 所示为涡轮增压器空气再循环阀与发动机控制单元之间的连接电路。

（7）增压压力限制电磁阀

增压压力限制电磁阀的作用是控制废气流经涡轮的废气量，进而控制增压压力。当阀门关闭时，有更多的空气流过增压器，那增压效果就会明显，发动机的进气量就会增大，如图 3-44 所示为增压压力限制电磁阀与发动机控制单元之间的连接电路。

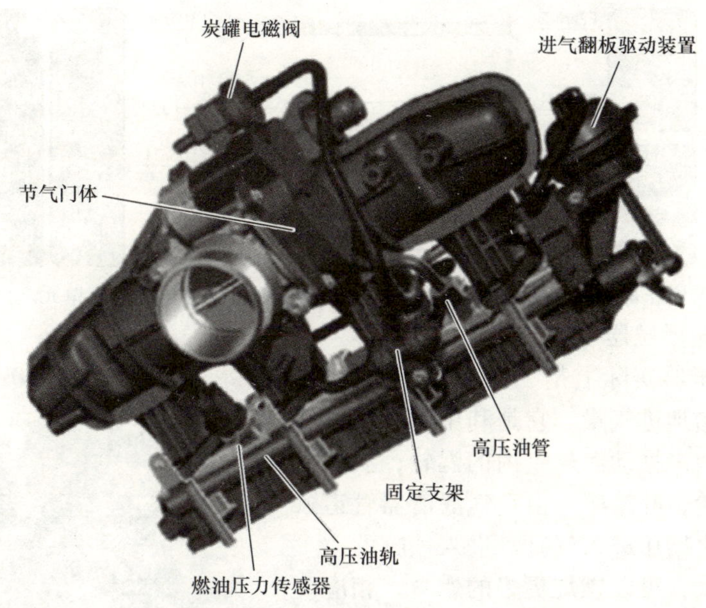

图 3-41　迈腾 B8 发动机进气翻板位置图

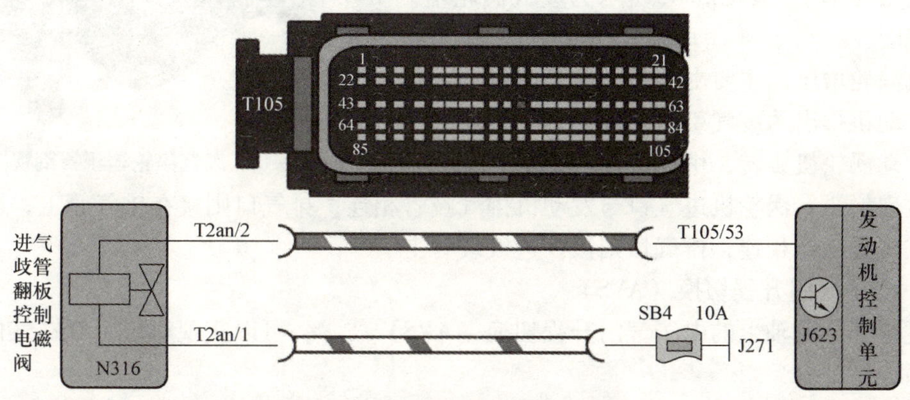

图 3-42　进气翻板控制电磁阀与发动机控制单元之间的连接电路

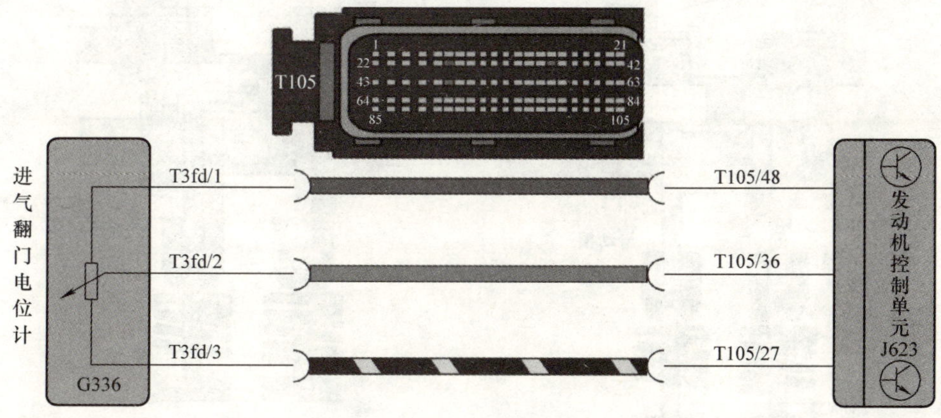

图 3-43　进气翻板电位计与发动机控制单元之间的连接电路

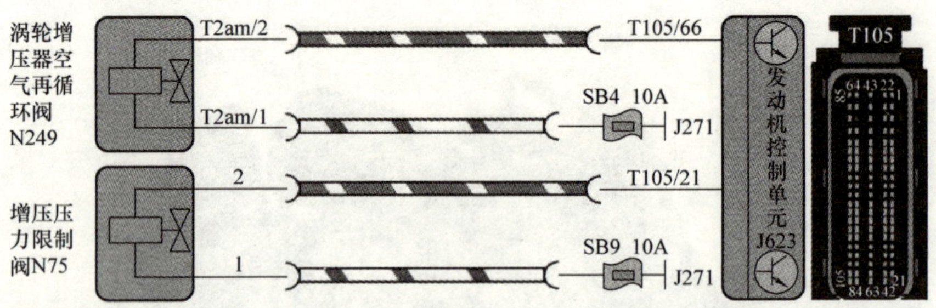

图 3-44　涡轮增压器空气再循环阀与增压压力限制电磁阀和发动机控制单元之间的连接电路

（8）废气涡轮增压器

废气涡轮增压器实际上是一种空气压缩机，通过压缩空气来增加进气量。它是利用发动机排出的废气惯性冲力来推动涡轮室内的涡轮，涡轮又带动同轴的叶轮，叶轮压送由空气滤清器管道送来的空气，使之增压进入气缸。进入气缸的空气压力和密度增大，可以燃烧更多的燃料，相应增加燃料量和调整发动机的转速，就可以增加发动机的输出功率了，如图3-45所示为废气涡轮增压器剖视图。

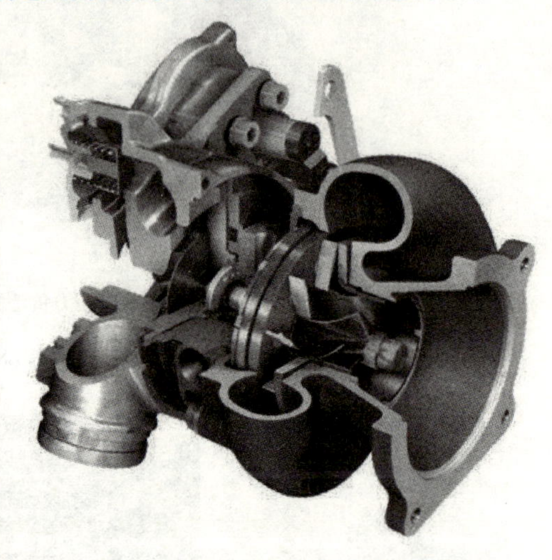

图 3-45　废气涡轮增压器剖视图

废气涡轮增压器主要由涡轮机和压气机等构成。将发动机排出的废气引入涡轮机，利用废气的能量推动涡轮机旋转，由此驱动与涡轮同轴的压气机实现增压。涡轮机进气口与发动机排气歧管相连，排气口则接在排气管上；压气机进气口与空气滤清器相连，排气口则接在进气歧管上。

（9）电子气门升程切换（AVS）

通过排气凸轮轴上的电子气门升程切换（AVS）技术，可以实现对每个气缸气体交换的优化控制。

1）较低发动机转速范围内的调节，如图3-46 所示。为了使低速小负荷范围内的气体交

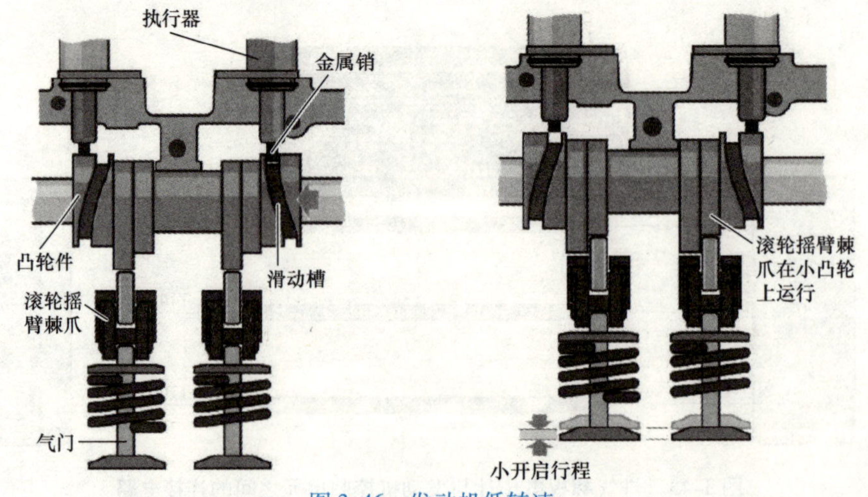

图 3-46　发动机低转速

换性能更佳，一方面，发动机管理系统通过凸轮轴调节器将进气凸轮轴提前，将排气凸轮轴延迟；另一方面，随着凸轮轴的转动，右侧执行器金属销伸出，接合滑动槽，将凸轮件向左移至小凸轮轮廓，这时，气门升程就切换至更小的排气凸轮轮廓，气门沿着较小的气门轮廓上下移动，从而可在低转速范围达到较高的增压压力。

2）加速时的调节，如图 3-47 所示。为使加速时气缸内的气体交换适应更高的性能需求，一方面发动机管理系统通过凸轮轴调节器将进气凸轮轴提前，将排气凸轮轴延迟；另一方面，为达到最佳的气缸填充性能，排气门需要最大的气门升程，以提高排气压力。为了实现此目的，左执行器被起动，凸轮件向右移动，切换至大凸轮轮廓。此时，排气门以最大的升程打开和关闭。

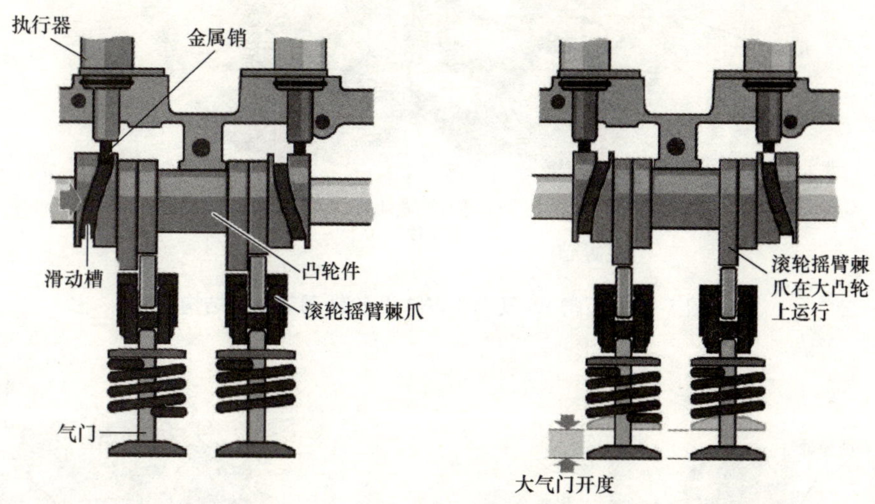

图 3-47　迈腾 B8 发动机部分负荷和全负荷

如果一个执行器发生故障，则无法再执行气门升程切换功能。在这种情况下，发动机管理系统会尝试将所有气缸切换为最近成功的一次气门升程。

如果所有气缸可切换至小的气门升程位置：

① 发动机转速限制在 4000r/min，故障存储器中记录下故障。

② EPC 警告灯亮起。

如果所有气缸可切换到大的气门升程位置：

① 故障存储器中也会存储故障。

② 在这种情况下，不限制发动机转速，且 EPC 灯不亮起。

（10）INA 凸轮轴调节控制（图 3-48）

发动机控制单元通过脉宽调制（PWM）信号控制电磁线圈，进而操作凸轮轴位置执行器进油和排油。脉宽调制占空比越高，凸轮轴正时的改变越大。施加于固定叶片提前侧的机油压力越大，使凸轮轴顺时针方向旋转的角度越大，如图 3-49 所示。

如图 3-50 所示为迈腾 B8 发动机 INA 凸轮轴调节过程，凸轮轴最大调节量：

① 进气凸轮轴为 52°曲轴角。

② 排气凸轮轴为 42°曲轴角。

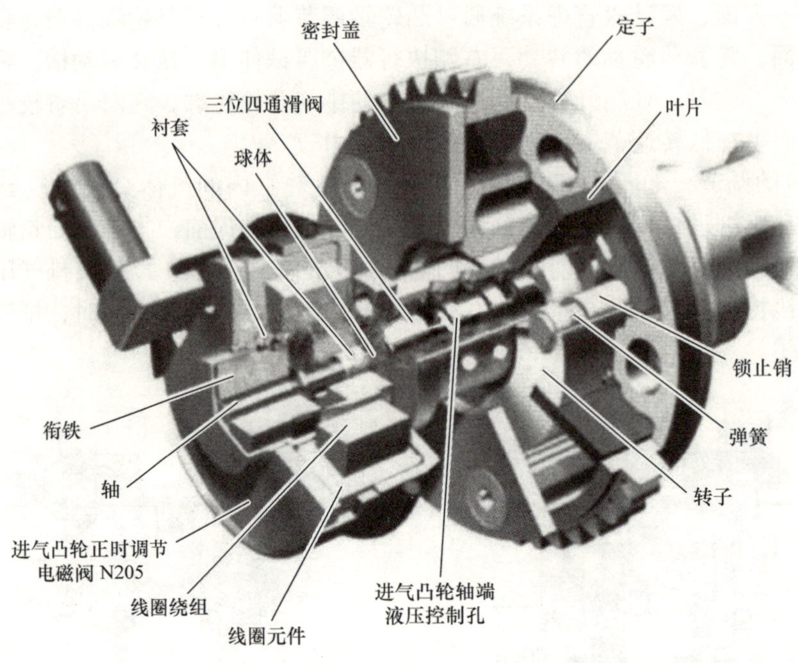

图 3-48　迈腾 B8 发动机 INA 凸轮轴调节系统结构

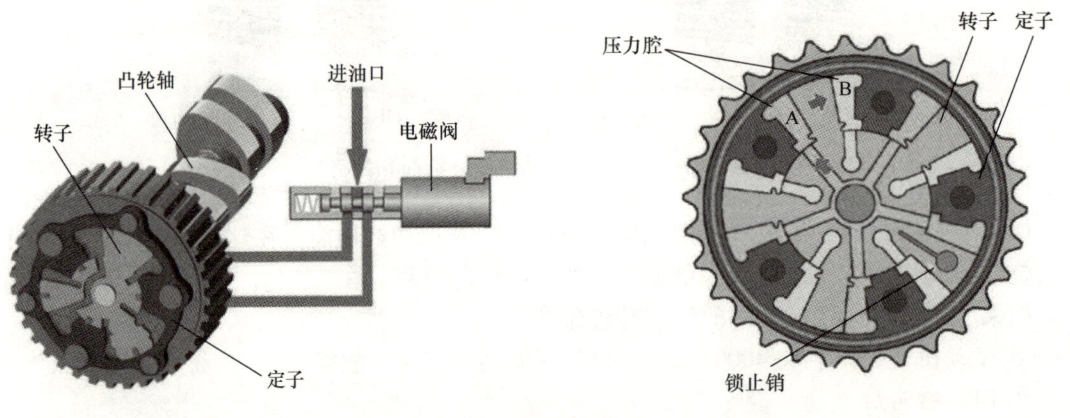

图 3-49　迈腾 B8 发动机 INA 凸轮轴调节原理

表 3-4 提供了常规行驶条件下的凸轮轴相位指令。

4. 发动机进气、燃烧模式

FSI 发动机采用的是类似柴油机工作方式，将高压汽油直接喷入气缸爆发燃烧以获得动力。相对于传统的汽油发动机而言，采用这种工作方式后由于汽油直接喷入每一个气缸，结合稀薄燃烧技术，使汽油直喷发动机在部分负荷范围内采用专门的充气模式来工作成为现实。

现在的 FSI 发动机具有三种工作方式：分层充气模式、均质稀混合气模式和均质混合气模式。在不同的工况下采用不同的空燃比。

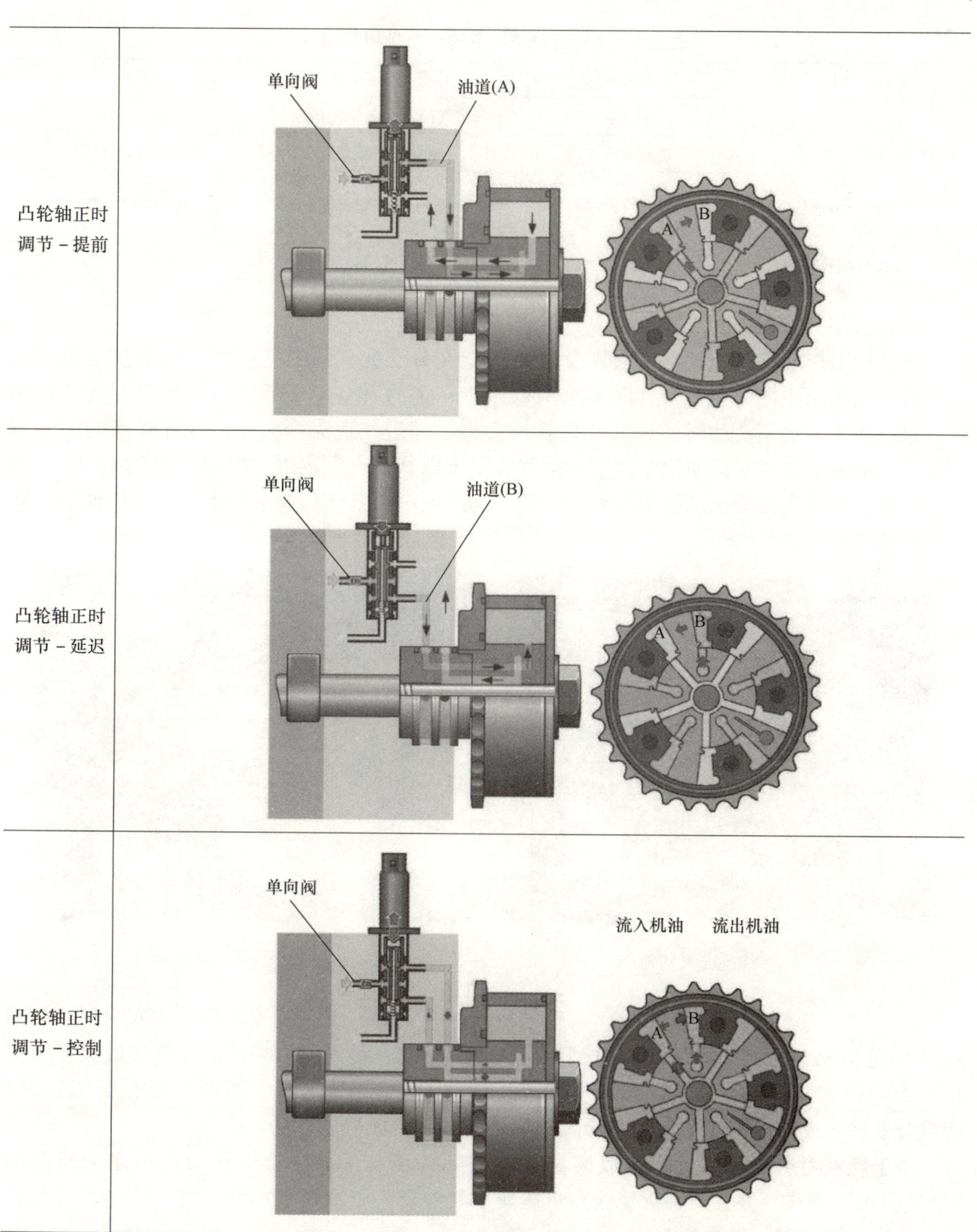

图 3-50　迈腾 B8 发动机 INA 凸轮轴调节过程

FSI 发动机按照发动机负荷工况，基本上可以自动选择在小负荷时为分层稀薄燃烧，在大负荷时则为均质理论空燃比（14.6～14.7）燃烧。在中等负荷状态时，采用均质稀混合气模式。在三种运行模式中，燃料的喷射时间有所不同，真空作用的开关阀进行开启/关闭来控制进气气流的形态。

表 3-4 常规行驶条件下的凸轮轴相位指令

行驶条件	凸轮轴位置的改变	目标	结果
怠速	不做更改	将气门重叠角降至最小	怠速转速稳定
发动机小负荷	延迟气门正时	减小气门重叠角	发动机输出稳定
发动机中等负荷	提前气门正时	增大气门重叠角	燃油经济性提高、排放降低
大负荷高转速	延迟气门正时	延迟气门关闭	发动机输出提高

(1) 分层充气模式

在这种工作模式中过量空气系数为1.6~3。在分层充气模式下，空气经过接近全开的节气门（节气门不能完全打开，因为总是得保持一定的真空用于活性炭罐装置和废气再循环装置）引入燃烧室。此时，进气歧管翻板会将下部进气道完全关闭，这样吸入的空气在上部进气道流动的速度就加快了，于是空气会呈旋涡状流入气缸内，如图3-51和图3-52所示。活塞上的凹坑会增强这种涡旋流动效果，与此同时，节气门会进一步打开，以便尽量减小节流损失。

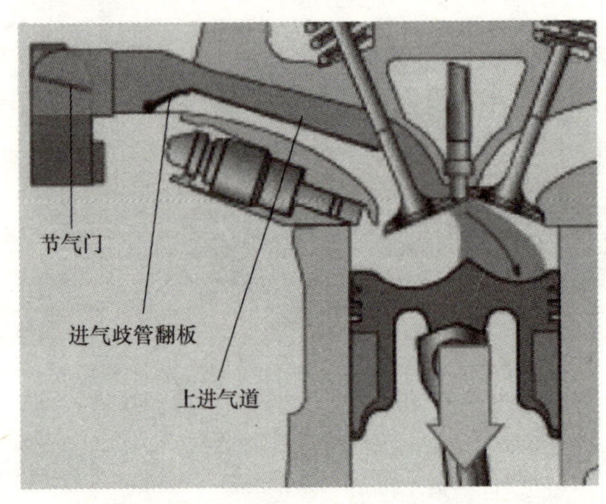

图 3-51 进气状态

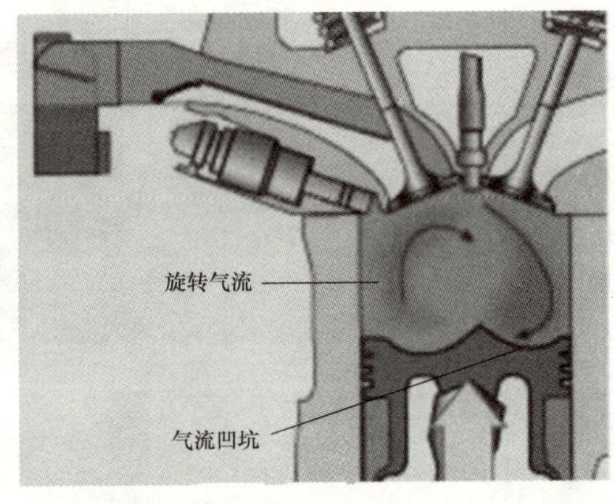

图 3-52 气流流动方式

在压缩行程上止点前约60°时，高压燃油以50~110bar的压力喷入到火花塞附近，如图3-53和图3-54所示。燃油的喷射时刻对混合气的形成有很大的影响，混合气形成只发生在40°~50°曲轴角之间，如果曲轴角小于这个范围就无法点燃混合气，如果曲轴角大于这个范围混合气就变成均质充气了，如此稀薄的均质混合气是无法点燃的。

由于燃油喷射角非常小，所以燃油雾气实际并不与活塞顶接触，所以称之为所谓的“空气引入”方式。并且只在火花塞附近聚集了具有良好点火性能的混合气，这些混合气在压缩行程中被点燃，如图3-55所示。

另外在燃烧后，被点燃的混合气与气缸壁之间会出现一个隔离用的空气层，如图3-56所示，它的作用是降低通过发动机缸体散发掉的热量，提高了热效率。

分层充气模式并不是在整个特性曲线范围内都能实现的。特性曲线范围受到限制，这是因为当负荷增大时，需要使用较浓的混合气，燃油消耗方面的优势也就随之下降了。另外当过量空气系数小于1.4时，燃烧稳定性就变差了，这是因为转速升高后，混合气准备时间就不足了，且空气的涡旋流动也对燃烧稳定性产生不利的影响。

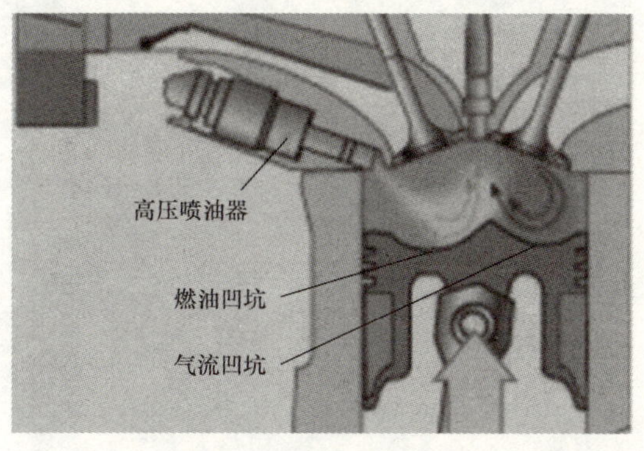

图 3-53　喷射时间

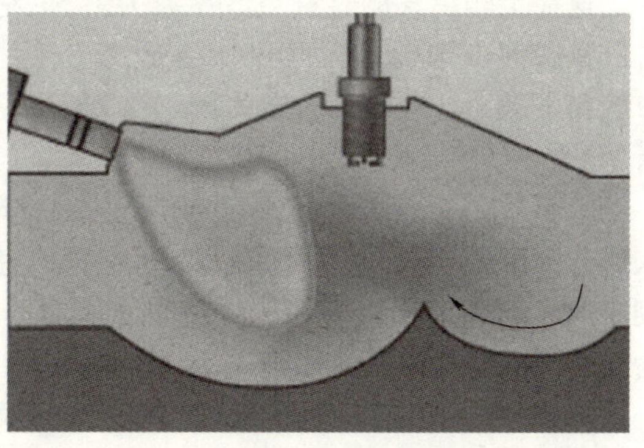

图 3-54　喷射位置

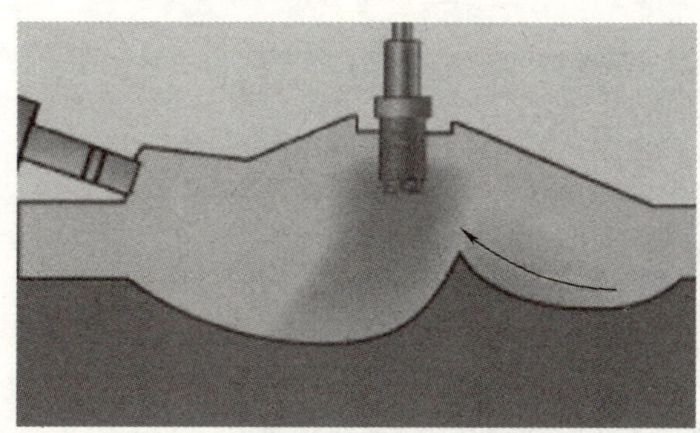

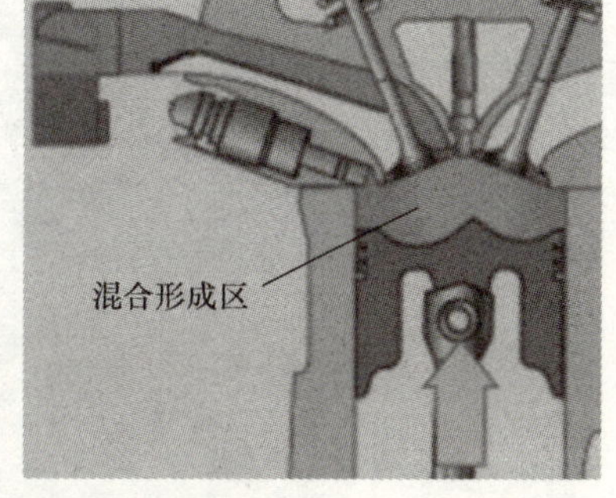

图 3-55　混合气形成

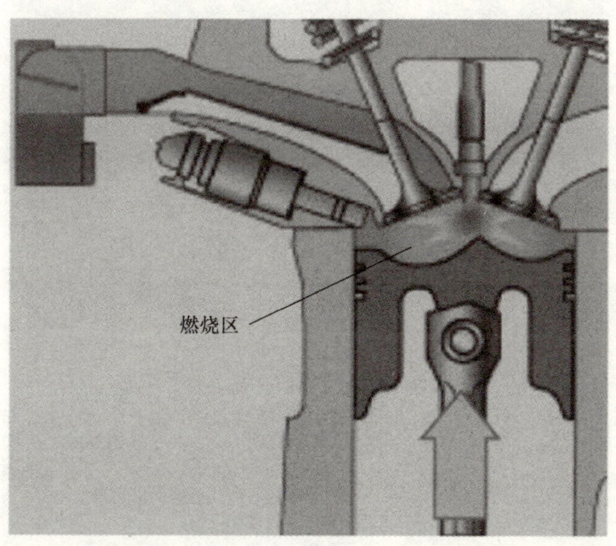

图 3-56　混合气燃烧

（2）均质稀混合气模式

这种工作模式的过量空气系数为 1.55 左右，在这种工作模式下也和分层充气一样是节气门开度大，进气歧管关闭，如图 3-57 所示。

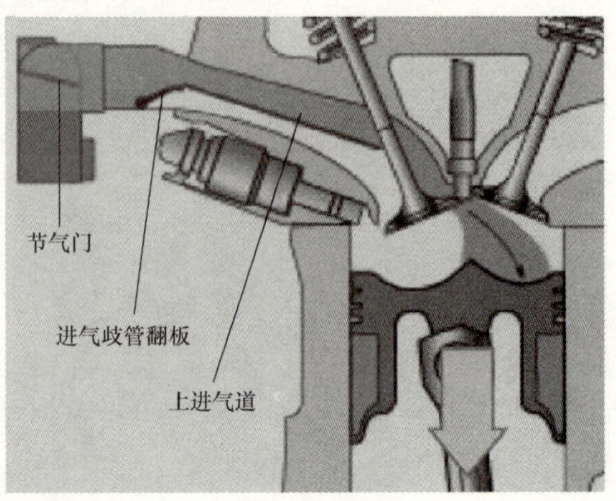

图 3-57　进气状态

只不过是在点火上止点前 300°左右时喷入燃油，形成混合气的时间也就比较长，有利于形成均匀的稀混合气，此种工作模式称为均质稀混合气模式，如图 3-58 所示。

均质稀混合气模式是一种特殊的工作模式，像分层充气模式一样也只能在一定的转速范围内正常工作，如图 3-59 所示，并且还需要满足条件：

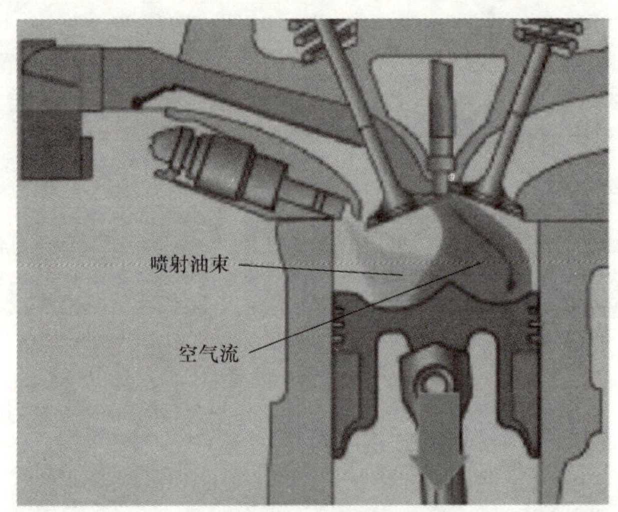

图 3-58　喷油时间

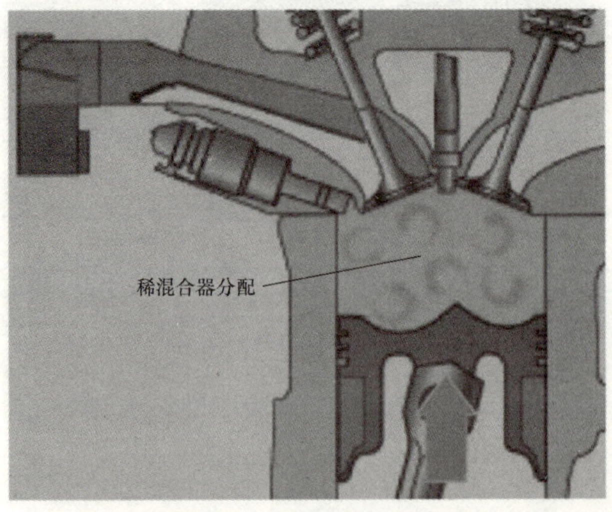

图 3-59　混合气形成

1）没有与排放系统有关的故障。

2）冷却液温度必须超过 50℃。

3）氮氧化物催化转换器的温度为 250～500℃范围内。

4）进气道翻板必须保持关闭状态。

均质稀薄燃烧，在这种运行模式中，燃油在进气行程喷射，并且由于产生加速稀薄混合气燃烧的纵涡流，开关阀被关闭。这时，阻碍燃烧的废气再循环（EGR）暂不进行。与均质理论空燃比燃烧不同的是，吸入空气量超过燃油喷射量燃烧的需要，此时的过量空气系数大于 1，如图 3-60 所示。

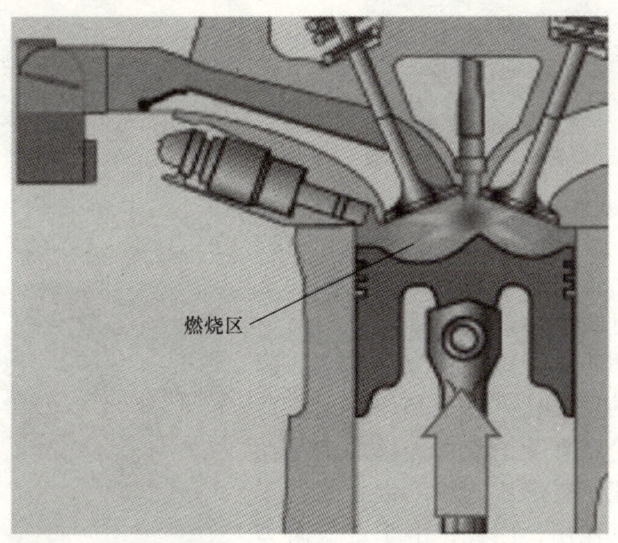

图 3-60　混合气燃烧

（3）均质混合气模式

均质混合气模式的过量空气系数为 1。节气门开度按照加速踏板的位置来控制，在发动机负荷较大且转速较高时，进气歧管翻板就会完全打开，于是吸入的空气就经过上、下进气道进入气缸，如图 3-61 所示。

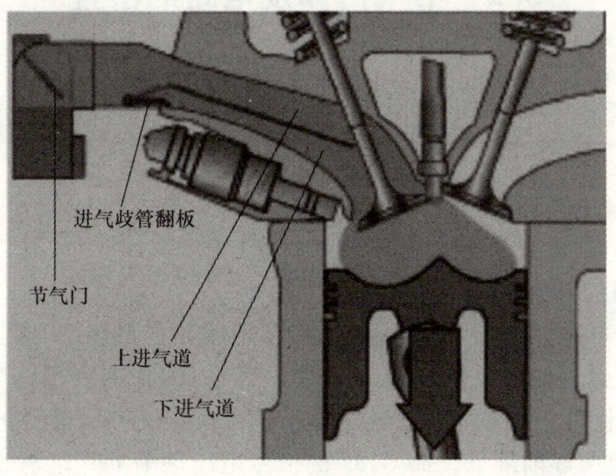

图 3-61　进气状态

燃油喷射并不是像分层充气模式那样在压缩行程时发生，而是发生在进气行程中，这样燃油和空气就有了更充足的时间来混合，并且可以利用空气的流动旋转的涡流来击碎燃油颗粒，使之混合更加充分，如图 3-62 ~ 图 3-64 所示。

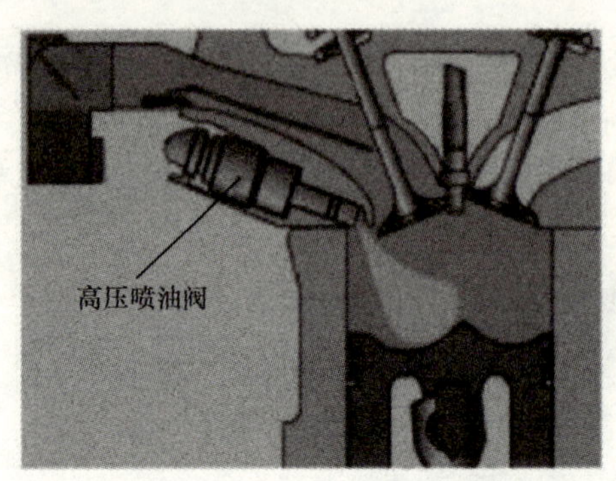

图 3-62　喷油、进气状态

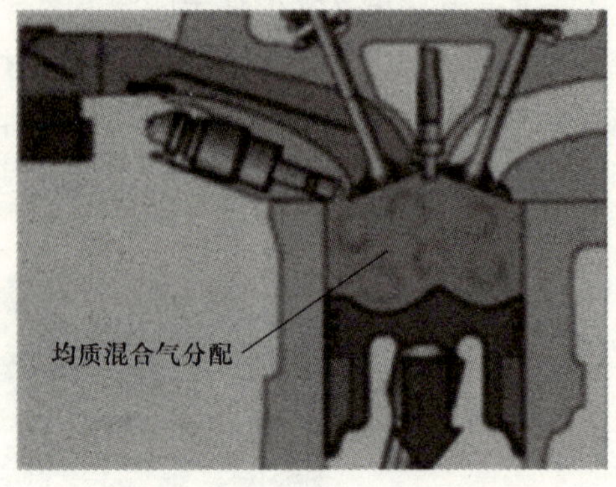

图 3-63　混合气形成

均质模式的优点在于燃油是直接喷入燃烧室内，而吸入的空气可吸收一部分燃油汽化时所产生的热量。这种内部冷却可以降低爆燃趋势，因此可以提高发动机的压缩比和热效率。在大负荷中所进行的均质理论空燃比燃烧中，燃油则是在进气行程中喷射。理论空燃比的均质混合气易于燃烧，不必借助涡流作用，因此，由于进气阻力减小，开关阀打开。而在全负荷以外，进行废气再循环，限制泵吸损失，采用直喷化可使压缩比提高到 12:1，即使在均质理论空燃烧比混合气燃烧中，仍能降低燃油耗。

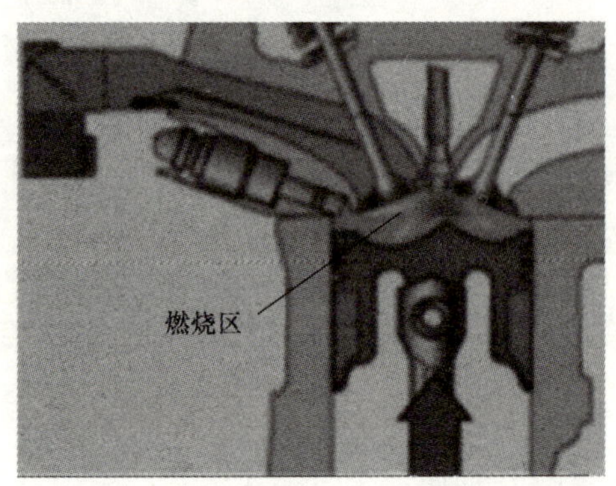

图 3-64　混合气燃烧

3.2　节气门体及电路的检查

根据迈腾 B8 节气门控制单元 GX3 电路原理图（图 3-65）可以看出，节气门体主要由两个位置传感器和一个节气门驱动电动机组成，因此对节气门体的检查就应该包含两个内容：

1）传感器信号及电路的检查。

2）节气门驱动电动机及电路的检查。

1. 传感器及电路的检查

迈腾 B8 两个节气门位置传感器共用一个参考电压和搭铁线路，两个传感器分别将信号输送给发动机控制单元，本节仅讲述节气门位置信号 G188 的测量，节气门位置信号 G187 除了信号特点有所不同外，即两个传感器的输出信号反向互补线性变化，随着节气门的开度增大，G188 的信号电压逐渐降低，而 G187 的信号电压逐渐上升，别的均相同。

节气门体信号 G188 检查：

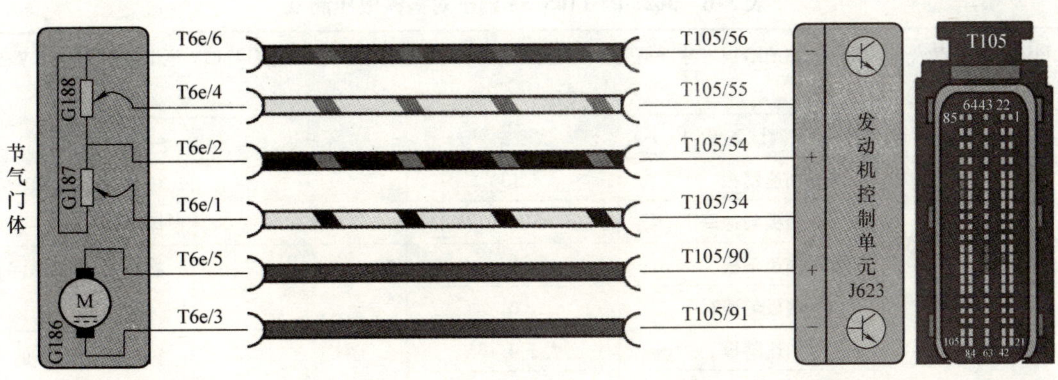

图 3-65 迈腾 B8 节气门控制单元 GX3 电路原理图

从迈腾 B8 节气门体电路原理图上可以看出，发动机控制单元 J623 通过 T105/54 端子输出 5V 电源至节气门体的 T6e/2 端子，作为传感器的参考电压，再通过节气门位置传感器内部电路至 T6e/6 端子，最后经过线路连接至发动机控制单元 J623 的 T105/56 端子，在 J623 内部搭铁构成回路。此供电线路同时为节气门体传感器 G187、G188 提供工作电压。只有在两个传感器同时给发动机控制单元 J623 提供准确信号时，节气门翻板才会工作。

针对节气门位置传感器的信号电路可设的故障见表 3-5。

表 3-5 节气门位置传感器信号电路可设的故障

序号	故障性质
1	节气门体的 T6e/4 对应的信号线路断路
2	节气门体的 T6e/4 对应的信号线路虚接
3	节气门体的 T6e/4 对应的信号线路短路
4	节气门体的 T6e/1 对应的信号线路断路
5	节气门体的 T6e/1 对应的信号线路虚接
6	节气门体的 T6e/1 对应的信号线路短路
7	节气门体的 T6e/2 对应的电源线路断路
8	节气门体的 T6e/2 对应的电源线路虚接
9	节气门体的 T6e/6 对应的搭铁线路断路
10	节气门体的 T6e/6 对应的搭铁线路虚接
11	节气门体损坏（传感器）
12	J623 自身损坏（局部）

结合以上信息，需要对项目进行检测和诊断。

注意：检测前确保插接件、紧固件连接可靠、无锈蚀、无破损。

第一步：测量 J623 的 T105/55 端子对搭铁电压，见表 3-6。

表 3-6　J623 的 T105/55 端子对搭铁电压测试

测试标准：点火开关打开，加速踏板匀速踩下时，J623 的 T105/55 端子对搭铁电压应从 4.13V 逐渐下降到 0.71V（数值可能有浮动）				
可能性	测试条件	实测结果	状态	操作
1	未踩加速踏板	4.13V	正常	检查 J623 自身是否存在故障
	加速踏板匀速踩下	4.13V→0.7V		
2	未踩加速踏板	0	异常	转“第二步”的第1、2 种可能
	加速踏板匀速踩下	0		
3	未踩加速踏板	大于 4.13V	异常	转“第二步”的第 3 种可能
	加速踏板匀速踩下	大于 4.13V		

第二步：测量节气门体的 T6e/4 端子对搭铁电压，见表 3-7。

表 3-7　节气门体的 T6e/4 端子对搭铁电压测试

测试标准：点火开关打开，加速踏板匀速踩下时，测试 T6e/4 端子对搭铁电压应为 4.13V→0.71V					
可能性	测试条件	实测结果	状态	可能原因	操作
1	未踩加速踏板	4.13V	正常	线路断路或虚接	转“第三步”
	加速踏板匀速踩下	4.13V→0.71V			
2	未踩加速踏板	0	异常	传感器及电源故障	转“第四步”
	加速踏板匀速踩下	0		线路对搭铁短路	
3	未踩加速踏板	大于 4.13V	异常	对正极短路	转“第五步”
	加速踏板匀速踩下	大于 4.13V		接地线路断路	

第三步：测量节气门体的 T6e/4 端子和 J623 的 T105/55 端子之间的导通性，见表 3-8。

表 3-8　节气门体的 T6e/4 端子和 J623 的 T105/55 端子之间的导通性测试

测试标准：点火开关关闭，拔掉 J623 的 T105 插接件、节气门体插接件，测试电阻应小于 2Ω				
可能性	实测结果	状态	可能原因	操作
1	小于 2Ω	正常	插接件故障	检修插接件
2	无穷大	异常	线路断路	维修线路
3	大于 5Ω	异常	线路虚接	

第四步：测量节气门体的 T6e/4 端子对搭铁电阻，见表 3-9。

表 3-9　节气门体的 T6e/4 端子对搭铁电阻测试

测试标准：点火开关关闭，拔掉 J623 的 T105 插接件、节气门体的 T6e 插接件，测试电阻应为无穷大					
步骤	测试部位	实测结果	状态	可能原因	操作
1	测量节气门体的 T6e 插接件端的 T6e/4 端子对搭铁电阻	无穷大	正常	节气门体、控制单元故障	转本表的 2
		小于 2Ω	异常	线路短路	检修线路
		大于 5Ω	异常	线路对搭铁虚接	

（续）

测试标准：点火开关关闭，拔掉 J623 的 T105 插接件、节气门体的 T6e 插接件，测试电阻应为无穷大					
步骤	测试部位	实测结果	状态	可能原因	操作
2	连接 J623 插接件 T105，测量节气门体的 T6e 插接件端的 T6e/4 对搭铁电阻	无穷大	正常	节气门体故障	转本表的 3
		小于 2Ω	异常	J623 内部故障	更换 J623
		大于 5Ω	异常	J623 内部对搭铁虚接	
3	连接节气门体的 T6e 插接件，测量节气门体的 T6e/4 对搭铁电阻	无穷大	正常	—	转“第六步”
		小于 2Ω	异常	节气门体内部故障	更换节气门体
		大于 5Ω	异常	节气门体内部对搭铁虚接	

第五步：测量节气门体的 T6e/4 端子对电源是否短路，见表 3-10。

注意：电源包括模块电源（4.7 ~5.3V）和蓄电池电源（+B）。

表 3-10　节气门体的 T6e/4 端子对电源是否短路测试

测试标准：点火开关关闭，拔掉 J623 的 T105 插接件、节气门体的 T6e 插接件，对地测试电压应为 0V 注意：(1) 需先确认模块、元件之间连接线路无断路或电阻过大故障；(2) 在拆卸模块插接件时必须关闭点火开关，模块插接件连接牢靠后再打开点火开关进行测试					
步骤	测试部位	实测结果	状态	可能原因	操作
1	测量节气门体的 T6e 插接件端的 T6e/4 端子对搭铁电压	0	正常	节气门体、控制单元故障	转本表的 2
		大于 4.13V	异常	线路短路	检修线路
2	连接 J623 插接件 T105，测量节气门体的 T6e 插接件端的 T6e/4 端子对搭铁电压	0	正常	节气门体故障	转本表的 3
		大于 4.13V	异常	J623 内部对电源短路	更换 J623
3	连接节气门体的 T6e 插接件，测量节气门体的 T6e/4 端子对搭铁电压	0	正常	—	转“第九步”
		大于 4.13V	异常	节气门体内部对电源短路	更换节气门体

第六步：测量节气门体的 T6e/2 端子的对搭铁电压，见表 3-11。

表 3-11　节气门体的 T6e/2 端子对搭铁电压测试

测试标准：点火开关打开，测试节气门体的 T6e/2 端子对搭铁电压应为 4.7 ~5.3V				
可能性	实测结果	状态	可能原因	操作
1	4.7 ~5.3V	正常	—	转“第十步”
2	0	异常	供电线路断路	转“第七步”的第 1、2 种可能
3	0.1 ~4.7V	异常	供电线路虚接	转“第七步”的第 1、4 种可能
4	大于 5.3V	异常	供电线路短路	转“第七步”的第 3 种可能

第七步：测量 J623 的 T105/54 端子对搭铁电压，见表 3-12。

表 3-12　J623 的 T105/54 端子对搭铁电压测试

测试标准：点火开关打开，测试发动机控制单元 J623 的 T105/54 端子对搭铁电压，应为 4.7～5.3V

可能性	实测结果	状态	可能原因	操作
1	4.7～5.3V	正常	T6e/2 端子和 T105/54 端子间断路或虚接	转“第八步”的第 1、2 种可能
2	0	异常	控制单元自身故障	更换控制单元
3	大于 5.3V	异常	对电源短路	转“第九步”
4	0.1～4.7V	异常	模块或元件故障	更换控制单元

第八步：测量节气门体的 T6e/2 端子和 J623 的 T105/54 端子之间的导通性，见表 3-13。

表 3-13　节气门体的 T6e/2 端子和 J623 的 T105/54 端子之间的导通性测试

测试标准：点火开关关闭，拔掉发动机控制单元 J623 的 T105 插接件、节气门体的 T6e 插接件，测试电阻应小于 2Ω

可能性	实测结果	状态	可能原因	操作
1	小于 2Ω	正常	插接件故障	检修插接件
2	无穷大	异常	线路断路	维修线路
3	大于 5Ω	异常	线路虚接	

第九步：测量节气门体的 T6e/2 端子对电源是否短路，见表 3-14。

表 3-14　节气门体的 T6e/2 端子对电源是否短路测试

测试标准：点火开关关闭，拔掉发动机控制单元 J623 的 T105 插接件、节气门体的 T6e 插接件，对搭铁测试电压应为 0V

注意：

1）需先确认模块、元件之间连接线路无断路或电阻过大故障。

2）在拆卸模块插接件时必须关闭点火开关，模块插接件连接牢靠后再打开点火开关进行测试；如果所有模块连接正确，点火开关打开，测量 T6e/2 端子对搭铁电压应为 4.7～5.3V 左右

步骤	测试部位	实测结果	状态	可能原因	操作
1	测量节气门体的 T6e 插接件端的 T6e/2 端子对搭铁电压	0	正常	节气门体、控制单元故障	转本表的 2
		大于 5.3V	异常	线路短路	检修线路
2	连接 J623 插接件 T105，测量节气门体的 T6e 插接件端的 T6e/2 端子对搭铁电压	0	正常	节气门体故障	转本表的 3
		大于 5.3V	异常	J623 内部对电源短路	更换 J623
3	连接节气门体的 T6e 插接件，测量节气门体的 T6e/2 端子对搭铁电压	0	正常	—	维修结束
		大于 5.3V	异常	节气门体内部对电源短路	更换节气门体

第十步：测量节气门体的 T6e/6 端子对搭铁电压，见表 3-15。

注意：T6e/6 端子为节气门体的主接地，如果接地线路不正常，可能致使传感器电源功率不足，导致传感器无法正常工作。

表 3-15　节气门体的 T6e/6 端子对搭铁电压测试

测试标准：在任何工况条件下，T6e/6 端子对搭铁电压应小于 0.1V				
可能性	实测结果	状态	可能原因	操作
1	小于 0.1V	正常	插接器故障	进行其他检查
2	0.1～5V	异常	搭铁线路虚接	转“第十一步”
3	5V	异常	搭铁线路断路	

第十一步：测量 J623 的 T105/56 端子对搭铁电压，见表 3-16。

表 3-16　J623 的 T105/56 端子对搭铁电压测试

测试标准：点火开关打开，测试 J623 的 T105/54 端子对搭铁电压，应小于 0.1V				
可能性	实测结果	状态	可能原因	操作
1	0	正常	T6e/2 端子和 T105/54 端子间断路或虚接	转“第十二步”
2	0.1～5V	异常	控制单元自身故障	更换 J623
3	5V	异常		

第十二步：测量节气门体的 T6e/6 端子和 J623 的 T105/56 端子之间的导通性，见表 3-17。

表 3-17　节气门体的 T6e/6 端子和 J623 的 T105/56 端子之间的导通性测试

测试标准：点火开关关闭，拔掉发动机控制单元 J623 的 T105 插接件、节气门体的 T6e 插接件，测试电阻应小于 2Ω				
可能性	实测结果	状态	可能原因	操作
1	小于 2Ω	正常	插接件故障	检修插接件
2	无穷大	异常	线路断路	维修线路
3	大于 5Ω	异常	线路虚接	

2. 节气门电动机及线路检查

从迈腾 B8 节气门控制单元电路原理图（图 3-66）上可以看出，节气门电动机的 T6e/5 端子直接与发动机控制单元 J623 的 T105/90 端子相连，并通过节气门电动机的 T6e/3 端子

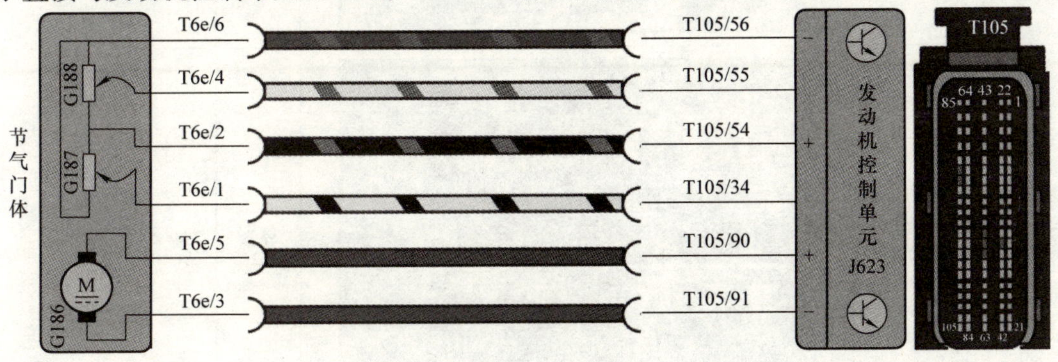

图 3-66　迈腾 B8 节气门控制单元 GX3 电路原理图

回到发动机控制单元 J623 的 T105/91 端子构成回路。节气门控制信号采用 PWM 信号进行控制，只有在两个传感器同时给发动机控制单元 J623 提供准确信号时，节气门翻板才会工作。

针对节气门电动机控制信号的常见故障见表 3-18。

表 3-18 节气门电动机控制信号的常见故障

序号	故障性质
1	节气门电动机 T6e/5 端子对应的控制信号线路断路、虚接
2	节气门电动机 T6e/3 端子对应的控制信号线路断路、虚接
3	节气门电动机自身故障
4	J623 自身损坏（局部）

结合以上信息，需要对项目进行检测和诊断。

注意：

1）检测前确保插接件、紧固件连接可靠、无锈蚀、无破损。此说明适用任何线路、部件测试。

2）对于发动机控制单元的端子波形测量，可以默认终端盒是必配工具，并且已经正确安装。

3）数据总线信号传输均采用数字信号进行，如果使用万用表进行测量，将导致测试数据不准确，无法进行故障分析和判断，应采用示波器进行测量和分析。

第一步：测量节气门体 T6e/5 端子和 T6e/3 端子之间的信号波形，见表 3-19。

表 3-19 喷油器 T6e/5 端子和 T6e/3 端子之间的波形测试

测试标准：打开点火开关，慢慢踩下加速踏板，测量节气门体 T6c/5 端子和 T6c/3 端子之间的波形				
可能性	测试部位	实测结果（波形）	状态	操作
1	T6e/5 端子相对 T6e/3 端子	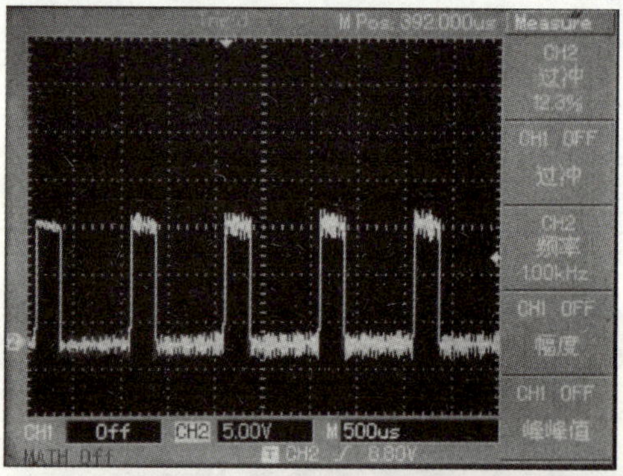	正常	在节气门体运行异常的情况下考虑更换节气门
2	T6e/5 端子相对 T6e/3 端子	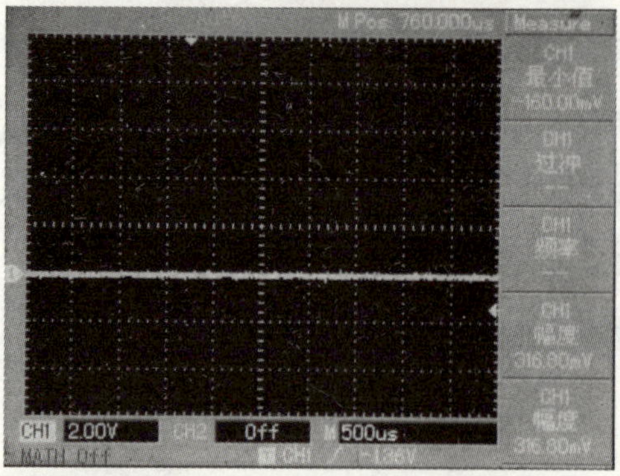	异常	转“第二步”

第二步：测量节气门体 T6e/5 端子（或 T6e/3 端子，注意测试标准会发生变化）端子对搭铁波形，见表 3-20。

表 3-20　节气门体 T6e/5 端子对搭铁波形测试

测试标准：发动机处于怠速状态，测量节气门体 T6e/5 端子对搭铁波形				
可能性	实测结果（波形）	状态	说明	操作
1	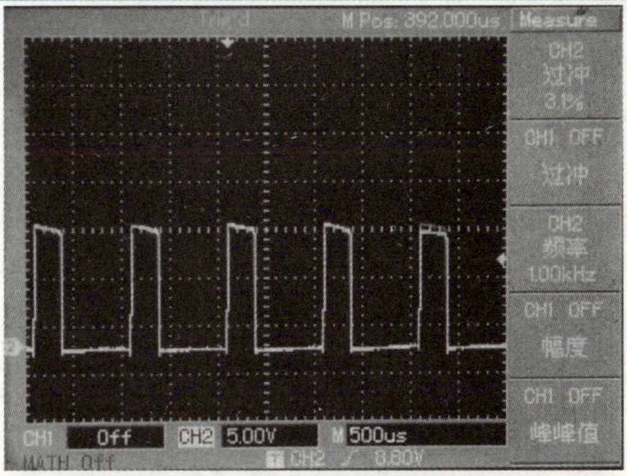	正常	测试点到搭铁之间线路断路	转“第三步”
2	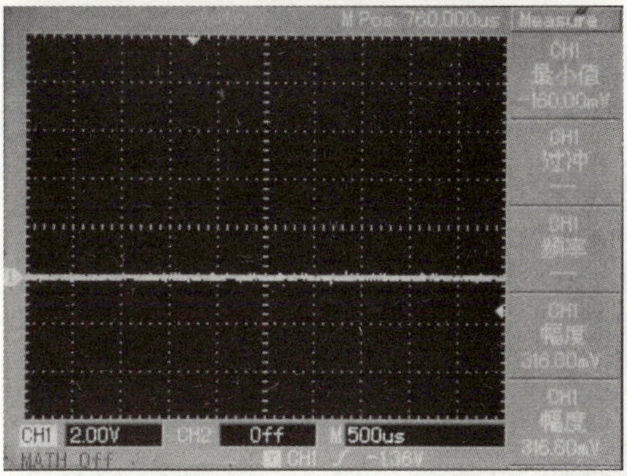	异常	测试点到电源之间线路断路	转“第四步”

第三步：测量 J623 的 T105/91 端子对搭铁波形，见表 3-21。

表 3-21　J623 的 T105/91 端子对搭铁波形测试

测试标准：发动机处于怠速状态，测量 J623 的 T105/91 端子对搭铁波形				
可能性	实测结果（波形）	状态	说明	操作
1	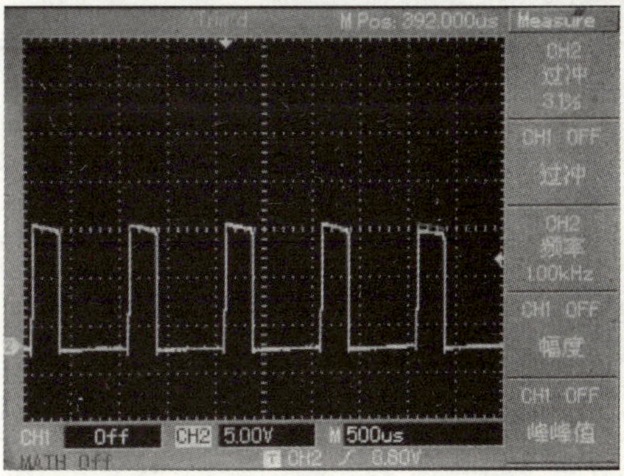	异常	发动机控制单元内部故障	更换发动机控制单元

（续）

测试标准：发动机处于怠速状态，测量 J623 的 T105/91 端子对搭铁波形				
可能性	实测结果（波形）	状态	说明	操作
2	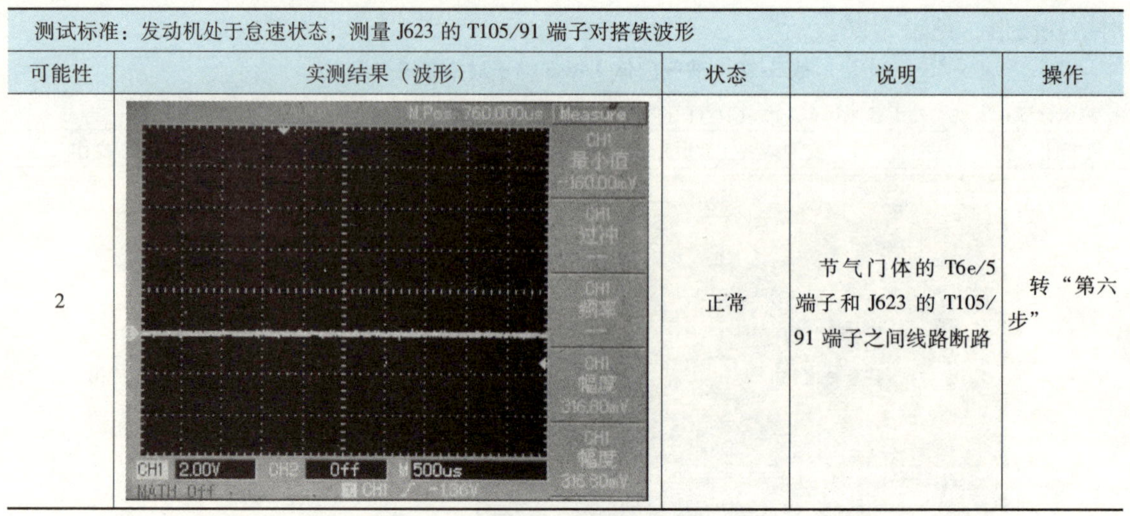	正常	节气门体的 T6e/5 端子和 J623 的 T105/91 端子之间线路断路	转“第六步”

第四步：测量 J623 的 T105/90 端子对搭铁波形，见表 3-22。

表 3-22　J623 的 T105/90 端子对搭铁波形测试

测试标准：发动机处于怠速状态，测量 J623 的 T105/90 端子对搭铁波形				
可能性	实测结果（波形）	状态	说明	操作
1		正常	节气门体的 T6e/5 端子和 J623 的 T105/95 端子之间线路断路	转“第五步”
2		异常	发动机控制单元内部故障	更换发动机控制单元

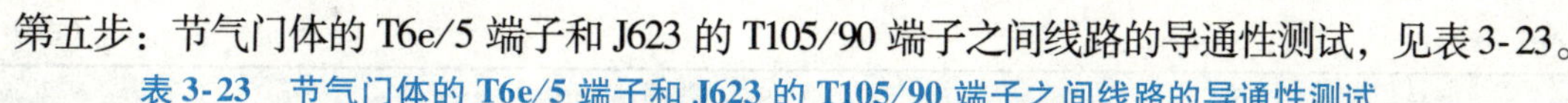

第五步：节气门体的 T6e/5 端子和 J623 的 T105/90 端子之间线路的导通性测试，见表 3-23。

表 3-23　节气门体的 T6e/5 端子和 J623 的 T105/90 端子之间线路的导通性测试

测试标准：点火开关关闭，拔掉 J623 的 T105 插接件、节气门电动机的 T6e 插接件，测试电阻应小于 2Ω				
可能性	实测结果	状态	可能原因	操作
1	小于 2Ω	正常	插接件故障	检修插接件
2	无穷大	异常	线路断路	维修线路
3	大于 5Ω	异常	线路虚接	

第六步：节气门体的 T6e/3 端子和 J623 的 T105/91 端子之间线路的导通性测试，见表 3-24。

表 3-24　节气门体的 T6e/3 端子和 J623 的 T105/91 端子之间线路的导通性测试

测试标准：点火开关关闭，拔掉发动机控制单元 J623 的 T105 插接件、节气门电动机的 T6e 插接件，测试电阻应小于 2Ω				
可能性	实测结果	状态	可能原因	操作
1	小于 2Ω	正常	节气门驱动电动机损坏	更换节气门体
2	无穷大	异常	线路断路	维修线路
3	大于 5Ω	异常	线路虚接	

3.3　进气歧管温度传感器及电路检查

从迈腾 B8 进气歧管温度/压力传感器电路原理图（图 3-67）可以看出。发动机控制单元 J623 通过其端子 T105/33 端子为进气歧管温度/压力传感器提供搭铁，通过节气门位置传感器 T4q/2 端子与发动机控制单元 J623 的 T105/51 端子之间导线上的电压变化来识别进气歧管的温度。

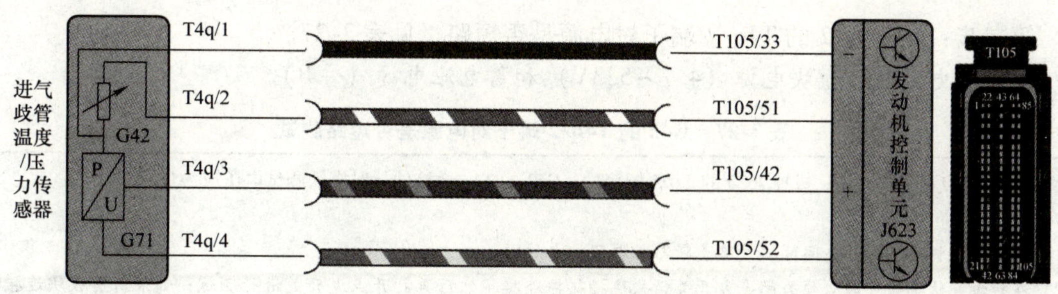

图 3-67　迈腾 B8 进气歧管温度/压力传感器电路原理图

进气歧管温度传感器及电路异常的常见故障见表 3-25。

表 3-25　进气歧管温度传感器 G42 的信号异常的常见故障

序号	故障性质
1	进气歧管温度传感器 T4q/2 端子对应的信号线路断路
2	进气歧管温度传感器 T4q/2 端子对应的信号线路虚接
3	进气歧管温度传感器 T4q/2 端子对应的信号线路短路

（续）

序号	故障性质
4	进气歧管温度传感器 T4q/1 端子对应的线路断路
5	进气歧管温度传感器 T4q/1 端子对应的线路虚接
6	进气歧管温度传感器损坏（传感器）
7	J623 自身损坏（局部）

结合以上信息，需要对项目进行检测和诊断。

注意：检测前确保插接件、紧固件连接可靠、无锈蚀、无破损。

第一步：测量 J623 的 T105/51 端子对搭铁电压，见表 3-26。

表 3-26　J623 的 T105/51 端子对搭铁电压测试

测试标准：点火开关打开，或发动机处于怠速时，测试 T105/51 端子对搭铁电压，应随温度变化而变化				
可能性	测试条件	实测结果	状态	操作
1	打开点火开关或发动机处于怠速时	0.5～4.2V	正常	如果解码器数据流显示温度异常，则考虑更换发动机控制单元
2		0	异常	说明测试点到传感器正极电源之间电路存在断路，需更换发动机控制单元；或者 G42 的 T4q/2 端子和 J623 的 T105/51 端子之间对搭铁短路，转“第五步”
3		大于 4.2V	异常	说明 G42 的 T4q/2 端子和 J623 的 T105/51 端子之间对参考电压短路，转“第二步”；或者测试点到传感器搭铁点之间电路存在断路，转“第三步”

第二步：测量 G42 的 T4q/2 端子对电源是否短路，见表 3-27。

注意：电源包括模块电源（4.7～5.3V）和蓄电池电源（+B）。

表 3-27　G42 的 T4q/2 端子对电源是否短路测试

测试标准：点火开关关闭，拔掉 J623 的 T105 插接件、G42 的 T4q 插接件，对搭铁测试电压应为 0 注意： 1）需先确认模块、元件之间连接线路无断路或电阻过大故障 2）在拆卸模块插接件时必须关闭点火开关，模块插接件连接牢靠后再打开点火开关进行测试；如果所有模块连接正确，点火开关打开，测量 T4q/2 端子对搭铁电压应为 4.2V 左右					
可能性	测试部位	实测结果	状态	可能原因	操作
1	测量 G42 的 T4q 插接件端的 T4q/2 端子对搭铁电压	0	正常	G42、控制单元故障	转本表的 2
		大于 4.2V	异常	线路短路	检修线路

（续）

测试标准：点火开关关闭，拔掉J623的T105插接件、G42的T4q插接件，对搭铁测试电压应为0 注意： 1）需先确认模块、元件之间连接线路无断路或电阻过大故障 2）在拆卸模块插接件时必须关闭点火开关，模块插接件连接牢靠后再打开点火开关进行测试；如果所有模块连接正确，点火开关打开，测量T4q/2端子对搭铁电压应为4.2V左右					
可能性	测试部位	实测结果	状态	可能原因	操作
2	连接J623插接件T105，测量G42的T4q插接件端的T4q/2端子对搭铁电压	0	正常	G42故障	转本表的3
		大于4.2V	异常	J623内部对电源短路	更换J623
3	连接G42的T4q插接件，测量G42的T4q/2端子对搭铁电压	0	正常	—	维修结束
		大于4.2V	异常	G42内部对电源短路	更换G42

第三步：测量G42的T4q/2端子对搭铁电压，见表3-28。

表3-28　G42的T4q/2端子对搭铁电压测试

测试标准：点火开关打开，或发动机处于怠速时，测试T4q/2端子对搭铁电压，应随温度变化而变化				
可能性	测试条件	实测结果	可能原因	操作
1	打开点火开关或发动机处于怠速时	4.2V	传感器及搭铁线路存在断路	转“第六步”
2		0	G42的T4q/2端子和J623的T105/51端子之间电路存在断路	转“第四步”
3		小于4.2V	G42的T4q/2端子和J623的T105/51端子之间电路存在虚接	

第四步：测量G42的T4q/2端子和J623的T105/51端子之间线路的导通性，见表3-29。

表3-29　G42的T4q/2端子和J623的T105/51端子之间线路的导通性测试

测试标准：点火开关关闭，拔掉J623的T105插接件、G42的T4q插接件，测试电阻应为小于2Ω				
可能性	实测结果	状态	可能原因	操作
1	小于2Ω	正常	插接件故障	检修插接件
2	无穷大	异常	线路断路	维修线路
3	大于5Ω	异常	线路虚接	

第五步：测量G42的T4q/2端子对搭铁电阻，见表3-30。

表3-30　G42的T4q/2端子对搭铁电阻测试

测试标准：点火开关关闭，拔掉J623的T105插接件、G42的T4q插接件，测试电阻应为无穷大					
步骤	测试部位	实测结果	状态	可能原因	操作
1	测量G42的T4q插接件端的T4q/2端子对搭铁电阻	无穷大	正常	G42、控制单元可能存在故障	转本表的2
		小于2Ω	异常	线路短路	检修线路
2	连接J623插接件T105，测量G42的T4q插接件端的T4q/2端子对搭铁电阻	无穷大	正常	G42故障	转本表的3
		小于2Ω	异常	J623内部故障	更换J623
		大于5Ω	异常	J623内部对搭铁虚接	
3	连接G42的T4q插接件，测量G42的T4q/2端子对搭铁电阻	无穷大	正常	—	维修结束
		小于2Ω	异常	G42内部故障	更换G42

第六步：测量 G42 的 T4q/1 端子对搭铁电压，见表 3-31。

表 3-31　G42 的 T4q/1 端子对搭铁电压测试

测试标准：点火开关打开，或发动机处于怠速时，测试 T4q/1 端子对搭铁电压，应小于 0.1V				
可能性	测试条件	实测结果	可能原因	操作
1	打开点火开关或发动机处于怠速时	大于 4.2V	搭铁线路存在断路	转“第七步”
2		0	传感器存在故障	更换传感器
3		小于 4.2V	搭铁线路存在虚接	转“第七步”

第七步：测量 J623 的 T105/33 端子对搭铁电压，见表 3-32。

表 3-32　J623 的 T105/33 端子对搭铁电压测试

测试标准：点火开关打开，或发动机处于怠速时，测试 T105/33 端子对搭铁电压，应小于 0.1V				
可能性	测试条件	实测结果	可能原因	操作
1	打开点火开关或发动机处于怠速时	4.2V	发动机控制单元内部故障	更换控制单元
2		0	G42 的 T4q/1 端子和 J623 的 T105/50 端子之间电路存在断路或虚接	转“第八步”

第八步：测量 G42 的 T4q/1 端子和 J623 的 T105/33 端子之间线路的导通性，见表 3-33。

表 3-33　G42 的 T4q/1 端子和 J623 的 T105/33 端子之间线路的导通性测试

测试标准：点火开关关闭，拔掉 J623 的 T105 插接件、G42 的 T4q 插接件，测试电阻，应小于 2Ω				
可能性	实测结果	状态	可能原因	操作
1	小于 2Ω	正常	插接件故障	检修插接件
2	无穷大	异常	线路断路	维修线路
3	大于 5Ω	异常	线路虚接	

3.4　进气歧管压力传感器及电路检查

从迈腾 B8 进气歧管温度/压力传感器电路原理图（图 3-68）上可以看出，发动机控制单元 J623 通过其 T105/42 端子输出 5V 电源至传感器的 T4q/3 端子，作为传感器的参考电

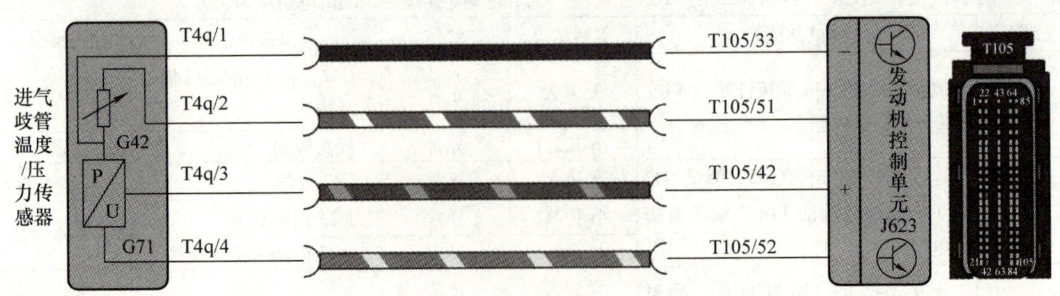

图 3-68　迈腾 B8 进气歧管温度/压力传感器电路原理图

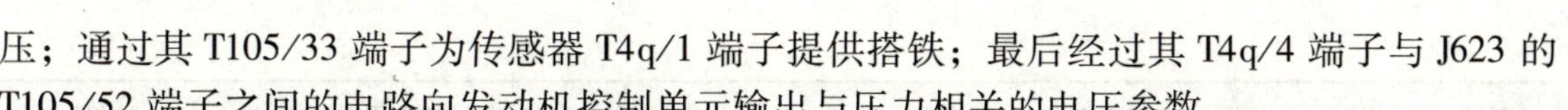

压；通过其 T105/33 端子为传感器 T4q/1 端子提供搭铁；最后经过其 T4q/4 端子与 J623 的 T105/52 端子之间的电路向发动机控制单元输出与压力相关的电压参数。

注意：在进气歧管温度/压力传感器 G71 的 T4q/4 端子与 J623 的 T105/52 端子之间的电路处于断路时，J623 的 T105/52 端子会发出 5V 的参考电压。

进气歧管压力传感器 G71 常见的故障表 3-34。

表 3-34　G71 及电路常见的故障

序号	故障性质
1	进气歧管压力传感器 T4q/4 端子对应的信号线路断路
2	进气歧管压力传感器 T4q/4 端子对应的信号线路虚接
3	进气歧管压力传感器 T4q/4 端子对应的信号线路短路
4	进气歧管压力传感器 T4q/3 端子对应的电源线路断路
5	进气歧管压力传感器 T4q/3 端子对应的电源线路虚接
6	进气歧管压力传感器 T4q/1 端子对应的搭铁线路断路
7	进气歧管压力传感器 T4q/1 端子对应的搭铁线路虚接
8	进气歧管压力传感器损坏（传感器）
9	发动机控制单元 J623 自身损坏（局部）

结合以上信息，需要对项目进行检测和诊断。

注意：

1）检测前确保插接件、紧固件连接可靠、无锈蚀、无破损。此说明适用任何线路、部件测试。

2）进气歧管压力传感器 G71 与进气歧管温度传感器 G42 共用搭铁，在此检测时不考虑进气歧管温度传感器 G42 同时异常的故障，只考虑进气歧管压力传感器 G71 信号异常故障的分析。

第一步：测量 J623 的 T105/52 端子对搭铁电压，见表 3-35。

表 3-35　J623 的 T105/52 端子对搭铁电压测试

<table>
<tr><td colspan="6">测试标准：打开点火开关时，T105/52 端子电压应为 1.73V；发动机处于怠速时，该端子对搭铁电压应为 0.83V，加速时该端子电压应逐渐增大</td></tr>
<tr><td>可能性</td><td>测试条件</td><td>实测结果</td><td>状态</td><td>故障原因</td><td>操作</td></tr>
<tr><td rowspan="2">1</td><td>点火开关打开</td><td>1.73V</td><td rowspan="2">正常</td><td colspan="2" rowspan="2">如果数据流指示传感器信号故障，则考虑更换发动机控制单元</td></tr>
<tr><td>发动机怠速</td><td>0.83V</td></tr>
<tr><td rowspan="2">2</td><td>点火开关打开</td><td rowspan="2">0</td><td rowspan="2">异常</td><td>信号电路对搭铁短路</td><td rowspan="2">转“第三步”</td></tr>
<tr><td>发动机怠速</td><td>传感器自身及电源故障</td></tr>
<tr><td rowspan="3">3</td><td>点火开关打开</td><td rowspan="3">大于 5.0V</td><td rowspan="3">异常</td><td>测试点与传感器之间线路断路故障</td><td rowspan="3">转“第二步”</td></tr>
<tr><td rowspan="2">发动机怠速</td><td>传感器自身及搭铁故障</td></tr>
<tr><td>信号电路对 5V 电源短路</td></tr>
</table>

（续）

测试标准：打开点火开关时，T105/52 端子电压应为 1.73V；发动机处于怠速时，该端子对搭铁电压应为 0.83V，加速时该端子电压应逐渐增大					
可能性	测试条件	实测结果	状态	故障原因	操作
4	点火开关打开	明显低于 1.73V	异常	传感器自身故障	转“第六步”
	发动机怠速	明显低于 0.83V		传感器电源故障	
5	点火开关打开	明显高于 1.73V	异常	传感器自身故障	转“第九步”
	发动机怠速	明显高于 0.83V		传感器电源故障	

第二步：测量 G71 的 T4q/4 端子对搭铁电压，见表 3-36。

表 3-36　测量 G71 的 T4q/4 端子对搭铁电压

测试标准：打开点火开关时，T4q/4 端子电压应为 1.73V；发动机处于怠速时，该端子对搭铁电压应 0.83V，加速时该端子电压应逐渐增大					
可能性	测试条件	实测结果	状态	可能原因	操作
1	点火开关打开	1.73V	正常	线路断路	转“第五步”
	发动机怠速	0.73V			
2	点火开关打开	大于 5.0V	异常	对正极短路	转“第四步”
	发动机怠速				

第三步：测量 G71 的 T4q/4 端子对搭铁电阻，见表 3-37。

表 3-37　测量 G71 的 T4q/4 端子对搭铁电阻

测试标准：点火开关关闭，拔掉 J623 的 T105 插接件、G71 的 T4q 插接件，测试电阻应为无穷大					
步骤	测试部位	实测结果	状态	可能原因	操作
1	测量 G71 的 T4q 插接件端的 T4q/4 端子对搭铁电阻	无穷大	正常	G71、控制单元故障	转本表的 2
		小于 2Ω	异常	线路短路	检修线路
2	连接 J623 插接件 T105，测量 G71 的 T4q 插接件端的 T4q/4 端子对搭铁电阻	无穷大	正常	G71 故障	转本表的 3
		小于 2Ω	异常	J623 内部故障	更换 J623
3	连接 G71 的 T4q 插接件，测量 G71 的 T4q/4 端子对搭铁电阻	无穷大	正常	传感器自身及电源故障	转“第六步”
		小于 2Ω	异常	G71 内部故障	更换 G71

第四步：测量 G71 的 T4q/4 端子对电源是否短路，见表 3-38。

注意：电源包括模块电源（4.7~5.3V）和蓄电池电源（+B）。

表 3-38　测量 G71 的 T4q/4 端子对电源是否短路

测试标准：点火开关关闭，拔掉 J623 的 T105 插接件、G71 的 T4q 插接件，对搭铁测试电压应为 0V 注意： 1）需先确认模块、元件之间连接线路无断路或电阻过大故障 2）在拆卸模块插接件时必须关闭点火开关，模块插接件连接牢靠后再打开点火开关进行测试；如果所有模块连接正确，点火开关打开，测量 T4q/3 端子对搭铁电压应为 1.73V 左右					
步骤	测试部位	实测结果	状态	可能原因	操作
1	测量 G71 的 T4q 插接件端的 T4q/4 端子对搭铁电压	0	正常	G71、控制单元故障	转本表的 2
		大于 5.0V	异常	线路短路	检修线路

（续）

测试标准：点火开关关闭，拔掉J623的T105插接件、G71的T4q插接件，对搭铁测试电压应为0V 注意： 1）需先确认模块、元件之间连接线路无断路或电阻过大故障 2）在拆卸模块插接件时必须关闭点火开关，模块插接件连接牢靠后再打开点火开关进行测试；如果所有模块连接正确，点火开关打开，测量T4q/3端子对搭铁电压应为1.73V左右					
步骤	测试部位	实测结果	状态	可能原因	操作
2	连接J623插接件T105，测量G71的T4q插接件端的T4q/4端子对搭铁电压	0	正常	G71故障	转本表的3
		大于5.0V	异常	J623内部对电源短路	更换J623
3	连接G71的T4q插接件，测量G71的T4q/4端子对搭铁电压	0	正常		维修结束
		大于5.0V	异常	G71内部对电源短路	更换G71

第五步：测量G71的T4q/4端子和J623的T105/52端子之间线路的导通性，见表3-39。

表3-39　测量G71的T4q/4端子和J623的T105/52端子之间线路的导通性

测试标准：点火开关关闭，拔掉J623的T105/52端子插接件、G71的T4q/4插接件，测试电阻，应小于2Ω				
可能性	实测结果	状态	可能原因	操作
1	小于2Ω	正常	插接件故障	检修插接件
2	无穷大	异常	线路断路	维修线路
3	大于5Ω	异常	线路虚接	

第六步：测量G42的T4q/3端子对搭铁电压，见表3-40。

表3-40　G42的T4q/3端子对搭铁电压测试

测试标准：点火开关打开，或发动机处于怠速时，测试T4q/3端子对搭铁电压，应为5V左右				
可能性	测试条件	实测结果	可能原因	操作
1	打开点火开关或发动机处于怠速时	约5V	传感器存在故障	更换传感器
2		0	传感器电源电路存在故障	转“第七步”
3		0～5V		

第七步：测量J623的T105/42对搭铁电压，见表3-41。

表3-41　J623的T105/42端子对搭铁电压测试

测试标准：点火开关打开，或发动机处于怠速时，测试T105/42端子对搭铁电压，应为5V左右				
可能性	测试条件	实测结果	可能原因	操作
1	打开点火开关或发动机处于怠速时	0	发动机控制单元内部故障	更换控制单元
2		5V	G42的T4q/3端子和J623的T105/42之间电路存在断路	转“第八步”
3		0～5V	G42的T4q/3端子和J623的T105/42之间电路存在虚接	

第八步：测量G42的T4q/3端子和J623的T105/42端子之间线路的导通性，见表3-42。

第九步：测量G42的T4q/1端子对搭铁电压，见表3-43。

表 3-42　G42 的 T4q/3 端子和 J623 的 T105/42 端子之间线路的导通性测试

测试标准：点火开关关闭，拔掉 J623 的 T105 插接件、G42 的 T4q 插接件，测试电阻，应小于 2Ω				
可能性	实测结果	状态	可能原因	操作
1	小于 2Ω	正常	插接件故障	检修插接件
2	无穷大	异常	线路断路	维修线路
3	大于 5Ω	异常	线路虚接	

表 3-43　G42 的 T4q/1 端子对搭铁电压测试

测试标准：点火开关打开，或发动机处于怠速时，测试 T4q/1 端子对搭铁电压，应小于 0.1V				
可能性	测试条件	实测结果	可能原因	操作
1	打开点火开关或发动机处于怠速时	5.0V	搭铁线路存在断路	转“第十步”
2		0	传感器存在故障	更换传感器
3		远大于 0.1V	搭铁线路存在虚接	转“第十步”

第十步：测量 J623 的 T105/33 端子对搭铁电压，见表 3-44。

表 3-44　J623 的 T105/33 端子对搭铁电压测试

测试标准：点火开关打开，或发动机处于怠速时，测试 T105/33 端子对搭铁电压，应小于 0.1V				
可能性	测试条件	实测结果	可能原因	操作
1	打开点火开关或发动机处于怠速时	5.0V	发动机控制单元内部故障	更换控制单元
2		0	G42 的 T4q/1 和 J623 的 T105/33 之间电路存在断路或虚接	转“第十一步”

第十一步：测量 G42 的 T4q/1 端子和 J623 的 T105/33 端子之间线路的导通性，见表 3-45。

表 3-45　G42 的 T4q/1 端子和 J623 的 T105/33 端子之间线路的导通性测试

测试标准：点火开关关闭，拔掉 J623 的 T105 插接件、G42 的 T4q 插接件，测试电阻，应小于 2Ω				
可能性	实测结果	状态	可能原因	操作
1	小于 2Ω	正常	插接件故障	检修插接件
2	无穷大	异常	线路断路	维修线路
3	大于 5Ω	异常	线路虚接	

3.5　燃油压力传感器及电路检查

从迈腾 B8 燃油压力传感器电路原理图（图 3-69）可以看出，发动机控制单元 J623 通过其 T105/68 端子输出 5V 电源至传感器的 T3n/3 端子，作为传感器的参考电压；通过其 T105/11 端子为传感器 T3n/1 端子提供搭铁；最后经过其 T3n/2 端子与 J623 的 T105/49 端子之间的电路向发动机控制单元输出与压力相关的电压参数。

注意：在燃油压力传感器 G247 的 T3n/2 端子与 J623 的 T105/49 端子之间的电路处于断路时，J623 的 T105/49 端子会发出 5V 的参考电压。

燃油压力传感器 G247 常见的故障见表 3-46。

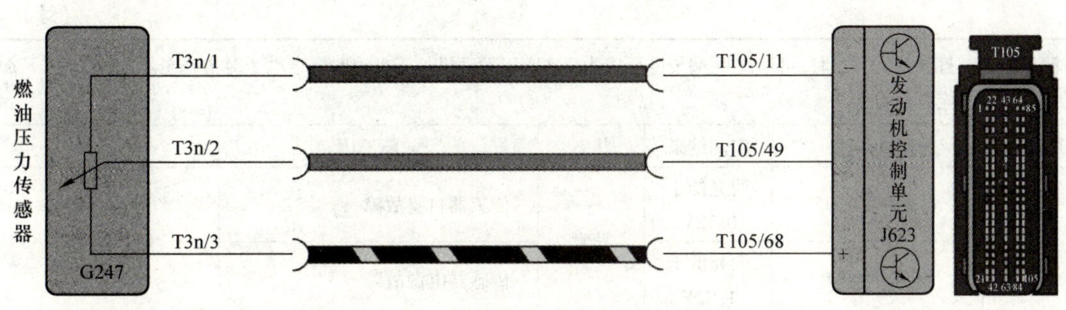

图 3-69　迈腾 B8 燃油压力传感器电路原理图

表 3-46　G247 及电路常见的故障

序号	故障性质
1	燃油压力传感器 T3n/2 端子对应的信号线路断路
2	燃油压力传感器 T3n/2 端子对应的信号线路虚接
3	燃油压力传感器 T3n/2 端子对应的信号线路短路
4	燃油压力传感器 T3n/3 端子对应的电源线路断路
5	燃油压力传感器 T3n/3 端子对应的电源线路虚接
6	燃油压力传感器 T3n/1 端子对应的搭铁线路断路
7	燃油压力传感器 T3n/1 端子对应的搭铁线路虚接
8	燃油压力传感损坏（传感器）
9	发动机控制单元 J623 自身损坏（局部）

结合以上信息，需要对项目进行检测和诊断：

注意：检测前确保插接件、紧固件连接可靠、无锈蚀、无破损。此说明适用任何线路、部件测试。

第一步：测量 J623 的 T105/49 端子对搭铁电压，见表 3-47。

表 3-47　J623 的 T105/49 端子对搭铁电压测试

测试标准：打开点火开关时，T105/49 端子电压应为 0.72V；发动机处于怠速时，该端子对搭铁电压应为 1.9V，加速时该端子电压应逐渐增大					
可能性	测试条件	实测结果	状态	故障原因	操作
1	点火开关打开	0.72V	正常	如果数据流指示传感器信号故障，则考虑更换发动机控制单元	
	发动机怠速	1.92V			
2	点火开关打开	0	异常	信号电路对搭铁短路	转“第三步”
	发动机怠速			传感器自身及电源故障	
3	点火开关打开	约 5V	异常	测试点与传感器之间线路断路故障	转“第二步”
	发动机怠速			传感器自身及搭铁故障	
				信号电路对 5V 电源短路	

（续）

测试标准：打开点火开关时，T105/49 端子电压应为 0.72V；发动机处于怠速时，该端子对搭铁电压应为 1.9V，加速时该端子电压应逐渐增大					
可能性	测试条件	实测结果	状态	故障原因	操作
4	点火开关打开	明显低于 0.72V	异常	传感器自身故障	转“第六步”
	发动机怠速	明显低于 1.92V		传感器电源故障	
5	点火开关打开	明显高于 0.72V	异常	传感器自身故障	转“第九步”
	发动机怠速	明显高于 1.92V		传感器电源故障	

第二步：测量 G247 的 T3n/2 端子对搭铁电压，见表 3-48。

表 3-48　G247 的 T3n/2 端子对搭铁电压测试

测试标准：打开点火开关时，T3n/2 端子电压应为 0.72V；发动机处于怠速时，该端子对搭铁电压应 1.92V，加速时该端子电压应逐渐增大					
可能性	测试条件	实测结果	状态	可能原因	操作
1	点火开关打开	0.72V	异常	线路断路	转“第五步”
	发动机怠速	1.92V			
2	点火开关打开	约 5V	异常	对正极短路	转“第四步”
	发动机怠速				

第三步：测量 G247 的 T3n/2 对搭铁电阻，见表 3-49。

表 3-49　测量 G247 的 T3n/2 对搭铁电阻

测试标准：点火开关关闭，拔掉 J623 的 T105 插接件、G247 的 T3n 插接件，测试电阻应为无穷大					
步骤	测试部位	实测结果	状态	可能原因	操作
1	测量 G247 的 T3n 插接件端的 T3n/2 端子对搭铁电阻	无穷大	正常	G247、控制单元故障	转本表的 2
		小于 2Ω	异常	线路短路	检修线路
2	连接 J623 插接件 T105，测量 G247 的 T3n 插接件端的 T3n/2 端子对搭铁电阻	无穷大	正常	G247 故障	转本表的 3
		小于 2Ω	异常	J623 内部故障	更换 J623
3	连接 G247 的 T3n 插接件，测量 G247 的 T3n/2 端子对搭铁电阻	无穷大	正常	传感器自身及电源故障	转“第六步”
		小于 2Ω	异常	G247 内部故障	更换 G247

第四步：测量 G247 的 T3n/2 端子对电源是否短路，见表 3-50。

注意：电源包括模块电源（4.7～5.3V）和蓄电池电源（+B）。

表 3-50　测量 G247 的 T3n/2 端子对电源是否短路

测试标准：点火开关关闭，拔掉 J623 的 T105 插接件、G247 的 T3n 插接件，对搭铁测试电压应为 0V

注意：

1）需先确认模块、元件之间连接线路无断路或电阻过大故障

2）在拆卸模块插接件时必须关闭点火开关，模块插接件连接牢靠后再打开点火开关进行测试；如果所有模块连接正确，点火开关打开，测量 T3n/2 端子对搭铁电压应为 0.72V 左右

步骤	测试部位	实测结果	状态	可能原因	操作
1	测量 G247 的 T3n 插接件端的 T3n/2 端子对搭铁电压	0	正常	G247、控制单元故障	转本表的 2
		大于 0.72V	异常	线路短路	检修线路
2	连接 J623 插接件 T105，测量 G247 的 T3n 插接件端的 T3n/2 端子对搭铁电压	0	正常	G247 故障	转本表的 3
		大于 0.72V	异常	J623 内部对电源短路	更换 J623
3	连接 G247 的 T3n 插接件，测量 G247 的 T3n/2 端子对搭铁电压	0	正常	传感器自身及搭铁故障	转“第九步”
		大于 0.72V	异常	G247 内部对电源短路	更换 G247

第五步：测量 G247 的 T3n/2 端子和 J623 的 T105/49 端子之间线路的导通性，见表 3-51。

表 3-51　G247 的 T3n/2 端子和 J623 的 T105/49 端子之间线路的导通性测试

测试标准：点火开关关闭，拔掉 J623 的 T105 插接件、G247 的 T3n 插接件，测试电阻应为小于 2Ω

可能性	实测结果	状态	可能原因	操作
1	小于 2Ω	正常	插接件故障	检修插接件
2	无穷大	异常	线路断路	维修线路
3	大于 5Ω	异常	线路虚接	

第六步：测量 G247 的 T3n/3 端子对搭铁电压，见表 3-52。

表 3-52　G247 的 T3n/3 端子对搭铁电压测试

测试标准：点火开关打开，或发动机处于怠速时，测试 T3n/3 端子对搭铁电压应为 5V 左右

可能性	测试条件	实测结果	可能原因	操作
1	打开点火开关或发动机处于怠速时	约 5V	传感器存在故障	更换传感器
2		0	传感器电源电路存在故障	转“第七步”
3		0～5V		

第七步：测量 J623 的 T105/68 端子对搭铁电压，见表 3-53。

表 3-53　J623 的 T105/68 端子对搭铁电压测试

测试标准：点火开关打开，或发动机处于怠速时，测试 T105/68 端子对搭铁电压应为 5V 左右

可能性	测试条件	实测结果	可能原因	操作
1	打开点火开关或发动机处于怠速时	0	发动机控制单元内部故障	更换控制单元
2		5V	G247 的 T3n/3 和 J623 的 T105/68 之间电路存在断路	转“第八步”
3		0～5V	G247 的 T3n/3 和 J623 的 T105/68 之间电路存在虚接	

第八步：测量 G247 的 T3n/3 端子和 J623 的 T105/68 端子之间线路的导通性，见表 3-54。

表 3-54 G247 的 T3n/3 端子和 J623 的 T105/68 端子之间线路的导通性测试

<table>
<tr><td colspan="5">测试标准：点火开关关闭，拔掉 J623 的 T105 接插件、G247 的 T3n 插接件，测试电阻应为小于 2Ω</td></tr>
<tr><td>可能性</td><td>实测结果</td><td>状态</td><td>可能原因</td><td>操作</td></tr>
<tr><td>1</td><td>小于 2Ω</td><td>正常</td><td>插接件故障</td><td>检修插接件</td></tr>
<tr><td>2</td><td>无穷大</td><td>异常</td><td>线路断路</td><td rowspan="2">维修线路</td></tr>
<tr><td>3</td><td>大于 5Ω</td><td>异常</td><td>线路虚接</td></tr>
</table>

第九步：测量 G247 的 T3n/1 端子对搭铁电压，见表 3-55。

表 3-55 G247 的 T3n/1 端子对搭铁电压测试

<table>
<tr><td colspan="5">测试标准：点火开关打开，或发动机处于怠速时，测试 T3n/1 端子对搭铁电压，应小于 0.1V</td></tr>
<tr><td>可能性</td><td>测试条件</td><td>实测结果</td><td>可能原因</td><td>操作</td></tr>
<tr><td>1</td><td rowspan="3">打开点火开关或发动机处于怠速时</td><td>5.0V</td><td>搭铁线路存在断路</td><td>转“第十步”</td></tr>
<tr><td>2</td><td>0</td><td>传感器存在故障</td><td>更换传感器</td></tr>
<tr><td>3</td><td>远大于 0.1V</td><td>搭铁线路存在虚接</td><td>转“第十步”</td></tr>
</table>

第十步：测量 J623 的 T105/11 端子对搭铁电压，见表 3-56。

表 3-56 J623 的 T105/11 端子对搭铁电压测试

<table>
<tr><td colspan="5">测试标准：点火开关打开时，测试 T105/11 端子对搭铁电压，应小于 0.1V</td></tr>
<tr><td>可能性</td><td>测试条件</td><td>实测结果</td><td>可能原因</td><td>操作</td></tr>
<tr><td>1</td><td rowspan="2">打开点火开关</td><td>5.0V</td><td>发动机控制单元内部故障</td><td>更换控制单元</td></tr>
<tr><td>2</td><td>0</td><td>G247 的 T3n/1 和 J623 的 T105/11 之间电路存在断路或虚接</td><td>转“第十一步”</td></tr>
</table>

第十一步：测量 G247 的 T3n/1 端子和 J623 的 T105/11 端子之间线路的导通性，见表 3-57。

表 3-57 G247 的 T3n/1 端子和 J623 的 T105/11 端子之间线路的导通性测试

<table>
<tr><td colspan="5">测试标准：点火开关关闭，拔掉 J623 的 T105 插接件、G247 的 T3n 插接件，测试电阻应为小于 2Ω</td></tr>
<tr><td>可能性</td><td>实测结果</td><td>状态</td><td>可能原因</td><td>操作</td></tr>
<tr><td>1</td><td>小于 2Ω</td><td>正常</td><td>插接件故障</td><td>检修插接件</td></tr>
<tr><td>2</td><td>无穷大</td><td>异常</td><td>线路断路</td><td rowspan="2">维修线路</td></tr>
<tr><td>3</td><td>大于 5Ω</td><td>异常</td><td>线路虚接</td></tr>
</table>

3.6 燃油压力调节阀及电路检查

从迈腾 B8 燃油压力调节阀控制电路原理图（图 3-70）可以看出，发动机控制单元 J623 的 T105/92 端子与燃油压力调节阀 N276 的 T2f/2 端子相连，为燃油压力调节阀提供脉冲电压电源；发动机控制单元 J623 的 T105/93 直接与燃油压力调节阀 N276 的 T2f/1 端子相连，作为燃油压力调节阀的控制端，燃油压力调节阀控制信号采用 PWM 信号进行控制。

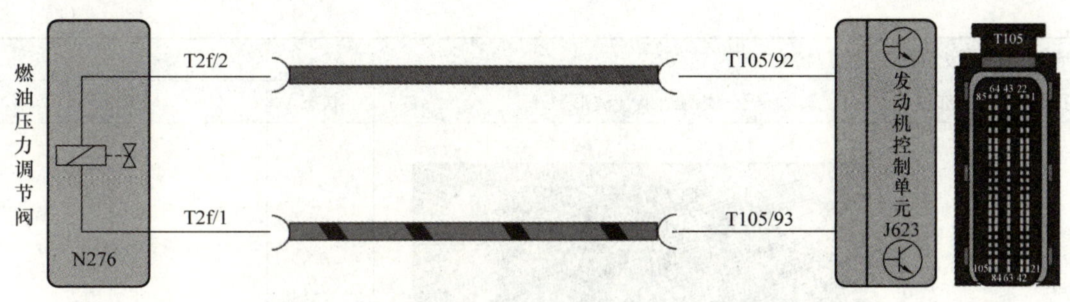

图 3-70　迈腾 B8 燃油压力调节阀控制电路原理图

燃油压力调节阀 N276 常见的故障见表 3-58。

表 3-58　燃油压力调节阀 N276 常见的故障

序号	故 障 性 质
1	燃油压力调节阀 T2f/1 端子对应的控制信号线路断路
2	燃油压力调节阀 T2f/1 端子对应的控制信号线路虚接
3	燃油压力调节阀 T2f/2 端子对应的电源线路断路
4	燃油压力调节阀 T2f/2 端子对应的电源线路虚接
5	燃油压力调节阀 T2f/2 端子对应的电源线路对搭铁短路
6	燃油压力调节阀自身故障
7	发动机控制单元 J623 自身损坏（局部）

结合以上信息，需要对项目进行检测和诊断。

注意：

1）检测前确保插接件、紧固件连接可靠、无锈蚀、无破损。此说明适用任何线路、部件测试。

2）对于发动机控制单元的端子波形测量，可以默认终端盒是必配工具，并且已经正确安装。

第一步：测量燃油压力调节阀 N276 端子对搭铁波形，见表 3-59。

表 3-59　测量燃油压力调节阀 N276 端子对搭铁波形

测试条件：发动机处于怠速状态				
可能性	测试部位	实测结果（波形）	状态	操作
1	T2f/1	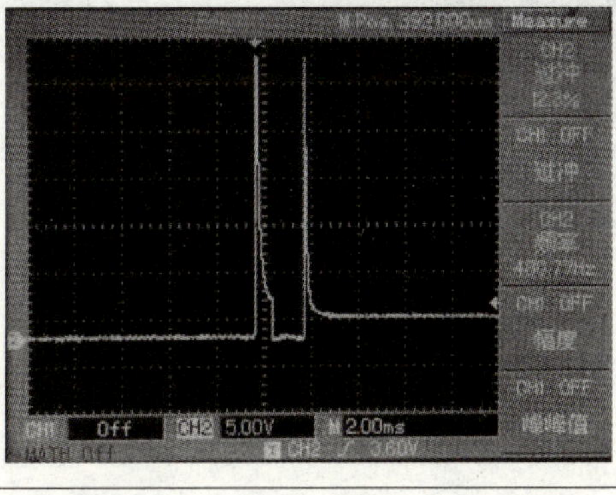	正常	考虑更换燃油压力调节阀元件

（续）

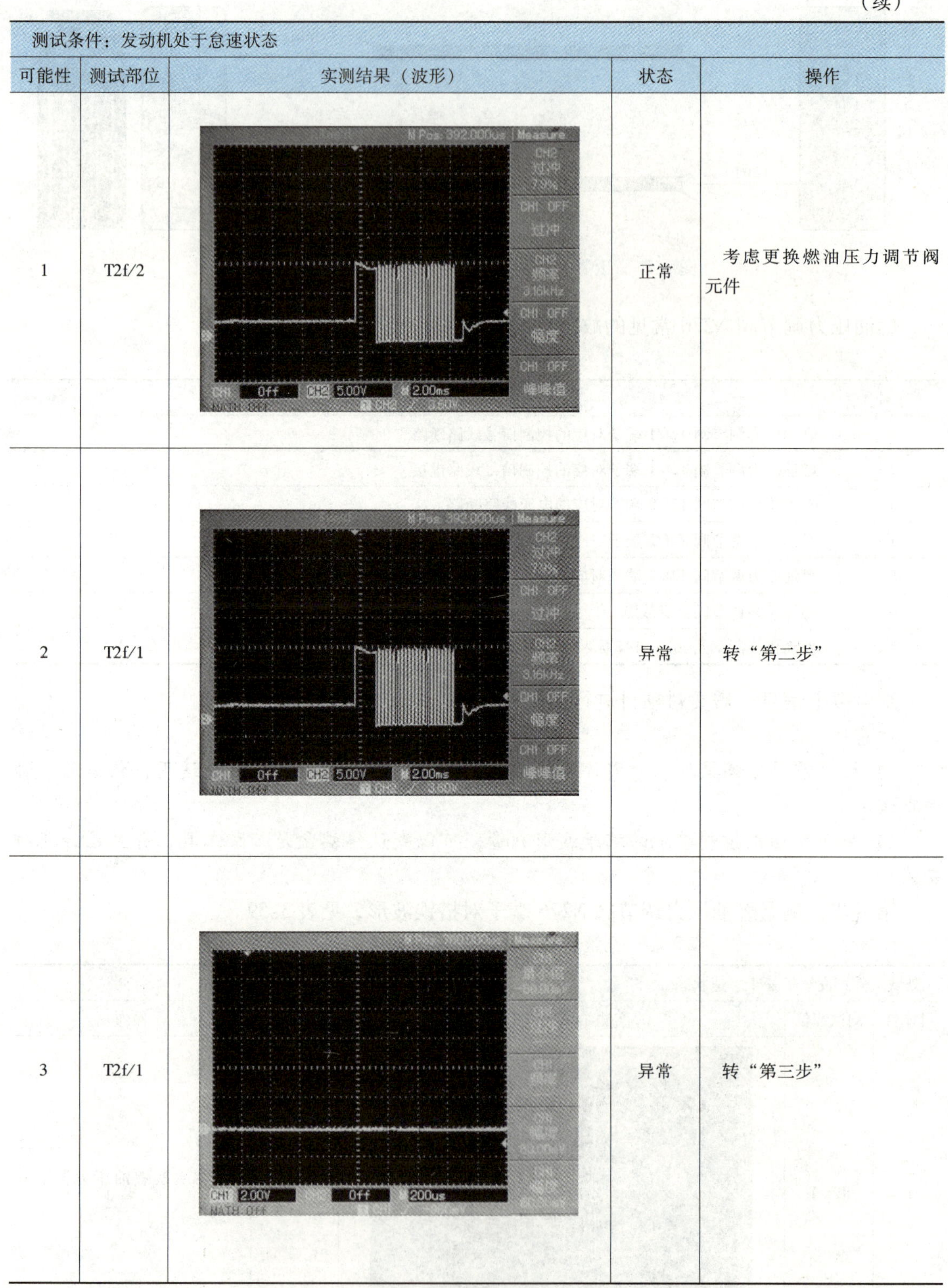

测试条件：发动机处于怠速状态				
可能性	测试部位	实测结果（波形）	状态	操作
1	T2f/2		正常	考虑更换燃油压力调节阀元件
2	T2f/1		异常	转“第二步”
3	T2f/1		异常	转“第三步”

第二步：测量 J623 的 T105/93 端子对搭铁波形，见表 3-60。

表 3-60　测量 J623 的 T105/93 端子对搭铁波形

测试条件：发动机处于怠速状态				
可能性	实测结果（波形）	状态	说明	操作
1	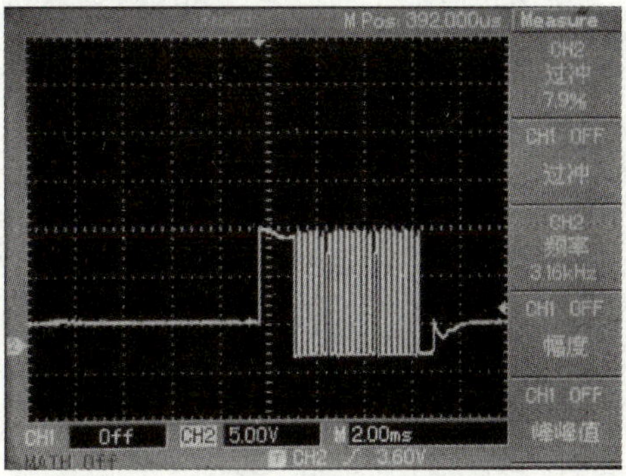	异常	说明发动机控制单元未发出接地控制信号	考虑更换发动机控制单元
2			N276 的 T2f/1 端子和 J623 的 T105/93 端子之间线路断路	转“第五步”的（2）

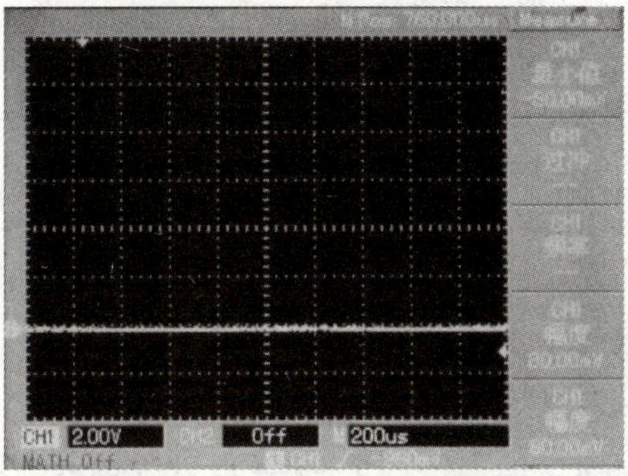

第三步：测量燃油压力调节阀 N276 的 T2f/2 端子对搭铁波形，见表 3-61。

表 3-61　测量 N276 的 T2f/2 端子对搭铁波形

测试条件：发动机处于怠速状态				
可能性	实测结果（波形）	状态	说明	操作
1	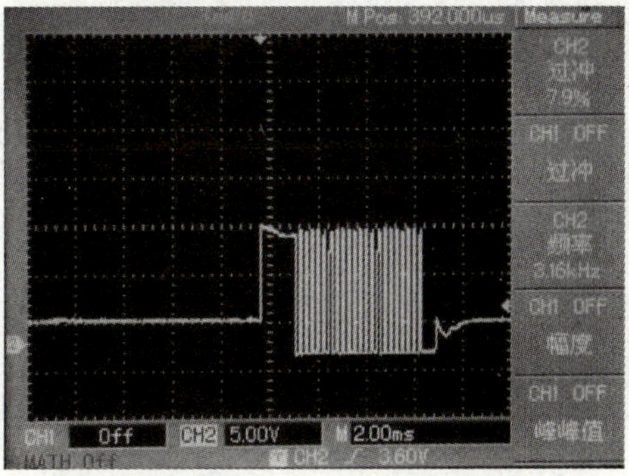	正常	说明燃油压力调节器损坏	考虑更换燃油压力调节器

（续）

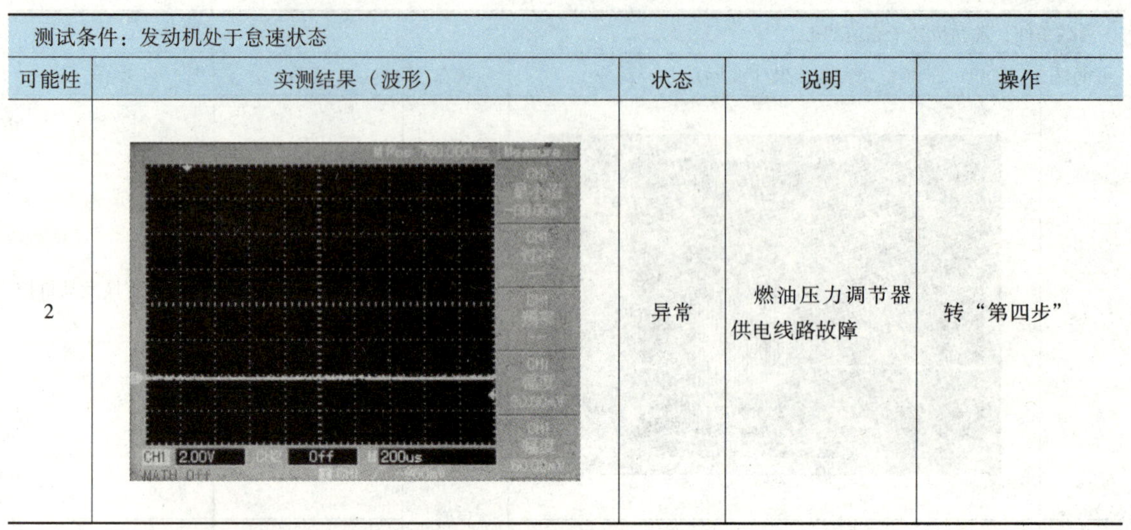

测试条件：发动机处于怠速状态				
可能性	实测结果（波形）	状态	说明	操作
2		异常	燃油压力调节器供电线路故障	转“第四步”

第四步：测量 J623 的 T105/92 端子对搭铁波形，见表 3-62。

表 3-62 测量 J623 的 T105/92 对搭铁波形

测试条件：发动机处于怠速状态				
可能性	实测结果（波形）	状态	说明	操作
1		正常	N276 的 T2f/2 端子和 J623 的 T105/92 端子之间线路断路	转“第五步”的 1）
2		异常	发动机控制单元故障	更换发动机控制单元

第五步：线路导通性测试。

1）测量 N276 的 T2f/2 端子和 J623 的 T105/92 端子之间线路的导通性，见表 3-63。

表3-63　N276的T2f/2端子和J623的T105/92端子之间线路的导通性测试

测试标准：点火开关关闭，拔掉J623的T105插接件、燃油压力调节阀N276的T2f插接件，测试电阻应小于2Ω				
可能性	实测结果	状态	可能原因	操作
1	小于2Ω	正常	插接件故障	检修插接件
2	无穷大	异常	线路断路	维修线路
3	大于5Ω	异常	线路虚接	

2）测量N276的T2f/1端子和J623的T105/93端子之间线路的导通性，见表3-64。

表3-64　N276的T2f/1端子和J623的T105/93端子之间线路的导通性测试

测试标准：点火开关关闭，拔掉J623的T105插接件、燃油压力调节阀N276的T2f插接件，测试电阻应小于2Ω				
可能性	实测结果	状态	可能原因	操作
1	小于2Ω	正常	插接件故障	检修插接件
2	无穷大	异常	线路断路	维修线路
3	大于5Ω	异常	线路虚接	

3.7　加速踏板位置传感器及电路检查

从迈腾B8加速踏板位置传感器电路原理图（图3-71）可以看出，加速踏板位置传感器由两个传感器组成，分别有各自的供电电源、搭铁和信号线路。本节讲述加速踏板位置传感器G79及电路检查，G185除了信号的范围是从0.38～2V以外，别的没有什么区别，本节不再赘述。

发动机控制单元J623通过T91/33端子输出5V电源至加速踏板位置传感器的T6bf/2端子，为传感器提供参考电压；通过T91/34端子与加速踏板位置传感器T6bf/3端子之间的电路为传感器提供搭铁；最后经过传感器的T6bf/4端子与发动机控制单元J623的T91/52端子之间的电路为将反映加速踏板位置的信息输送给发动机控制单元。

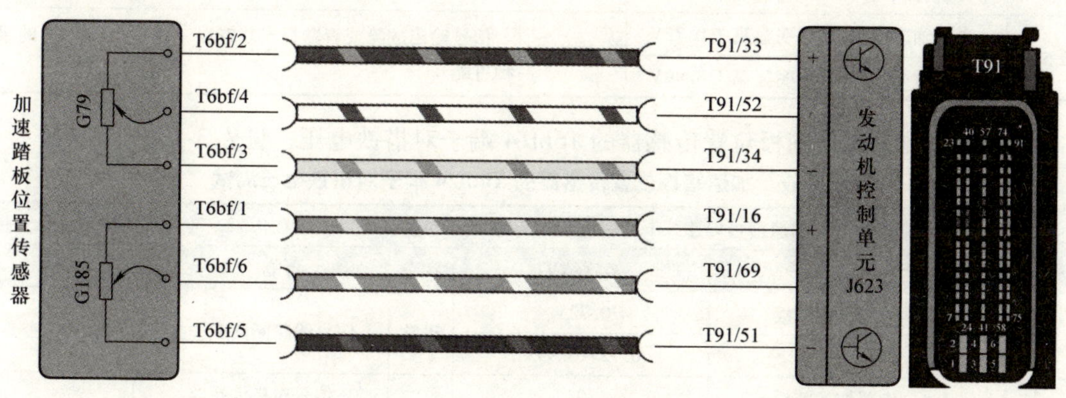

图3-71　迈腾B8加速踏板位置传感器电路原理图

加速踏板位置传感器及其电路常见的故障见表3-65。

表 3-65　加速踏板位置传感器及其电路常见的故障

序号	故障性质
1	加速踏板位置传感器 T6bf/4 端子对应的信号线路断路
2	加速踏板位置传感器 T6bf/4 端子对应的信号线路虚接
3	加速踏板位置传感器 T6bf/4 端子对应的信号线路对搭铁短路
4	加速踏板位置传感器 T6bf/4 端子对应的信号线路对参考电压短路
5	加速踏板位置传感器 T6bf/2 端子对应的参考电源线路断路
6	加速踏板位置传感器 T6bf/2 端子对应的参考电源线路虚接
7	加速踏板位置传感器 T6bf/3 端子对应的搭铁线路断路
8	加速踏板位置传感器 T6bf/3 端子对应的搭铁线路虚接
9	加速踏板位置传感器损坏（传感器）
10	发动机控制单元 J623 自身损坏（局部）

结合以上信息，需要对项目进行检测和诊断。

注意：检测前确保插接件、紧固件连接可靠、无锈蚀、无破损。此说明适用任何线路、部件测试。

第一步：测量 J623 的 T91/52 端子信号对搭铁电压，见表 3-66。

表 3-66　J623 的 T91/52 端子信号对搭铁电压测试

测试标准：点火开关打开，加速踏板匀速踩下时，测试 T91/52 端子对搭铁电压应在 0.72～3.99V 之间逐渐增大				
可能性	测试条件	实测结果	状态	操作
1	未踩加速踏板	0.72V	正常	如果解码器数据流显示传感器数据错误，则说明 J623 自身存在故障
	踏板匀速踩下	0.72～3.99V		
2	未踩加速踏板	0	异常	信号输出故障或信号线对搭铁短路，转“第二步”的第 1、2 种可能
	踏板匀速踩下	0		
3	未踩加速踏板	约 3.99V 或 5.0V	异常	信号输出故障或信号线对正极短路，转“第二步”的第 3 种可能
	踏板匀速踩下	始终约 3.99V 或 5.0V		
4	未踩加速踏板	明显低于 0.72V	异常	信号输出故障或者踏板安装错误，转“第二步”的第 4 种可能
	踏板踩下后	明显低于 3.99V		
5	未踩加速踏板	明显高于 0.72V	异常	信号输出故障或者踏板安装错误，转“第二步”的第 5 种可能
	踏板踩下后	明显高于 3.99V		

第二步：测量加速踏板位置传感器的 T6bf/4 端子对搭铁电压，见表 3-67。

表 3-67　加速踏板位置传感器的 T6bf/4 端子对搭铁电压测试

测试标准：点火开关打开，加速踏板匀速踩下时，测试 T6bf/4 端子对搭铁电压，应在 0.72～3.99V 之间逐渐增大					
可能性	测试条件	实测结果	状态	可能原因	操作
1	未踩加速踏板	0.72V	正常	信号线路断路或虚接	转“第三步”
	踏板匀速踩下	0.72～3.99V			
2	未踩加速踏板	0	异常	信号对搭铁短路	转“第四步”
	踏板匀速踩下	0		G79 及电源故障	
3	未踩加速踏板	约 5.03V	异常	对正极短路	转“第五步”
	踏板匀速踩下	始终约 5.03V		G79 及电源故障	

（续）

测试标准：点火开关打开，加速踏板匀速踩下时，测试 T6bf/4 端子对搭铁电压，应在 0.72～3.99V 之间逐渐增大					
可能性	测试条件	实测结果	状态	可能原因	操作
4	未踩加速踏板	明显低于 0.72V	异常	信号输出故障或者踏板安装错误	转“第六步”
	踏板踩下后	明显低于 3.99V			
5	未踩加速踏板	明显高于 0.72V	异常		转“第九步”
	踏板踩下后	明显高于 3.99V			

第三步：测量加速踏板位置传感器的 T6bf/4 端子和 J623 的 T91/52 端子之间线路的导通性，见表 3-68。

表 3-68　加速踏板位置传感器的 T6bf/4 端子和 J623 的 T91/52 端子之间线路的导通性测试

测试标准：点火开关关闭，拔掉发动机控制单元 J623 的 T91 插接件、加速踏板位置传感器的 T6bf 端子插接件，测试电阻应小于 2Ω				
可能性	实测结果	状态	可能原因	操作
1	小于 2Ω	正常	插接件故障	检修插接件
2	无穷大	异常	线路断路	维修线路
3	大于 5Ω	异常	线路虚接	

第四步：测量加速踏板位置传感器的 T6bf/4 端子对搭铁电阻，见表 3-69。

表 3-69　测量加速踏板位置传感器的 T6bf/4 端子对搭铁电阻

测试标准：点火开关关闭，拔掉 J623 的 T91 插接件、加速踏板位置传感器的 T6bf 插接件，测试电阻应为无穷大					
步骤	测试部位	实测结果	状态	可能原因	操作
1	测量 G79 的 T6bf 插接件端的 T6bf/4 端子对搭铁电阻	无穷大	正常	G79、控制单元故障	转本表的 2
		小于 2Ω	异常	线路短路	检修线路
2	连接 J623 插接件 T91，测量 G79 的 T6bf 插接件端的 T6bf/4 端子对搭铁电阻	无穷大	正常	G79 故障	转本表的 3
		小于 2Ω	异常	J623 内部故障	更换 J623
3	连接 G79 的 T6bf 插接件，测量 G79 的 T6bf/4 端子对搭铁电阻	无穷大	正常	G79 及电源故障	转第六步
		小于 2Ω	异常	G79 内部故障	更换 G79

第五步：测量加速踏板位置传感器的 T6bf/4 端子对电源是否短路，见表 3-70。

注意：电源包括模块电源（4.7～5.3V）和蓄电池电源（+B）。

表 3-70　加速踏板位置传感器的 T6bf/4 端子对电源是否短路测试

测试标准：点火开关关闭，拔掉 J623 的 T91 插接件、加速踏板位置传感器的 T6bf 插接件，搭铁测试电压应为 0V 注意： 1）需先确认模块、元件之间连接线路无断路或电阻过大故障 2）在拆卸模块插接件时必须关闭点火开关，模块插接件连接牢靠后再打开点火开关进行测试；如果所有模块连接正确，点火开关打开，加速踏板匀速踩下时，测量 T6bf/4 端子对搭铁电压应为 0.72～3.99V					
步骤	测试部位	实测结果	状态	可能原因	操作
1	测量 G79 的 T6bf 插接件端的 T6bf/4 端子对搭铁电压	0	正常	G79 或控制单元故障	转本表的 2
		大于 0.72V	异常	线路短路	检修线路
2	连接 J623 插接件 T91，测量 G79 的 T6bf 插接件端的 T6bf/4 端子对搭铁电压	0	正常	G79 故障	转本表的 3
		大于 0.72V	异常	J623 内部对电源短路	更换 J623
3	连接 G79 的 T6bf 插接件，测量 G79 的 T6bf/4 端子对搭铁电压	0	正常	G79 及电源故障	转第九步
		大于 0.72V	异常	G79 内部对电源短路	更换 G79

第六步：测量加速踏板位置传感器的 T6bf/2 端子对搭铁电压，见表 3-71。

表 3-71　加速踏板位置传感器的 T6bf/2 端子对搭铁电压测试

测试标准：点火开关打开，T6bf/2 端子对搭铁电压应为 5V 左右					
可能性	测试条件	实测结果	状态	可能原因	操作
1	点火开关打开	5V	正常	传感器故障	更换 G79
2		0	异常	传感器供电断路故障	转“第七步”
3		0.1～4.5V	异常	传感器供电虚接故障	

第七步：测量 J623 的 T91/33 端子对搭铁电压，见表 3-72。

表 3-72　J623 的 T91/33 端子对搭铁电压测试

测试标准：点火开关打开，T91/33 端子对搭铁电压应为 5V 左右					
可能性	测试条件	实测结果	状态	可能原因	操作
1	点火开关打开	5V	正常	供电线路断路或虚接	转“第八步”
2		0	异常	发动机控制单元故障	更换 J623
3		0.1～4.5V	异常		

第八步：检查加速踏板位置传感器的 T6bf/2 端子和 J623 的 T91/33 端子之间线路的导通性，见表 3-73。

表 3-73　加速踏板位置传感器的 T6bf/2 端子和 J623 的 T91/33 端子之间线路的导通性测试

测试标准：点火开关关闭，拔掉发动机控制单元 J623 的 T91 插接件、加速踏板位置传感器的 T6bf 插接件，测试电阻应为小于 2Ω				
可能性	实测结果	状态	可能原因	操作
1	小于 2Ω	正常	G79 自身故障	更换 G79
2	无穷大	异常	线路断路	维修线路
3	大于 5Ω	异常	线路虚接	

第九步：测量加速踏板位置传感器的 T6bf/3 端子对搭铁电压，见表 3-74。

表 3-74　加速踏板位置传感器的 T6bf/3 端子对搭铁电压测试

测试标准：点火开关打开，T6bf/3 端子对搭铁电压应小于 0.1V					
可能性	测试条件	实测结果	状态	可能原因	操作
1	点火开关打开	0	正常	G79 自身故障	更换 G79
2		5V	异常	传感器搭铁断路故障	转“第十步”
3		0.1～4.5V	异常	传感器搭铁虚接故障	

第十步：测量 J623 的 T91/34 端子对搭铁电压，见表 3-75。

表 3-75　J623 的 T91/34 端子对搭铁电压测试

测试标准：点火开关打开，T91/34 端子对搭铁电压应小于 0.1V					
可能性	测试条件	实测结果	状态	可能原因	操作
1	点火开关打开	0	正常	搭铁线路断路或虚接	转“第十一步”
2		5V	异常	发动机控制单元故障	更换 J623
3		0.1～4.5V	异常		

第十一步：测量加速踏板位置传感器的 T6bf/3 端子和 J623 的 T91/34 端子之间线路的导通性，见表3-76。

表3-76　加速踏板位置传感器的 T6bf/3 端子和 J623 的 T91/34 端子之间线路的导通性测试

测试标准：点火开关关闭，拔掉发动机控制单元 J623 的 T91 插接件、加速踏板位置传感器的 T6bf 插接件，测试电阻应小于 2Ω				
可能性	实测结果	状态	可能原因	操作
1	小于 2Ω	正常	G79 自身故障	更换 G79
2	无穷大	异常	线路断路	维修线路
3	大于 5Ω	异常	线路虚接	

3.8　节气门电动机单件检查

节气门是控制空气进入发动机的一道可控阀门，根据发动机所需能量，控制节气门的开启角度，从而调节进气量。如果在此过程中节气门电动机异常或者节气门翻板卡滞都会导致节气门不工作。

1. 检查节气门体外观

如图3-72所示，目视检查节气门体外观是否有损坏，如有变形或损坏需要更换节气门体。

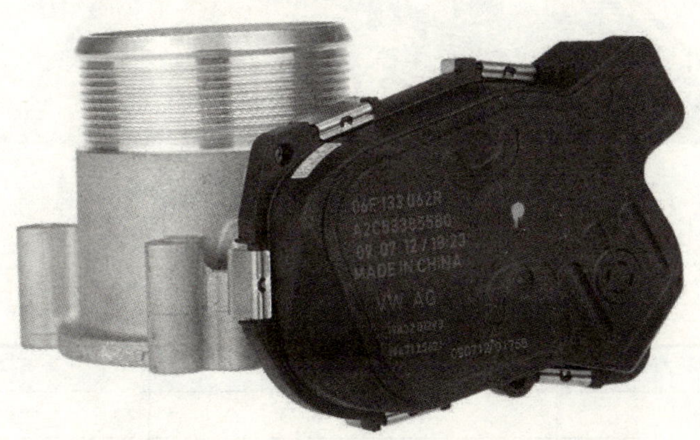

图3-72　节气门体

2. 检查节气门翻板

如图3-73所示，检查节气门翻板是否有积炭而导致翻板工作受阻，如果有此现象需要清洗节气门。

3. 检查节气门电动机插接件端子

如图3-74所示，目视检查节气门体插接件端子是否有弯曲或者断裂现象，如有异常需要更换节气门体。

4. 检查节气门电动机本身阻值（表3-77）

用万用表检查节气门电动机阻值是否在正常的范围之内（22.3Ω）。如果测得节气门体

a) 无积炭

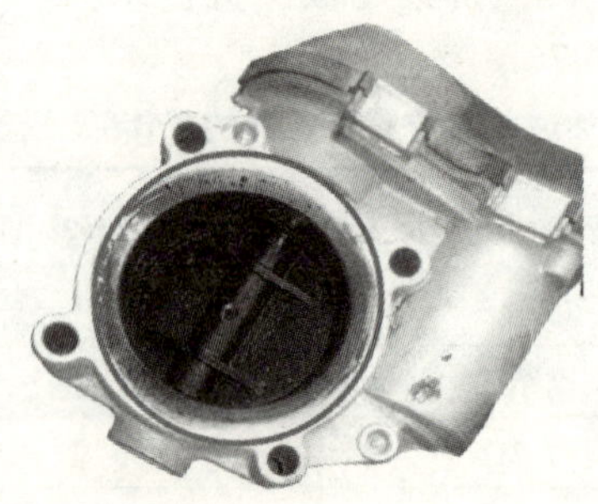
b) 有积炭

图 3-73　节气门翻板

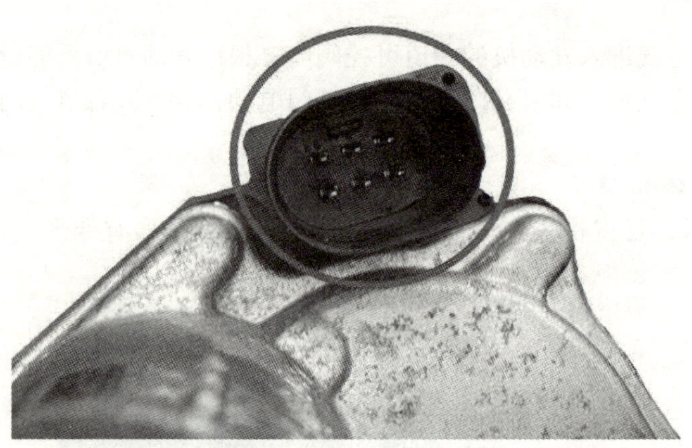

图 3-74　节气门电动机插接件端子

电动机阻值过大或者过小都需要更换节气门体。

表 3-77　节气门电动机本身阻值

序号	测试部位	标准
1	T6e/5 和 T6e/3	22.3Ω 左右
2	T6e/5 和外壳	无穷大
3	T6e/3 和外壳	无穷大

3.9　喷油器单件检查

迈腾发动机（EA888）采用高压共轨、缸内直喷供油方式。如果个别喷油器工作不良，会影响发动机的工作稳定性。

1. 检查喷油器外观

如图 3-75 所示，目视检查喷油器外观是否有损坏。如有变形或损坏需要更换喷油器。

2. 检查喷油器插接件针脚

如图3-76所示，目视检查喷油器插接件针脚是否有弯曲断裂现象，如有异常需要更换喷油器。

3. 检查出油孔

如图3-77所示，发动机工作时，在高温高压的燃烧室中喷油器出油孔处容易产生积炭，导致混合气过稀。如果出现轻微堵塞需要清洗喷油器，如果出现严重堵塞需要更换喷油器。

4. 测量喷油器阻值（表3-78）

用万用表电阻档测量喷油器电阻是否在正常的范围之内（2Ω），如果测得喷油器阻值过大或者过小都需要更换。

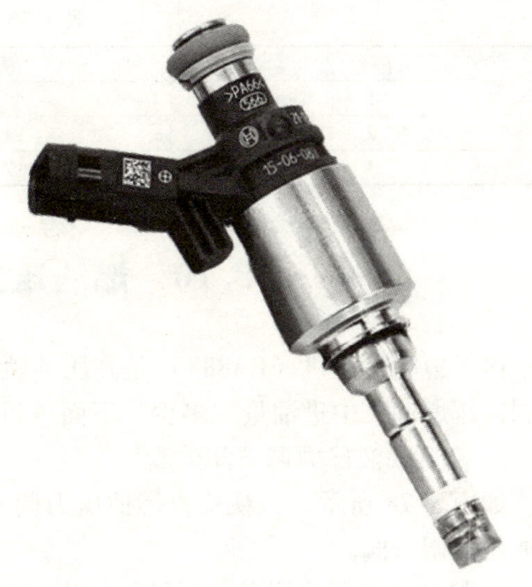

图3-75　喷油器外观

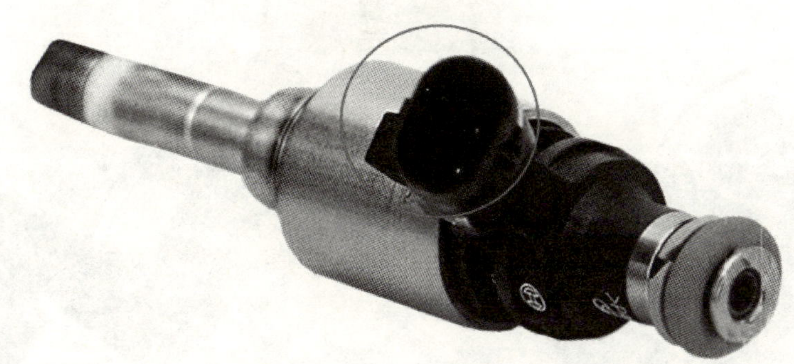

图3-76　喷油器插接件针脚

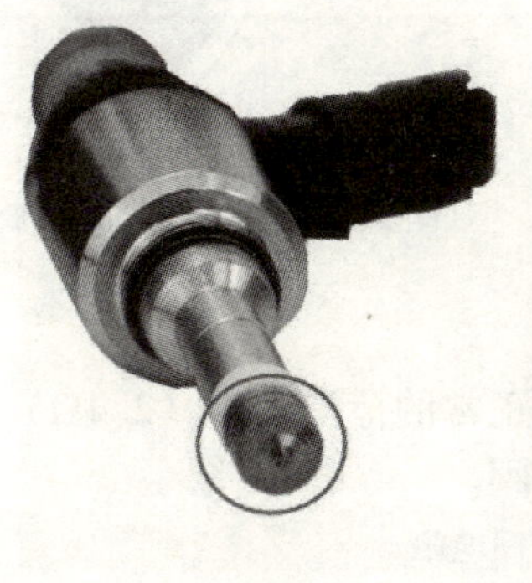

a) 无积炭

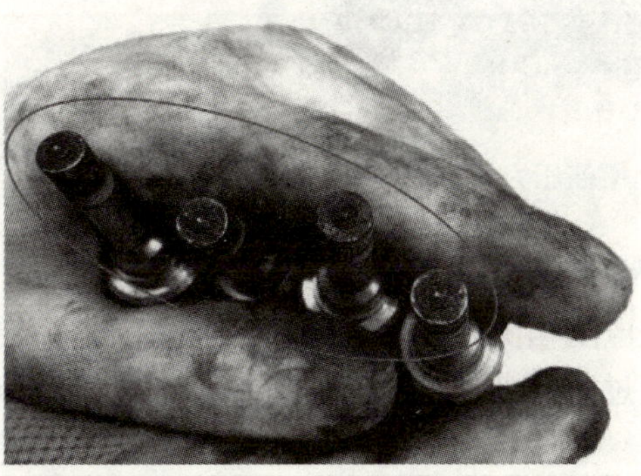

b) 有积炭

图3-77　出油孔

表 3-78　喷油器阻值

序号	测试部位	标准
1	1 和 2	2Ω 左右
2	1 和外壳	无穷大
3	2 和外壳	无穷大

3.10　燃油压力调节阀单件检查

由于迈腾发动机（EA888）是高压共轨、缸内直喷供油方式。燃油压力调节阀的作用是控制高压燃油泵中进油量的多少。下面进行对燃油压力调节阀元件的检查。

1. 检查燃油压力调节阀外观

如图 3-78 所示，目视检查燃油压力调节阀外观是否有损坏。如有变形或损坏需要更换燃油压力调节阀。

2. 检查燃油压力调节阀插接件针脚

如图 3-79 所示，目视检查燃油压力调节阀插接件针脚是否有弯曲断裂现象，如有异常需要更换燃油压力调节阀。

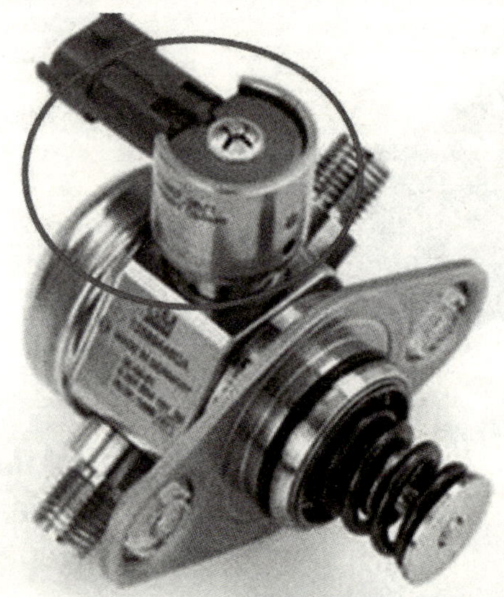

图 3-78　燃油压力调节阀外观

图 3-79　燃油压力调节阀插接件针脚

3. 测量燃油压力调节阀电阻（表 3-79）

用万用表电阻档测量燃油压力调节阀电阻是否在正常的范围之内（2.4Ω），测得燃油压力调节阀阻值过大或者过小都需要更换燃油压力调节阀。

表 3-79　燃油压力调节阀电阻

序号	测试部位	标准
1	T2f/1 和 T2f/2	2.4Ω 左右
2	T2f/1 和外壳	无穷大
3	T2f/2 和外壳	无穷大

任务4 公共元件或系统检修

4.1 发动机控制单元记忆电源的检查

从迈腾 B8 发动机控制单元电源电路原理图（图 4-1）可以看出。发动机控制单元记忆电源也就是所谓的蓄电池常电，线路直接通过蓄电池正极供电至熔丝 SB17（7.5A），再通过熔丝直接给主继电器 J271 的 86#和发动机控制单元 T91/86 端子，在发动机点火电源断开的时候，系统进入休眠，并将随机存储的数据保存在发动机控制单元的 RAM 中，以防擦除。发动机控制单元记忆电源的常见故障见表 4-1。

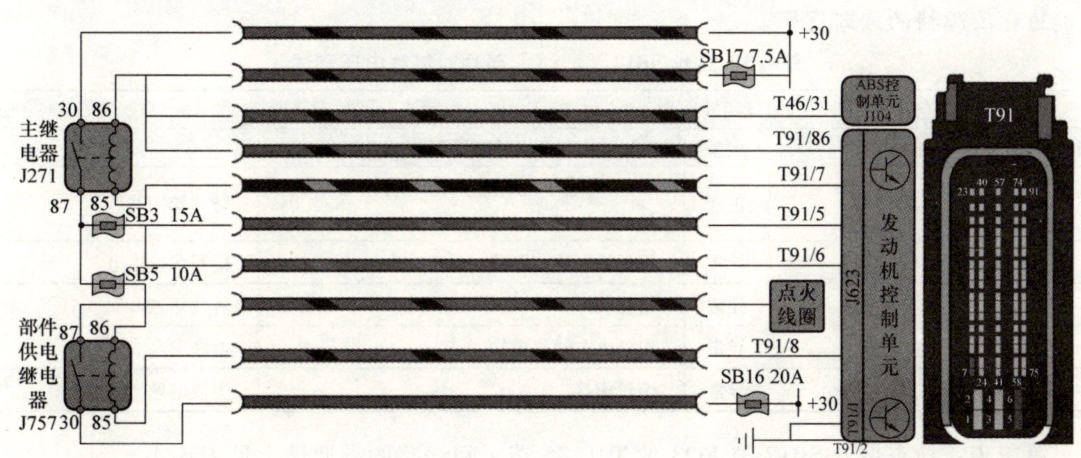

图 4-1 迈腾 B8 发动机控制单元电源电路原理图

表 4-1 发动机控制单元记忆电源的常见故障

序号	故障性质
1	熔丝 SB17 故障
2	熔丝 SB17 的供电故障
3	熔丝 SB17 与 J623 的 T91/86 端子之间的供电线路断路
4	熔丝 SB17 与 J623 的 T91/86 端子之间的虚接
5	发动机控制单元 J623 局部故障

同时，从电路原理图上还可以看出，该电源还通过熔丝 SB17 和 ABS 控制单元、主继电器 J271 线圈共用电源，在此检测时不考虑其他系统以及元器件工作状态，只考虑发动机控制单元记忆电源的故障。

结合信息，需要对项目进行检测和诊断。

注意：检测前确保插接件、紧固件连接可靠、无锈蚀、无破损。此说明适用任何线路、部件测试。

注意：对于发动机控制单元的端子电压测量，可以默认终端盒是必配工具，并且已经正确安装。

第一步：测量J623的T91/86端子对搭铁电压，见表4-2。

表4-2　J623的T91/86端子对搭铁电压测试

测试标准：在任何工况条件下，该端子对地电压应为蓄电池电压（+B）			
可能性	实测结果	状态	操作
1	+B	正常	转“第五步”
2	0	异常	转“第二步”的第1、2、3种可能
3	0.1V～+B	异常	转“第二步”的第1、4、5种可能

第二步：测量熔丝SB17两端对搭铁电压，见表4-3。

注意：因为熔丝SB17是通过熔丝内部线路供电，供电线路存在断路、短路和虚接故障的概率很小，但为了保险起见，还是需要对熔丝SB17供电进行检查，加上有些情况下不太好确认熔丝哪端为供电端，因此一般情况下是对熔丝的两端同时进行测量，虽然这种方法有可能违背故障树的诊断逻辑。

表4-3　熔丝SB17（7.5A）两端对搭铁电压测试

测试标准：在任何工况条件下，熔丝两端均为蓄电池电压（+B）				
可能性	实测结果	状态	可能原因	操作
1	+B，+B	正常	T91/86端子至熔丝SB17间线路断路或虚接	转“第三步”
2	0，0	异常	熔丝供电线路断路	检测熔丝供电
3	0，+B	异常	熔丝损坏	转“第四步”
4	均为0～+B	异常	熔丝供电线路虚接	检修供电线路
5	+B，0～+B	异常	熔丝虚接	更换熔丝

第三步：检查熔丝SB17与J623的T91/86端子间线路的导通性，见表4-4。

表4-4　熔丝SB17与J623的T91/86端子间线路的导通性测试

测试标准：点火开关关闭，该导线端对端电阻应小于2Ω				
可能性	实测结果	状态	可能原因	操作
1	小于2Ω	正常	线束插接器故障	检修插接器
2	无穷大	异常	SB17与T91/86端子间电路断路	检修线路
3	大于5Ω	异常	SB17与T91/86端子间线路虚接	

第四步：熔丝更换。

1）拆卸熔丝SB17，目测熔丝没有变形、熔断，并测量熔丝两端插脚电阻是否小于2Ω，如果测试结果不符合要求，须更换。

注意：因为熔丝熔断，一般为用电线路短路或负载过大引起，所以必须要对用电线路以

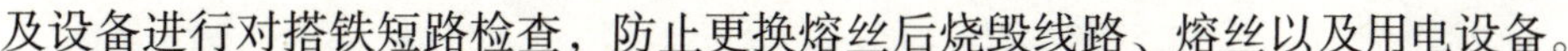

及设备进行对搭铁短路检查，防止更换熔丝后烧毁线路、熔丝以及用电设备。

2）测量发动机控制单元 T91/86 端子对搭铁电阻见表 4-5。

注意：熔丝 SB17 的用电器端和发动机控制单元 T91/86 端子实质上是同一电位，所以该步可以选择对发动机控制单元 T91/86 端子对搭铁电阻进行测量，也可以对熔丝 SB17 的用电器端进行测量。同时该电源还通过熔丝 SB17 和主继电器 J271 线圈、ABS 控制单元共用电源，所以在此检测时需注意 J271 和 ABS 控制单元 J104 的状态。

表 4-5　发动机控制单元 T91/86 端子对搭铁电阻测试

测试标准：点火开关关闭，拔开发动机控制单元 J623 的 T91 插接件、J271 继电器、熔丝 SB17（7.5A）以及 ABS 控制单元 J104 的 T46 插接件。测试电阻应为无穷大 注意：需先确认模块、元件之间连接线路无断路或电阻过大故障				
可能性	实测结果	状态	可能原因	操作
1	无穷大	正常	控制单元、J271 故障	转“3)”
2	小于 2Ω	异常	线路短路	检修线路

3）检查控制单元、主继电器 J271 或元器件短路，见表 4-6。

表 4-6　控制单元、主继电器 J271 或元器件短路测试

测试标准：点火开关关闭，测试电阻应为无穷大					
步骤	连接部位	实测结果	状态	可能原因	操作
1	连接 J623 的 T91 插接件	无穷大	正常	ABS 控制单元、J271 故障	转“本表 2”
		小于 2Ω	异常	J623 内部对搭铁短路	更换 J623
2	连接 J104 的 T46 插接件	无穷大	正常	J271 继电器故障	转“本表 3”
		小于 2Ω	异常	J104 内部对搭铁短路	更换 J104
3	连接 J271 继电器	无穷大	正常	熔丝损坏	更换熔丝
		小于 2Ω	异常	J271 内部对搭铁短路	转“主继电器 J271 的检查”

第五步：发动机控制单元电源负极检查。

T91/1 端子和 T91/2 端子都为发动机控制单元提供电源主搭铁，如果搭铁线路不正常，可能导致发动机控制单元记忆电源、起动电源和主电源功率不足，导致发动机控制单元工作不稳定或不工作。

对发动机控制单元记忆电源负极进行检查时，使用万用表测量发动机控制单元 T91/1 端子、T91/2 端子对搭铁电压，见表 4-7。

表 4-7　发动机控制单元 T91/1 端子、T91/2 端子对搭铁电压测试

测试标准：在任何工况条件下，发动机控制单元 T91/1 端子、T91/2 端子对搭铁电压应小于 0.1V				
可能性	实测结果		可能状态	操作
	T91/1	T91/2		
1	0	0	正常	诊断结束
2	0.1V ~ +B	0.1V ~ B	搭铁线路虚接	检修线路、搭铁点
3	0.1V ~ +B	0	T91/1 端子线路虚接	检修线路、搭铁点
4	0	0.1V ~ +B	T91/2 端子线路虚接	检修线路、搭铁点

4.2 发动机控制单元主电源的检查

从迈腾 B8 发动机控制单元电源电路原理图（图 4-2）可以看出，发动机控制单元主电源也就是所谓的控制单元工作电源，电源通过主继电器 J271 供电至熔丝 SB3（15A），再通过熔丝直接给发动机控制单元 T91/5 端子、T91/6 端子，发动机控制单元通过这两个电源和 T91/1 端子、T91/2 端子构成回路，在发动机点火开关打开和运行过程中保证控制单元电源功率充足。

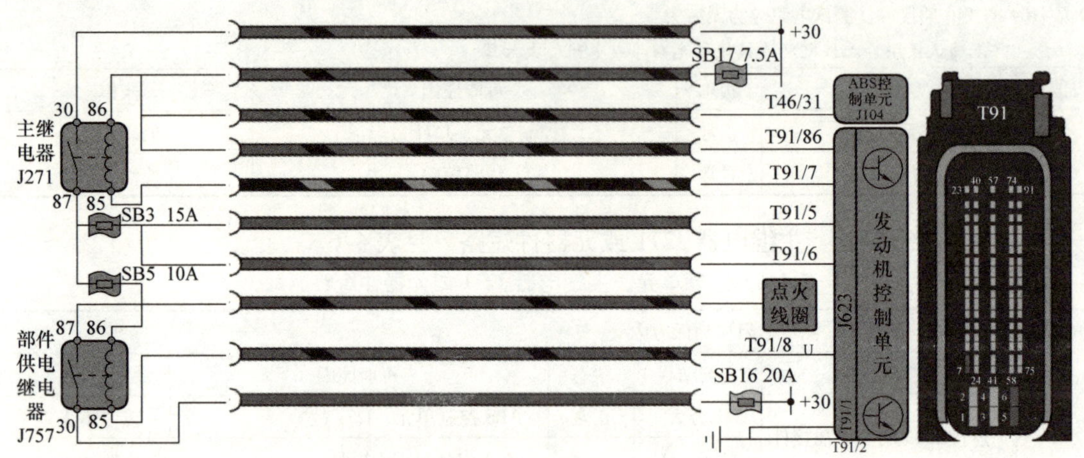

图 4-2 迈腾 B8 发动机控制单元电源电路原理图

同时，从电路原理图上还可以看出，该电源由主继电器输出后另一路通过熔丝 SB5（10A）给部件供电继电器 J757 线圈供电，在此检测时不考虑其他系统以及元器件工作状态，只考虑发动机控制单元主电源的常见故障，见表 4-8。

表 4-8 发动机控制单元主电源的常见故障

序号	故障性质
1	熔丝 SB3 故障
2	熔丝 SB3 的供电故障
3	J623 的 T91/5 端子对应的供电线路断路
4	J623 的 T91/5 端子对应的供电线路虚接
5	J623 的 T91/6 端子对应的供电线路断路
6	J623 的 T91/6 端子对应的供电线路虚接
7	发动机控制单元 J623 局部故障

结合信息，需要对项目进行检测和诊断。

注意：

1）检测前确保插接件、紧固件连接可靠、无锈蚀、无破损。此说明适用任何线路、部件测试。

2）该电源是在发动机控制单元搭铁正常的情况下受控于 15#（点火开关）电源，因此只要发动机控制单元 T91/5 端子、T91/6 端子电压正常，就说明搭铁和 15#电源工作正常，只有在该电源电压为零的时候才需要对搭铁和 15#电源进行检查。

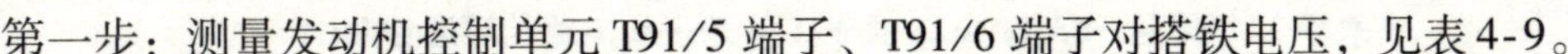

第一步：测量发动机控制单元 T91/5 端子、T91/6 端子对搭铁电压，见表4-9。

表4-9　发动机控制单元 T91/5 端子、T91/6 端子对搭铁电压测试

测试标准：点火开关打开，测试值应为蓄电池电压（+B）				
可能性	实测结果		状态	操作
	T91/5	T91/6		
1	+B	+B	正常	测试结束
2	0	0	异常	转“第二步”的第1、2、3种可能
3	0.1V～+B	0.1V～+B	异常	转“第二步”的第1、4、5种可能
4	+B	0	异常	转“第三步”
5	0	+B		
6	+B	0.1V～+B	异常	
7	0.1V～+B	+B		

第二步：测量熔丝 SB3 两端对搭铁电压，见表4-10。

注意：因为熔丝 SB3 是通过熔丝盒内部线路供电，供电线路存在断路、短路和虚接故障的概率很小，但为了保险起见，还是需要对熔丝 SB3 供电进行检查，加上有些情况下不太好确认熔丝哪端为供电端，因此一般情况下是对熔丝的两端同时进行测量，虽然这种方法有可能违背故障树的诊断逻辑。

表4-10　熔丝 SB3 两端对搭铁电压测试

测试标准：点火开关打开，测试值应为蓄电池电压（+B） 注意：本表中测量的电路有些集成在熔丝盒箱体内，故障率极低，此处不考虑这些线路断路、虚接和短路故障				
可能性	实测结果	状态	可能原因	操作
1	+B，+B	正常	熔丝 SB3 至 T91/6 端子和 T91/5 端子间线路断路或虚接	转“第三步”
2	0，0	异常	主继电器 J271 无输出或电路故障	转“主继电器 J271”的检查
3	0，+B	异常	熔丝损坏	转“第四步”
4	均为0.1V～+B	异常	主继电器 J271 内部及供电线路虚接	转“主继电器 J271”的检查
5	+B，0.1V～+B	异常	熔丝虚接	更换熔丝

第三步：导通性检测。

1）检查熔丝 SB3 与 J623 的 T91/5 端子间电路的导通性，见表4-11。

表4-11　熔丝 SB3 与 J623 的 T91/5 端子间电路的导通性测试

测试标准：点火开关关闭，拔下 J623 插接器，该导线端对端电阻应小于2Ω				
可能性	实测结果	状态	可能原因	操作
1	小于2Ω	正常	线束插接器故障	检修插接器
2	无穷大	异常	熔丝 SB3 与 T91/5 端子间电路断路	检修线路
3	大于5Ω	异常	熔丝 SB3 与 T91/5 端子间线路虚接	

2）检查熔丝 SB3 与 J623 的 T91/6 端子间电路的导通性，见表4-12。

表 4-12　熔丝 SB3 与 J623 的 T91/6 端子间电路的导通性测试

测试标准：点火开关关闭，拔下 J623 插接器，该导线端对端电阻应小于 2Ω				
可能性	实测结果	状态	可能原因	操作
1	小于 2Ω	正常	线束插接器故障	检修插接器
2	无穷大	异常	熔丝 SB3 与 T91/6 端子间电路断路	检修线路
3	大于 5Ω	异常	熔丝 SB3 与 T91/6 端子间线路虚接	

第四步：熔丝更换。

1）拆卸熔丝 SB3，目测熔丝没有变形、熔断，并测量熔丝两端插脚电阻是否小于 2Ω，如果测试结果不符合要求，须更换。

注意：因为熔丝熔断，一般为用电线路短路或负载过大引起，所以必须要对用电线路以及设备进行对搭铁短路检查，防止更换熔丝后烧毁线路、熔丝以及用电设备。

2）测量发动机控制单元 T91/5 端子、T91/6 端子对搭铁电阻，见表 4-13。

注意：熔丝 SB3 的用电器端和发动机控制单元 T91/5 端子、T91/6 端子实质上是同一电位，所以该步可以选择对发动机控制单元 T91/5 端子、T91/6 端子对搭铁电阻进行测量，也可以对熔丝 SB3 的用电器端进行测量。

表 4-13　测量发动机控制单元 T91/5 端子、T91/6 端子对搭铁电阻

测试标准：点火开关关闭，拔下发动机控制单元 T91 接插件以及熔丝 SB3。测试电阻应为无穷大 注意：需先确认模块、元件之间连接线路无断路或电阻过大故障					
可能性	实测结果		状态	可能原因	操作
	T91/5	T91/6			
1	无穷大		正常	控制单元或元器件短路	转“3)”
2	小于 2Ω		异常	线路短路	检修线路

3）检查发动机控制单元或元器件是否对搭铁短路，见表 4-14。

表 4-14　发动机控制单元 T91/5 端子、T91/6 端子对搭铁短路测试

测试标准：点火开关关闭，测试电阻应为无穷大					
连接部位	实测结果		状态	可能原因	操作
	T91/5	T91/6			
连接 J623 的插接件	无穷大		正常	熔丝损坏	更换熔丝
	小于 2Ω		异常	J623 内部对搭铁短路	更换 J623

4.3　发动机控制单元点火电源的检查

从迈腾 B8 发动机点火 15 号电源电路原理图（图 4-3）以及结合维修手册可以看出，发动机控制单元点火开关电源（也就是点火开关 +15 号电或 ON 档供电）线路是通过车载电网控制单元 J519 的 T73a/14 端子供电至发动机控制单元的 T91/50 端子、ABS 控制单元的 T46/35 端子、转向助力控制单元的 T3ec/3 端子、数据总线诊断接口 J533 的 T20e/14 端子，发动机控制单元通过这个电源和 T91/1 端子、T91/2 端子构成回路，在发动机点火电源断开

时切断信号电源，在打开点火开关时提供信号电压。

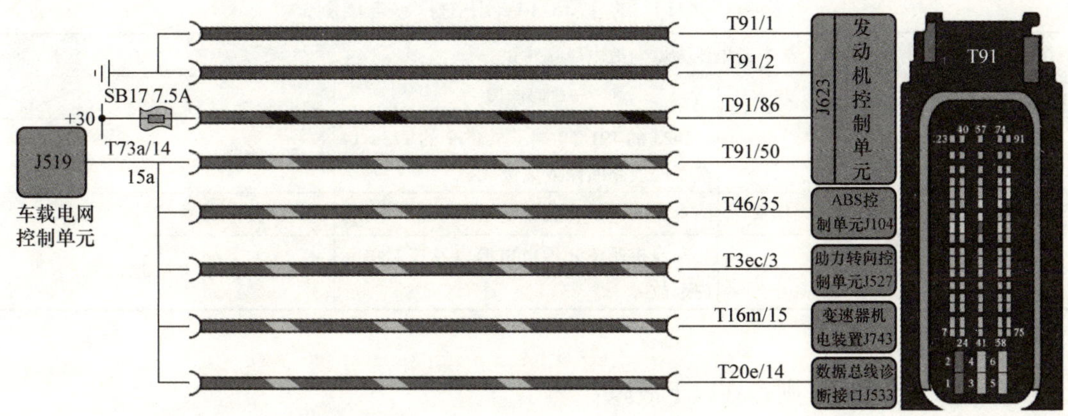

图4-3　迈腾B8点火15号电源电路原理图

发动机控制单元点火电源的故障见表4-15。

表4-15　发动机控制单元点火电源的常见故障

序号	故 障 性 质
1	发动机控制单元 T95/50 端子对应的供电故障断路
2	发动机控制单元 T95/50 端子对应的供电故障虚接
3	发动机控制单元 J623 局部故障

结合信息，需要对项目进行检测和诊断。

注意：

1）检测前确保插接件、紧固件连接可靠、无锈蚀、无破损。此说明适用任何线路、部件测试。

2）该开关电源是在点火开关为ON档时为蓄电池电压，同时该电源还通过J519的T73a/14端子和其他模块共用电源。在此检测时不考虑其他系统以及元器件工作状态，只考虑发动机控制单元点火电源的故障。

第一步：测量J623的T91/50端子对搭铁电压，见表4-16。

表4-16　测量J623的T91/50端子对搭铁电压

测试标准：点火开关打开时，该端子电压为蓄电池电压（+B）				
可能性	实测结果	状态	可能原因	操作
1	+B	正常	J623 及其接地故障	转“第三步”
2	0	异常	J519 的 T73a/14 端子至 J623 的 T91/50 端子间线路断路	转“第二步”的第1、2种可能
			J519 及其相关电路故障	
3	0.1V ~ +B	异常	上游电路存在虚接	转“第二步”的第1、3种可能

注意：如果发动机控制单元的T91/50端子供电异常，可以结合ABS控制单元、转向助力控制单元、数据总线诊断接口的情况来进行判定，如果有任何一个工作正常，说明J519输出正常，否则故障就在J519及其相关电路上。

第二步：测量J519的T73a/14端子对搭铁电压，见表4-17。

表4-17　J519的T73a/14端子对搭铁电压测试

测试标准：点火开关打开时，该端子电压为蓄电池电压（+B）				
可能性	实测结果	状态	可能原因	操作
1	+B	正常	J623的T91/50端子至J519的T73a/14端子间线路断路或虚接	检修线路
2	0	异常	参见下边“详细说明”	转“J519检查”
3	0～+B	异常	车身控制单元供电电源以及控制单元内部故障	检修J519以及电源

详细说明：

测试结果为0V时，则存在以下故障：

1）ON档信号没有输至车载电网控制单元J519。

2）车载电网控制单元J519供电线路故障。

3）车载电网控制单元J519内部断路损坏。

4）ABS控制单元J103内部短路损坏。

5）转向控制单元J500内部短路损坏。

6）数据总线诊断接口J533内部短路损坏。

7）发动机控制单元端插接件T91/50端子至车载电网控制单元J519的T73a/14端子线路对搭铁短路。

注意：原因中的4）~7）发生的概率很低，但在某些情况下也是需要考虑的因素，它们都会造成J519输出异常。

第三步：发动机控制单元电源负极检查。

T91/1端子和T91/2端子都为发动机控制单元提供电源主搭铁，如果搭铁线路不正常，可能导致发动机控制单元记忆电源、起动电源和主电源功率不足，导致发动机控制单元工作不稳定或不工作。对发动机控制单元负极进行检查时，使用万用表测量发动机控制单元T91/1端子、T91/2端子对搭铁电压，见表4-18。

表4-18　发动机控制单元T91/1端子、T91/2端子对搭铁电压测试

测试标准：在任何工况条件下，T91/1端子、T91/2端子对搭铁电压应小于0.1V				
可能性	实测结果		可能状态	操作
	T91/1	T91/2		
1	0	0	正常	诊断结束
2	0.1V～+B	0.1V～+B	搭铁线路虚接	检修线路、搭铁点
3	0.1V～+B	0	T91/1端子线路虚接	检修线路、搭铁点
4	0	0.1V～+B	T91/2端子线路虚接	检修线路、搭铁点

4.4　点火线圈N70的电源检查

从迈腾B8点火线圈控制电路原理图（图4-4）可以看出，每个点火线圈供电由发动机部件供电继电器J757给T4u/4端子供电，并通过T4u/1端子搭铁。本节仅讲述点火线圈

N70 供电异常的故障诊断，别的点火线圈供电异常的诊断方法与此相同。

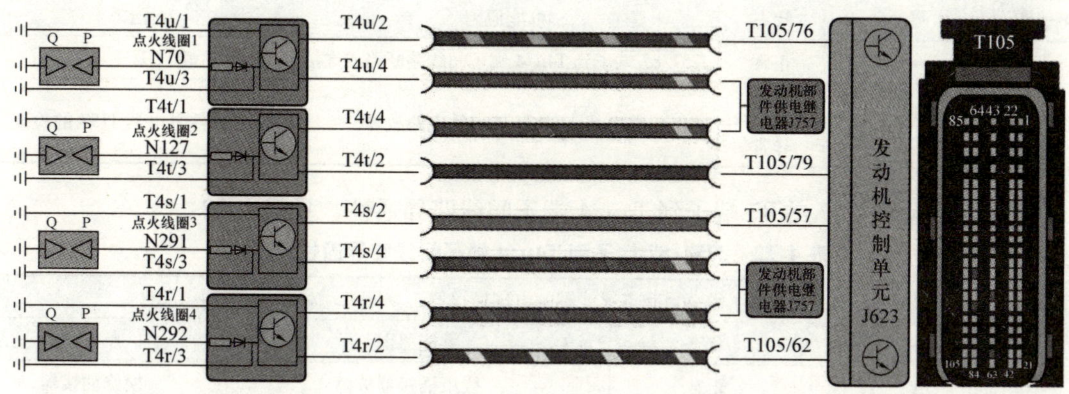

图 4-4　迈腾 B8 点火线圈控制电路原理图

点火线圈供电电源检测

点火线圈电源常见的故障见表 4-19：

表 4-19　点火线圈电源常见的故障

序号	故障性质
1	点火线圈的供电断路
2	点火线圈的供电虚接
3	点火线圈 N70 的 T4u/1 端子搭铁断路
4	点火线圈 N70 的 T4u/1 端子搭铁虚接

结合信息，需要对项目进行检测和诊断。

注意：

1）检测前确保插接件、紧固件连接可靠、无锈蚀、无破损。此说明适用任何线路、部件测试。

2）点火线圈的电源应包含正极电源和负极电源。

3）正极电源和负极电源的检查没有顺序要求。

4）此电源是在点火开关打开或发动机运行时为蓄电池电压。

第一步：测量点火线圈 N70 的 T4u/4 端子对搭铁电压，见表 4-20。

表 4-20　点火线圈 N70 的 T4u/4 端子对搭铁电压测试

测试标准：点火开关打开或发动机运行时，测试值应为蓄电池电压（+B）			
可能性	实测结果	状态	操作
1	+B	正常	转“第四步”
2	0	异常	转“第二步”的第1、2 种可能
3	0.1V ~ +B		转“第二步”的第1、3 种可能

第二步：测量部件继电器 J757/87 端子对搭铁电压，见表 4-21。

表 4-21 部件继电器 J757/87 端子对搭铁电压测试

测试标准：点火开关打开或发动机运行时，测试值应为蓄电池电压（+B）				
可能性	实测结果	状态	可能原因	操作
1	+B	正常	J757/87 端子到 T4u/4 端子间线路断路或虚接	转“第三步”
2	0	异常	继电器 J757 及其相关电路故障	转“部件继电器 J757 的检查”
3	0.1V ~ +B	异常		

第三步：检查 J757 的 87 端子到 T4u/4 端子间线路导通性，见表 4-22。

表 4-22 J757/87 端子到 T4u/4 端子间线路导通性测试

测试标准：点火开关关闭，拔掉 J757 继电器和点火线圈的电气插接器，该导线端对端电阻应小于 2Ω				
可能性	实测结果	状态	可能原因	操作
1	小于 2Ω	正常	线束插接器故障	检修插接器
2	无穷大	异常	J757/87 端子到 T4u/4 端子间线路断路	检修线路
3	大于 5Ω	异常	J757/87 端子到 T4u/4 端子间线路虚接	

第四步：点火线圈 N70 负极检查。

对点火线圈 N70 负极检查时，使用万用表测量控制单元点火线圈 N70 负极 T4u/1 端子和 T4u/3 端子对搭铁电压。

1）检查 N70 的 T4u/1 端子对搭铁电压，见表 4-23。

表 4-23 N70 的 T4u/1 端子对搭铁电压测试

测试标准：起动发动机，N70 的 T4u/1 端子对搭铁电压应小于 0.1V				
可能性	实测结果	状态	可能原因	操作
1	0	正常	—	在控制信号的情况下考虑元器件故障
2	0.1V ~ +B	异常	搭铁线路虚接	检修线路、搭铁点

2）检查 N70 的 T4u/3 端子对搭铁电压，见表 4-24。

表 4-24 点火线圈 N70 的 T4u/3 端子对搭铁电压测试

测试标准：起动发动机，N70 的 T4u/3 端子对搭铁电压应小于 0.1V				
可能性	实测结果	状态	可能原因	操作
1	0	正常	—	在控制信号的情况下考虑元器件故障
2	0.1V ~ +B	异常	搭铁线路虚接	检修线路、搭铁点

4.5 点火线圈的信号测试

注意：四个点火线圈的结构和工作原理完全一致，本节只针对点火线圈 N70 的信号进行检查和测量。其他点火线圈信号的检查和测量方法相同。

点火线圈 N70 信号的测试：

从迈腾 B8 点火线圈控制电路原理图（图 4-5）可以看出，点火线圈信号线由发动机控制单元 T105/76 端子传送给点火线圈 N70 的 T4u/2 端子。

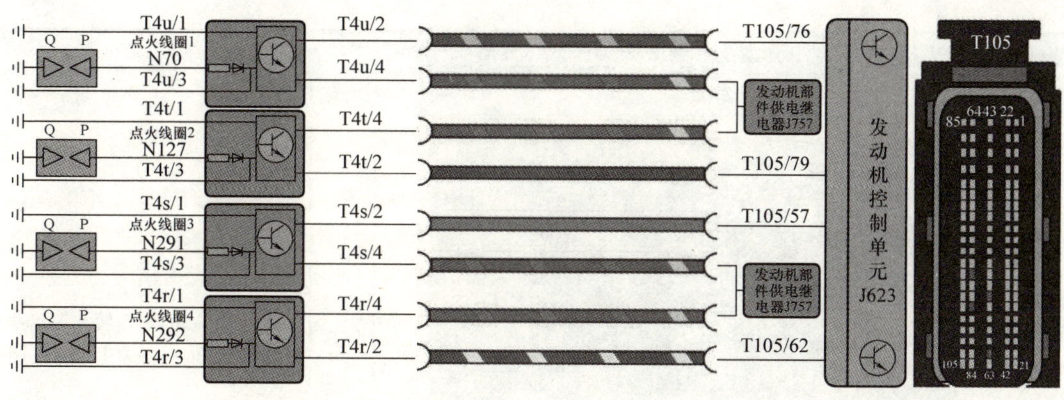

图4-5 迈腾B8点火线圈控制电路原理图

点火线圈信号线常见的故障见表4-25。

表4-25 点火线圈信号常见的故障

序号	故障性质
1	点火线圈N70的T4u/2端子对应的信号线断路
2	点火线圈N70的T4u/2端子对应的信号线虚接
3	点火线圈N70的T4u/2端子对应的信号线对电源或搭铁短路
4	点火线圈故障
5	发动机控制单元J623故障（局部）

结合信息，需要对项目进行检测和诊断。

注意：

1）检测前确保插接件、紧固件连接可靠、无锈蚀、无破损。此说明适用任何线路、部件测试。

2）对于模块的端子电压、波形测量，可以默认终端盒是必配工具，并且已经正确安装。

3）点火线圈信号传输均采用PWM信号，如果使用万用表进行测量，将导致测试数据不准确，无法进行故障分析和判断，所以应采用示波器进行测量和分析。

第一步：测量点火线圈T4u/2端子对搭铁波形，见表4-26。

表4-26 点火线圈T4u/2端子对搭铁波形测试

测试标准：点火开关打开或发动机运行，测试波形应该为方波信号				
可能性	实测结果（波形）	状态	说明	操作
1	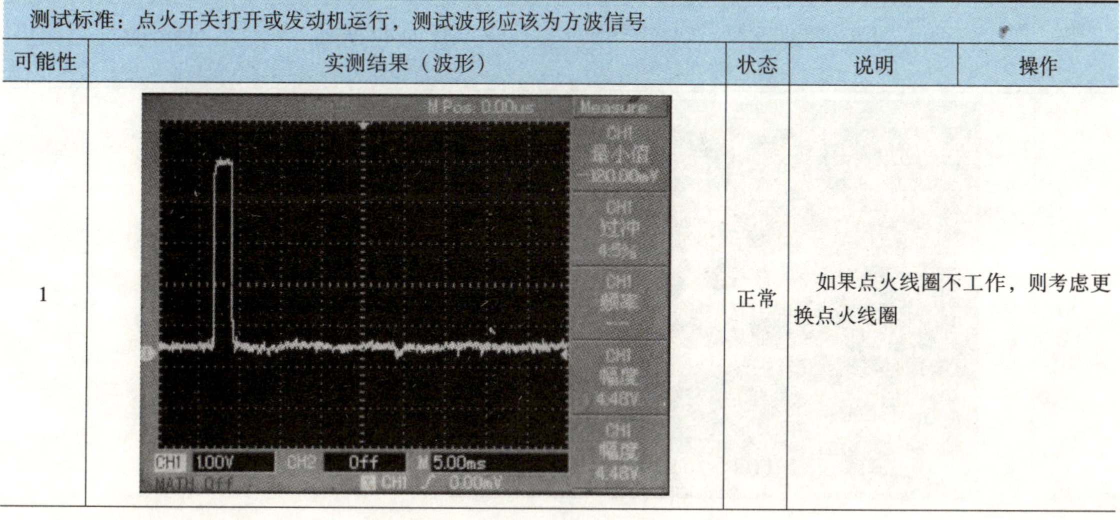	正常	如果点火线圈不工作，则考虑更换点火线圈	

（续）

测试标准：点火开关打开或发动机运行，测试波形应该为方波信号				
可能性	实测结果（波形）	状态	说明	操作
2	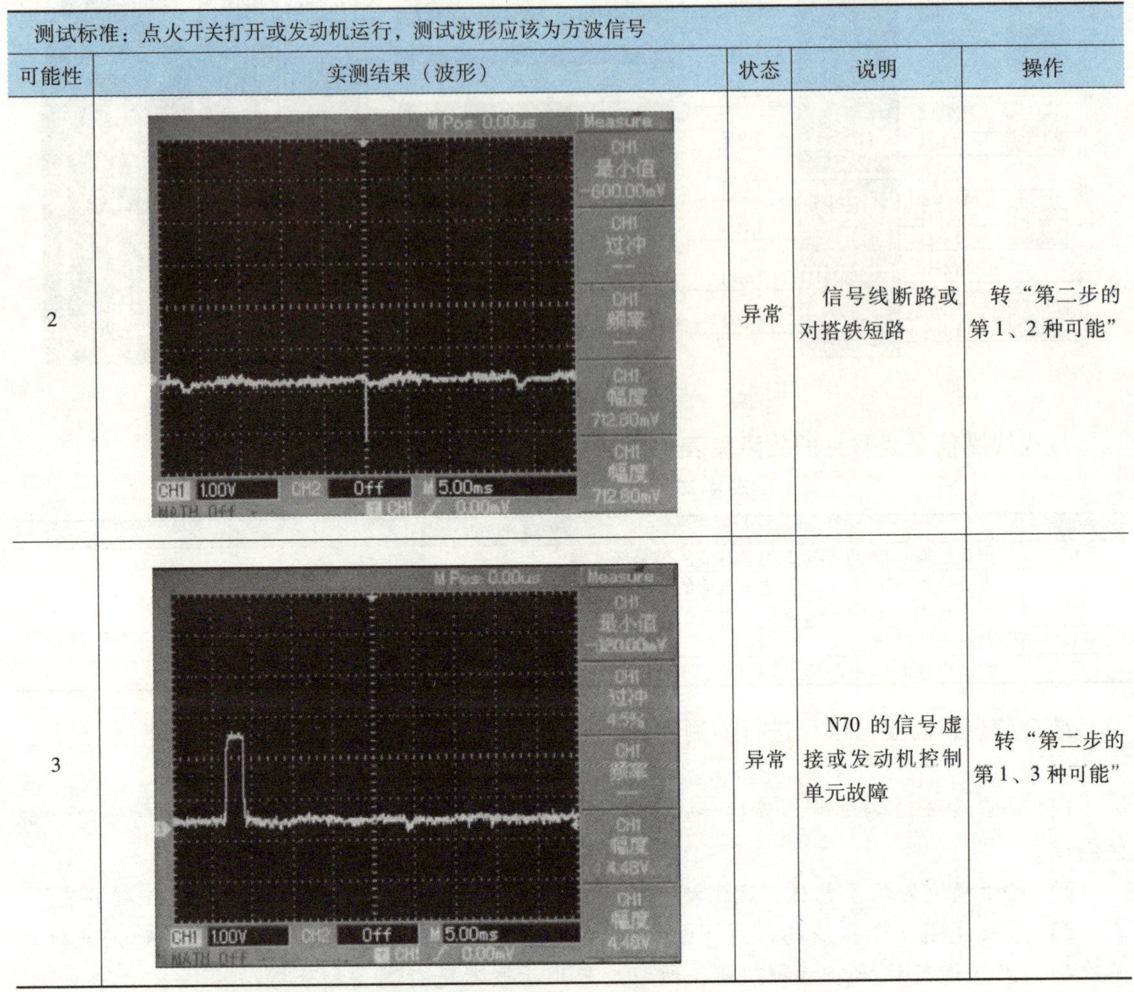	异常	信号线断路或对搭铁短路	转“第二步的第1、2种可能”
3		异常	N70的信号虚接或发动机控制单元故障	转“第二步的第1、3种可能”

第二步：测量发动机控制单元T105/76端子对搭铁波形，见表4-27。

表4-27　发动机控制单元T105/76端子对搭铁波形测试

测试标准：点火开关打开或发动机运行，测试波形应该为方波信号				
可能性	实测结果（波形）	状态	说明	操作
1		正常	N70的信号虚接或断路	转“第三步”

（续）

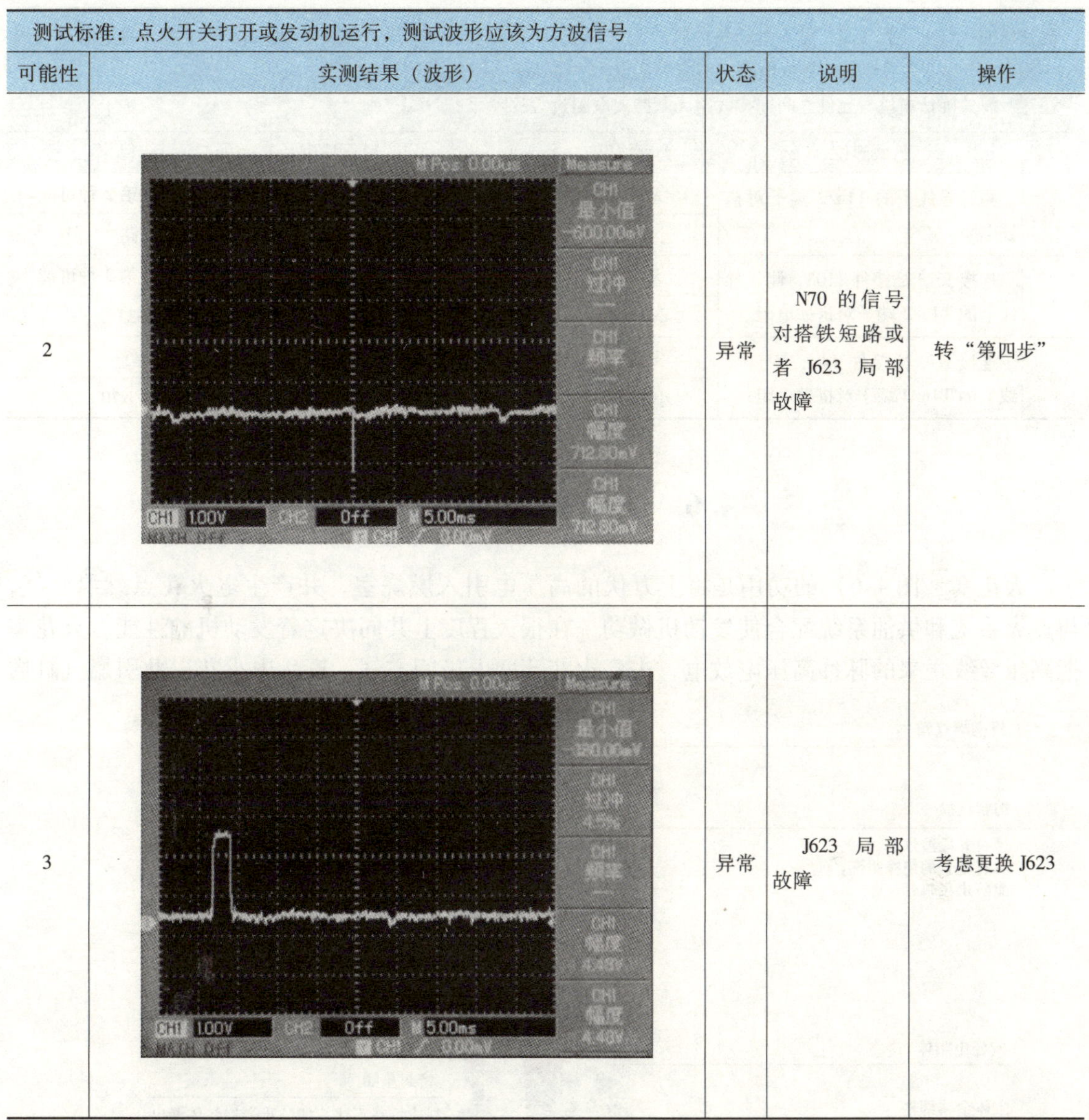

测试标准：点火开关打开或发动机运行，测试波形应该为方波信号				
可能性	实测结果（波形）	状态	说明	操作
2		异常	N70 的信号对搭铁短路或者 J623 局部故障	转“第四步”
3		异常	J623 局部故障	考虑更换 J623

第三步：测量 N70 的 T4u/2 端子与 J623 的 T105/76 端子线路导通性，见表 4-28。

表 4-28 N70 的 T4u/2 端子与 J623 的 T105/76 端子线路导通性测试

测试标准：点火开关关闭，断开 J623 的 T105 插接器、点火线圈 N70 的 T4u 插接器，该导线端对端电阻应小于 2Ω				
可能性	实测结果	状态	可能原因	操作
1	小于 2Ω	正常	线束插接器故障	检修插接器
2	无穷大	异常	电路断路	检修线路
3	大于 5Ω	异常	线路虚接	

第四步：测量 N70 的 T4u/2 端子对搭铁电阻，见表 4-29。

注意：需检查导线以及控制单元对搭铁电阻状态。

表 4-29 N70 的 T4u/2 端子对搭铁电阻测试

测试标准：点火开关关闭，拔下发动机控制单元 J623 的 T105 插接器和点火线圈 N70 的 T4u 插接器，测量点火线圈 N70 的 T4u/2 端子以及线路对搭铁电阻，都应为无穷大 注意：需先确认模块与元件之间连接线路无断路或电阻过大故障					
步骤	测试部位	实测结果	状态	可能原因	操作
1	测量导线上的 T4u/2 端子对搭铁电阻	无穷大	正常	—	转本表第 2 种可能
		小于 2Ω	异常	线路对搭铁短路	维修线路
2	连接 J623 插接件 T105，测量导线上的 T4u/2 端子对搭铁电阻	无穷大	正常	—	转本表第 3 种可能
		小于 2Ω	异常	J623 内部对搭铁短路	更换 J623
3	连接 N70 插接件 T4u，测量导线上的 T4u/2 端子对搭铁电阻	无穷大	正常	—	—
		小于 2Ω	异常	N70 内部对搭铁短路	更换 N70

4.6 火花塞的部件测试

火花塞（图 4-6）的功用是将上万伏的高压电引入燃烧室，并产生电火花点燃混合气，与点火系统和供油系统配合使发动机做功，在很大程度上共同决定着发动机的性能。火花塞把高压导线送来的脉冲高压电放电，击穿火花塞两电极间空气，产生电火花以此引燃气缸内

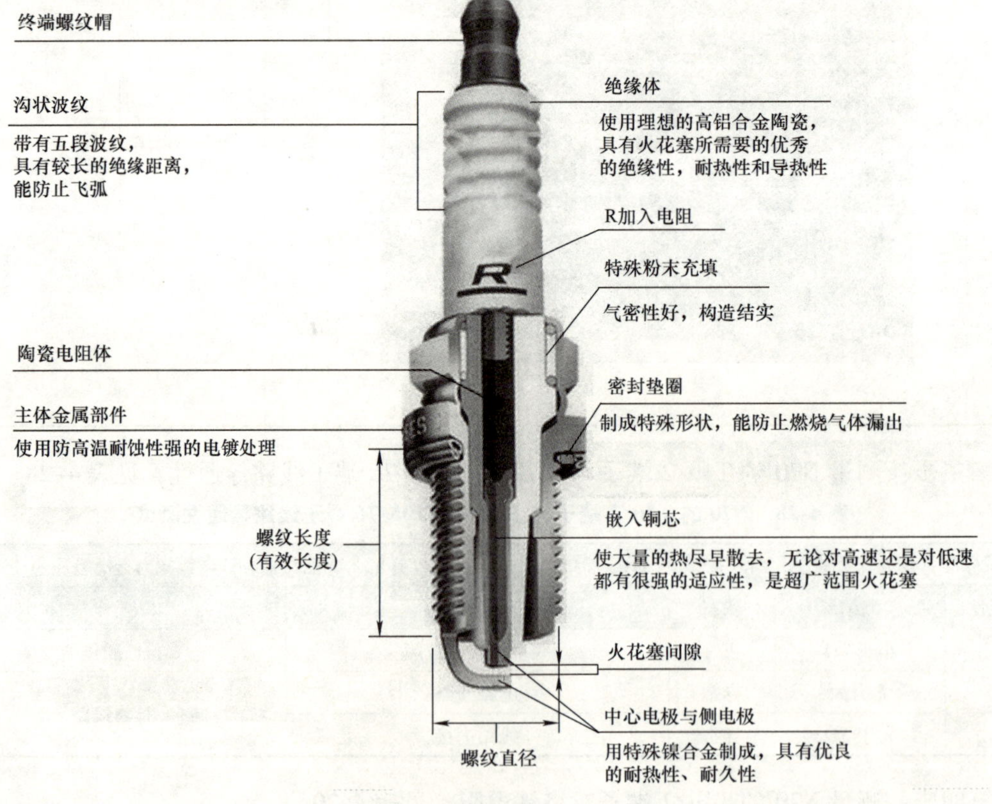

图 4-6 火花塞的结构示意图

的混合气体。

火花塞的工作环境非常恶劣，它在发动机上要承受常温至2000～3000℃的反复剧烈变化；要能承受20000～40000V高压电；要能承受50kgf/cm^2（$1\text{kgf/cm}^2 = 100\text{kPa}$）的爆发力；要耐汽油和燃气的化学腐蚀。所以，火花塞在发动机点火系统中既是故障率较高的部件，同时也是较容易损坏的部件。

火花塞的检测：

如果要进行火花塞部件性能测试，需从几个方面进行测量证实，并严格按照以下几方面进行检查：

(1) 观色法（图4-7）

拆下火花塞观察，如为赤褐色或铁锈色如图中的①和②，表明火花塞正常；如为渍油状如图中的⑤，表明火花塞间隙失调或供油过多，高压线短路或断路；如为烟熏之黑色，表明火花塞冷热型选错或混合气浓，机油上窜；如顶端与电极间有沉积物，当为油性沉积物时，说明气缸窜机油，与火花塞无关，当为黑色沉积物如图中的③和④时，说明火花塞积炭而旁路，当为灰色沉积物时，则是汽油中添加剂覆盖电极导致缺火；若严重烧蚀如图中的⑥，如顶端起疤、有黑色花纹破裂、电极熔化，表明火花塞损坏，如图中的⑦。

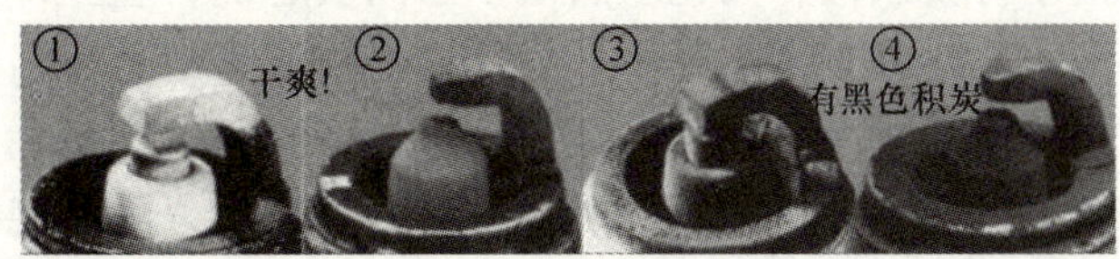

图4-7 观色法

(2) 火花塞间隙检查（图4-8）

火花塞间隙不适合的危害：火花塞电极间隙过大会造成跳火能量不足；火花塞电极间隙过小容易聚集积炭和油泥，容易造成电极间的短路和断路。

间隙测量用专用量规或塞尺检查，火花塞间隙一般为0.9～1.3mm，如过大或过小，应压下或撬起侧电极，调整到规定范围内。

(3) 就车检查法

跳火法：旋下火花塞，放在气缸体上，用高压线试火，若无火花或火花较弱，表明火花塞漏电或不工作。

在检修过程中，应注意火花塞的工作状况，如出现下列情况时，应进行维修或更换。当附着有乌黑的炭时，用细金属丝等刮附着物时，如果容易刮掉，则说明附着物为混合气燃烧时产生的积炭，因此清洗后，火花塞的性能就会恢复。而且，因附着炭而被熏黑的原因是混合气过浓或机油窜至气缸内的缘故。因此，应对这些情况进行检查。如果没有产生上述不

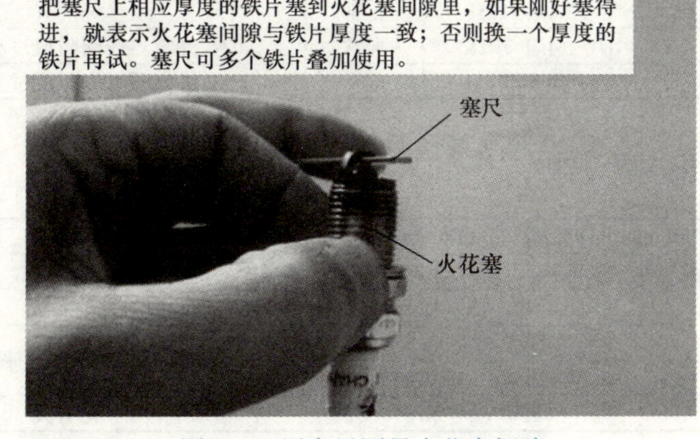

图4-8 用塞尺测量火花塞间隙

正常情况的原因，但火花塞仍有被熏黑的现象，则说明这是由于车辆使用条件和火花塞热值不当而产生的。应立即更换为合适热值的火花塞。

呈乌黑而潮湿的状态。发生潮气的原因大概是因阻风门使用频率过高，造成过多地吸入了过浓的混合气；因空气滤清器滤芯堵塞而吸入了过浓的混合气；或者火花塞的热值过高等引起的。若因过量吸入过浓混合气，则使火花塞干燥，其性能就可恢复。

绝缘体烧成雪白或局部与电极一起烧化，这是因为电极部位过热的现象产生的。原因是因为冷却系统不正常、混合气过稀而引起的。如果没有上述不正常而仍出现过热现象时，则是由于行驶条件和火花塞热值不当而引起的，应立即更换为高热值的火花塞。

火花塞漏气大多是由于绝缘体与壳体密封不良引起的。绝缘体与壳体之间漏气时，通常在绝缘体外表面沿漏气方向出现黑色条纹，火花塞漏气不仅影响气缸的密封性，还容易引起火花塞过热，而且还会沿漏气部位产生积炭，降低绝缘体的绝缘性能。火花塞漏气时，应及时更换。

4.7　继电器部件测试

因为迈腾 B8 使用的所有继电器的结构和原理基本一致，所以此处只对起动继电器 J906 的部件检测进行讲解，如果遇到迈腾 B8 其他类似的继电器部件检测，检测方法同起动继电器 J906 的检测方法一致。

起动继电器 J906 的部件检测：

继电器是机电结合的电子部件，其断态的高绝缘电阻和通态的低导通电阻使得其他电子元器件无法与其相比。如果要进行起动继电器 J906 部件性能测试，需从几个方面进行测量证实，并严格按照以下几方面进行检查：

1）继电器外观是否过热变形、破裂，管脚是否松动、变形或氧化。

2）继电器线圈阻值是否合格。

3）继电器闭合后触点阻值是否合格。

（1）测试端子 85（2）和 86（1）之间的电阻，见表 4-30。

表 4-30　端子 85（2）和 86（1）之间的电阻测试

测试标准：点火开关关闭，断开继电器 J906，测试值应为 70～110Ω				
可能性	实测结果	状态	可能原因	操作
1	70～110Ω	正常	—	转“（2）”
2	小于 70Ω	异常	继电器线圈阻值过小	更换继电器
3	大于 110Ω	异常	继电器线圈阻值过大	更换继电器

（2）继电器绝缘性检测，见表 4-31。

表 4-31　继电器绝缘性检测

测试标准：点火开关关闭，断开继电器 J906，测试值应为无穷大			
可能性	测试位置	实测结果	状态
1	30#（3）和 86#（1）	无穷大	正常
2	30#（3）和 87#（5）	无穷大	正常
3	30#（3）和 85#（2）	无穷大	正常
4	85#（2）和 87#（5）	无穷大	正常

注：如果上述有一项不合格，说明继电器内部短路，应更换继电器。

(3) 在测试完成并确认无误后，在继电器85#(2)之间安装一根带20A熔丝的跨接线，在继电器86#(1)安装一根跨接线，见表4-32。

表4-32 继电器性能检测

可能性	测试位置	测试状态	结果	状态
1	30#(3)和87#(5)	85#(2)和86#(1)不通电	无穷大	正常
2	30#(3)和87#(5)	86#(1)接蓄电池负极 85#(2)接蓄电池正极	小于2Ω	正常

注：如果上述有一项不合格，说明继电器触点电阻异常，应更换继电器。

4.8 喷油器信号检查

迈腾B8发动机四个喷油器的结构和工作原理完全一致，所以，此处只针对喷油器N30的控制电路进行检查和测量。其他喷油器的控制检查和测量方法相同。

喷油器N30信号的检查：

从迈腾B8喷油器控制电路原理图（图4-9）可以看出。喷油器N30的T2aq/1端子直接与发动机控制单元J623的T105/64端子相连，并通过喷油器N30的T2aq/2回到发动机控制单元J623的T105/85端子构成回路。喷油器为低阻型（2Ω左右），控制信号采用PWM信号进行控制，发动机控制单元J623内部升压模块将初始驱动电压迅速升至60～90V左右，使喷油器迅速开启，再使用小电流进行保持，直到喷油结束。

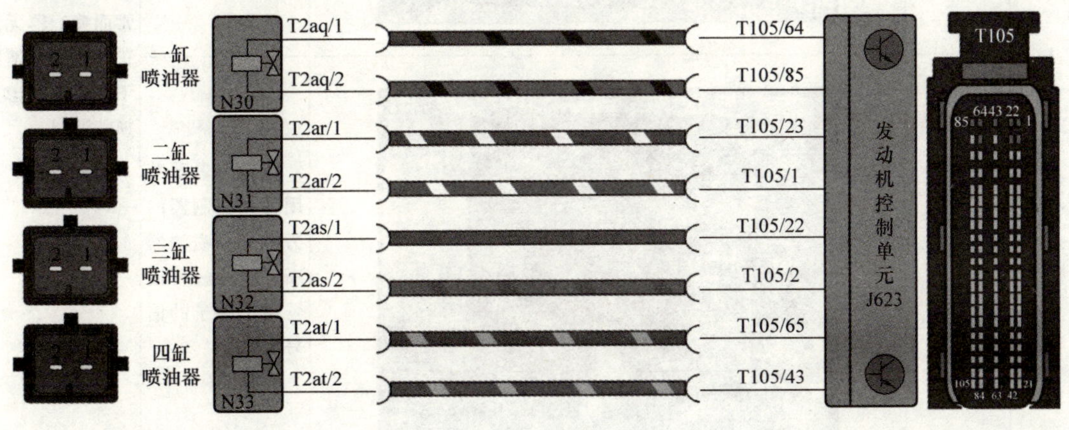

图4-9 迈腾B8喷油器控制电路原理图

喷油器N30控制信号异常常见故障见表4-33。

表4-33 喷油器N30控制信号的电源异常常见故障

序号	故障性质
1	喷油器N30的T2aq/1端子对应的控制信号（-）线路断路
2	喷油器N30的T2aq/1端子对应的控制信号（-）线路虚接
3	喷油器N30的T2aq/1端子对应的控制信号（-）线路对搭铁短路
4	喷油器N30的T2aq/2端子对应的控制信号（+）线路断路
5	喷油器N30的T2aq/2端子对应的控制信号（+）线路虚接
6	喷油器N30自身故障
7	发动机控制单元J623自身损坏（局部）

结合信息，需要对项目进行检测和诊断。

注意：

1）检测前确保插接件、紧固件连接可靠、无锈蚀、无破损。此说明适用任何线路、部件测试。

2）对于发动机控制单元的端子波形测量，可以默认终端盒是必配工具，并且已经正确安装。

第一步：测量喷油器端子对搭铁波形，见表4-34。

表4-34　喷油器端子对搭铁波形测试

测试标准：发动机处于怠速状态，用双通道示波器同时测量喷油器两端对搭铁波形				
可能性	测试部位	实测结果（波形）	状态	操作
1	T2aq/2 T2aq/1	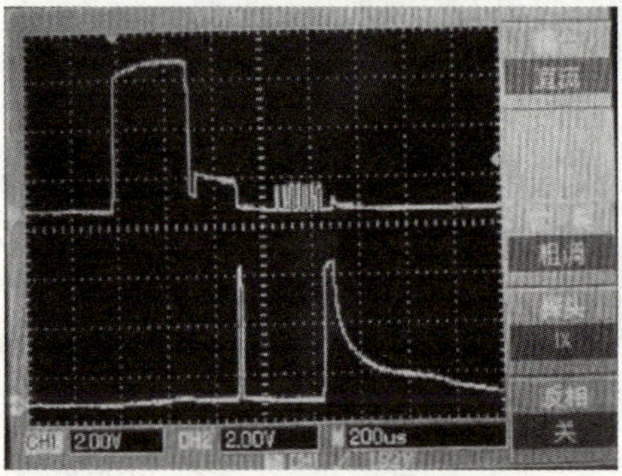	正常，表示在测喷油器喷油时，两个端子对搭铁信号波形	在控制信号正常而喷油器无法正常工作的情况下，可以考虑更换喷油器
	T2aq/2 T2aq/1	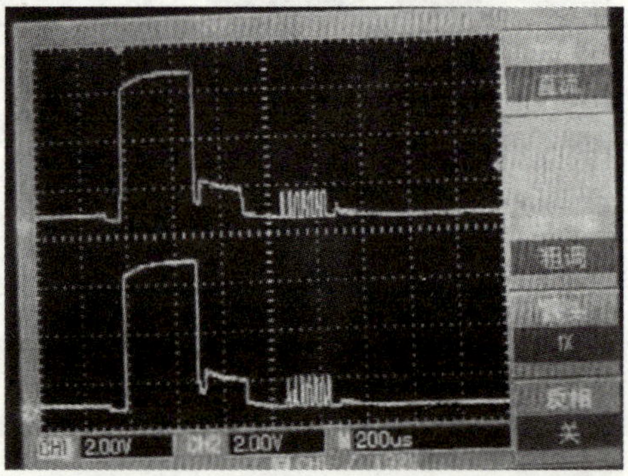	正常，表示共用升压控制器的另外一个喷油器喷油时，该喷油器两个端子的信号波形	
2	T2aq/2 T2aq/1	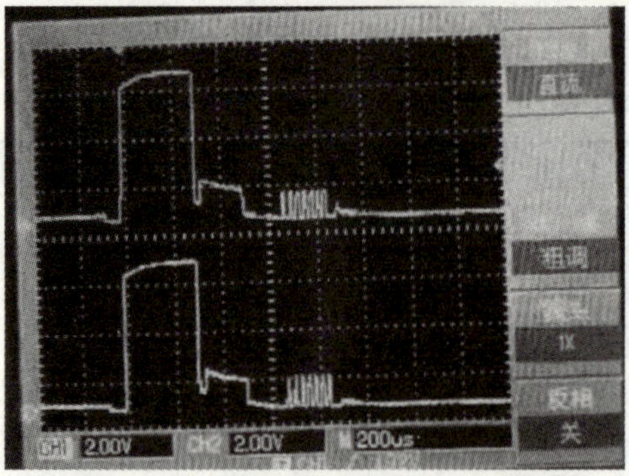	发动机运行过程中，在测喷油器两个端子对搭铁信号波形时始终相同，异常，说明搭铁控制电路存在故障	转“第二步”的第1、3种可能

（续）

测试标准：发动机处于怠速状态，用双通道示波器同时测量喷油器两端对搭铁波形				
可能性	测试部位	实测结果（波形）	状态	操作
3	T2aq/1 T2aq/2	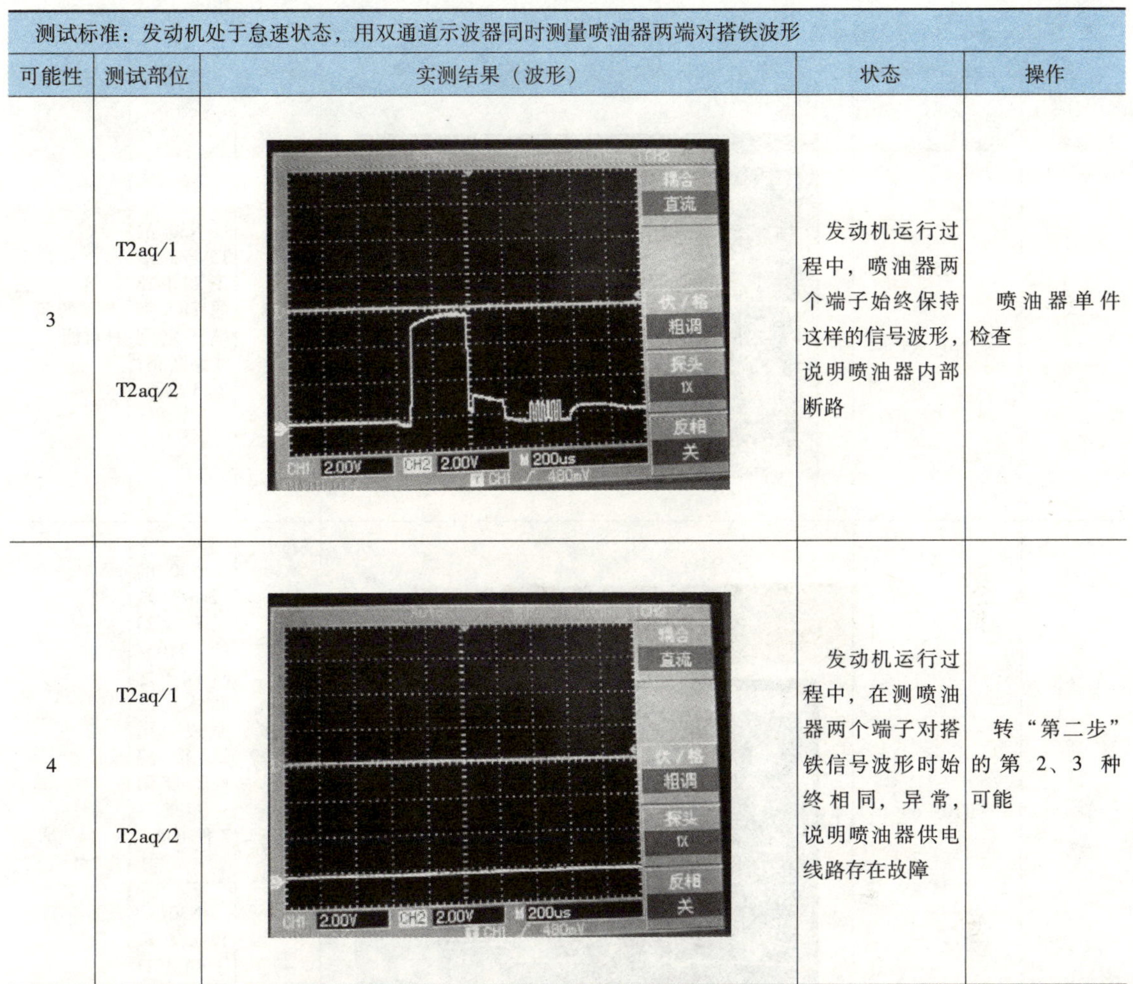	发动机运行过程中，喷油器两个端子始终保持这样的信号波形，说明喷油器内部断路	喷油器单件检查
4	T2aq/1 T2aq/2		发动机运行过程中，在测喷油器两个端子对搭铁信号波形时始终相同，异常，说明喷油器供电线路存在故障	转“第二步”的第2、3种可能

第二步：测量发动机控制单元J623对搭铁波形，见表4-35。

表4-35　发动机控制单元J623 T105/64端子与T105/85端子对搭铁波形测试

测试标准：发动机处于怠速状态，测量J623的T105/64端子、T105/85端子对搭铁波形					
可能性	测试部位	实测结果（波形）	状态	说明	操作
1	T105/64 T105/85		异常	发动机控制单元故障	更换发动机控制单元

（续）

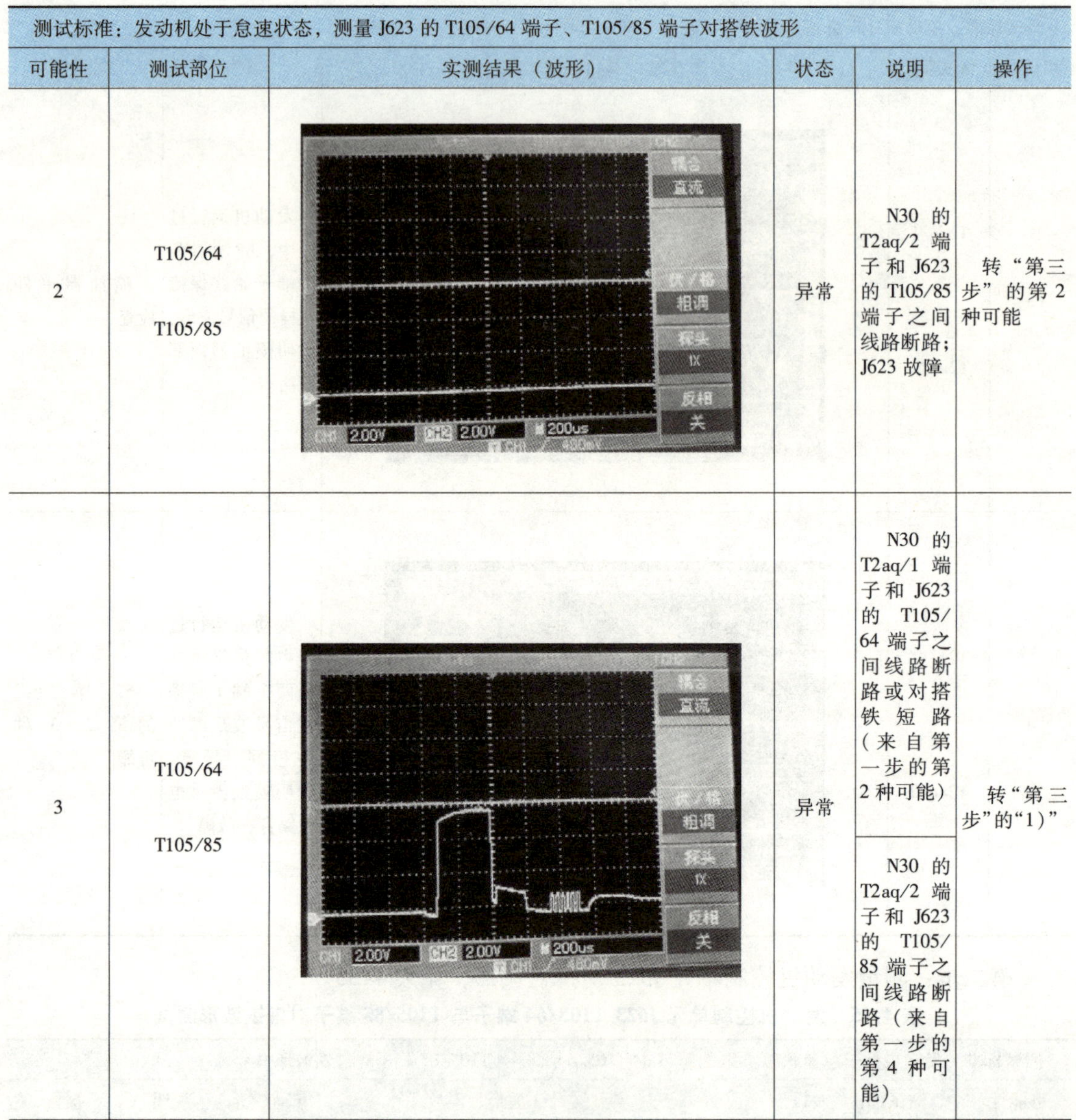

<table>
<tr><td colspan="6">测试标准：发动机处于怠速状态，测量 J623 的 T105/64 端子、T105/85 端子对搭铁波形</td></tr>
<tr><th>可能性</th><th>测试部位</th><th>实测结果（波形）</th><th>状态</th><th>说明</th><th>操作</th></tr>
<tr><td>2</td><td>T105/64
T105/85</td><td></td><td>异常</td><td>N30 的 T2aq/2 端子和 J623 的 T105/85 端子之间线路断路；J623 故障</td><td>转“第三步”的第 2 种可能</td></tr>
<tr><td rowspan="2">3</td><td rowspan="2">T105/64
T105/85</td><td rowspan="2"></td><td rowspan="2">异常</td><td>N30 的 T2aq/1 端子和 J623 的 T105/64 端子之间线路断路或对搭铁短路（来自第一步的第 2 种可能）</td><td rowspan="2">转“第三步”的“1）”</td></tr>
<tr><td>N30 的 T2aq/2 端子和 J623 的 T105/85 端子之间线路断路（来自第一步的第 4 种可能）</td></tr>
</table>

第三步：线路导通性测试。

1）测量 N30 的 T2aq/1 端子和 J623 的 T105/64 端子之间线路的导通性，见表 4-36。

表 4-36　N30 的 T2aq/1 端子和 J623 的 T105/64 端子之间线路的导通性测试

<table>
<tr><td colspan="5">测试标准：点火开关关闭，拔掉发动机控制单元 J623 的 T105 插接件、喷油器 N30 的 T2aq 插接件，测试电阻应小于 2Ω</td></tr>
<tr><th>可能性</th><th>实测结果</th><th>状态</th><th>可能原因</th><th>操作</th></tr>
<tr><td>1</td><td>小于 2Ω</td><td>正常</td><td>插接件故障</td><td>转“第四步”</td></tr>
<tr><td>2</td><td>无穷大</td><td>异常</td><td>线路断路</td><td rowspan="2">维修线路</td></tr>
<tr><td>3</td><td>大于 5Ω</td><td>异常</td><td>线路虚接</td></tr>
</table>

2）测量 N30 的 T2aq/2 端子和 J623 的 T105/85 端子之间的导通性，见表 4-37。

表 4-37　N30 的 T2aq/2 端子和 J623 的 T105/85 端子之间的导通性测试

测试标准：点火开关关闭，拔掉 J623 的 T105 插接件、喷油器 N30 的 T2aq 插接件，测试电阻应小于 2Ω				
可能性	实测结果	状态	可能原因	操作
1	小于 2Ω	正常	插接件故障	更换喷油器
2	无穷大	异常	线路断路	维修线路
3	大于 5Ω	异常	线路虚接	

第四步：测量 N30 的 T2aq/1 端子对搭铁电阻，见表 4-38。

表 4-38　N30 的 T2aq/1 端子对搭铁电阻测试

测试标准：点火开关关闭，拔掉 J623 的 T105 插接件、喷油器 N30 的 T2aq 插接件，测试电阻应为无穷大					
步骤	测试部位	实测结果	状态	可能原因	操作
1	测量 N30 的 T2aq 插接件端的 T2aq/1 端子对搭铁电阻	无穷大	正常	—	转本表的 2
		小于 2Ω	异常	线路短路	检修线路
2	连接 J623 接插件 T105，测量 N30 的 T2aq 插接件端的 T2aq/1 端子对搭铁电阻	无穷大	正常	N30 自身故障	转本表的 3
		小于 2Ω	异常	J623 内部故障	更换 J623
3	连接 N30 的 T2aq 插接件，测量 N30 的 T2aq/1 端子对搭铁电阻	无穷大	正常	—	测试结束
		小于 2Ω	异常	N30 自身故障	更换 N30